Edith Stein –
Wege zur inneren Stille

D1734987

Reihe Edith-Stein-Karmel Tübingen
Band 15
herausgegeben von Waltraud Herbstrith

Waltraud Herbstrith

Edith Stein
Wege zur inneren Stille

Kaffke-Verlag · Aschaffenburg

Gesammelte Schriften
herausgegeben
von Waltraud Herbstrith
Teresia a Matre Dei OCD

Umschlagbild:
Edith-Stein-Relief im Karmel Tübingen
von Ursula Wülfing-Koch

© 1987 Verlagsgesellschaft Gerhard Kaffke mbH, Aschaffenburg
Gesamtherstellung: Funk-Druck, Eichstätt
Printed in Germany

ISBN 3-87391-103-5

Inhalt

Edith Stein 1931 in Wien

Einführung

In diesem Buch werden Vorträge und Aufsätze von Edith Stein vorgelegt, die in den Jahren 1931−1938 entstanden sind. Wir haben versucht, das auszuwählen, was dem Leser spirituelle Anregungen vermittelt, was ihn zur Nachfolge Christi ziehen kann.

Neben ihrer wissenschaftlich-philosophischen Tätigkeit als Lehrerin, Dozentin und Karmelitin mühte sich Edith Stein, in Gesprächen und Schriften Antwort zu geben auf Fragen, wie man ein christliches Leben verwirklichen kann. 1931 schrieb sie: »Ihre Kritik ist mir nicht ganz klar ... Es scheint, daß Sie das Übernatürliche überhaupt nicht einbezogen haben wollten? Doch, wenn ich darüber nicht sprechen sollte, würde ich wohl überhaupt auf kein Rednerpult hinaufgehen. Es ist im Grunde immer eine kleine, einfache Wahrheit, die ich zu sagen habe: wie man es anfangen kann, an der Hand des Herrn zu leben. Wenn dann die Leute etwas ganz anderes von mir verlangen und mir geistreiche Themen stellen, die mir sehr fern liegen, dann kann ich sie nur als Einleitung nehmen, um schließlich auf mein Ceterum censeo zu kommen. Vielleicht ist das eine sehr anfechtbare Methode[1].«

Man könnte sagen, das pastorale Anliegen war für Edith Stein auf die Dauer wichtiger als das rein wissenschaftliche. Diese Entwicklung führte sie in den Karmel, dessen erste Aufgabe es ist, vor Gott im Gebet dazusein in Lobpreis und im Dienst an den Schwestern und Brüdern. Die geistlichen Hilfen, die Edith Stein in ihren Schriften anbietet, beziehen sich auf Gebet, Liturgie, stille Versenkung, Unterscheidung der Geister, praktisches Verhalten, sachgemäßen Einsatz des analysierenden Verstandes.

Teresa von Avila, die Reformatorin des Karmelordens, und Elisabeth von Thüringen, die weltliche Ehre mit dienender Armut vertauscht hatte, sind für Edith Stein Modelle christlicher Lebensgestaltung.

Im Karmel faszinierte sie die Gestalt des alttestamentlichen Propheten Elias. Erich Przywara SJ, der Edith Stein gut gekannt hatte, sagte von ihr: »In der Tat war die besondere Religiosität Edith Steins das, worin der Alte Bund sich im Neuen Bund erfüllt. Und darum war der Karmel ihr wesenseigener Ort, weil der Karmel der einzige Orden ist, in dem die Einheit des Alten und Neuen Bundes sich darstellt: unter dem Symbol des Propheten Elias, der nach der Ordens-Legende als Stifter gilt. Und es war Edith Steins eigenstes Karmelitertum, daß sie, alle Gründe historischer Forschung überwindend, den Karmel als Karmel des Propheten Elias ansah und in einer eigenen Schrift als solchen betonte[2].«

Über die zukünftige Sendung Edith Steins sagt Przywara: »Edith Stein in ihrer eigentlichen Tiefe ist Symbol der wirklichen heutigen Situation. Im innersten Instinkt ihrer Rasse hat sie immer gewußt, daß Abraham, der Vater der Heiden und Juden, aus dem asiatischen Ur in Chaldäa stammt, wenngleich sie ihrem ganzen Denken nach dem rationalen Westen verpflichtet war. Als Karmelitin, gleichsam blutsmäßig, war sie am Berg Karmel zu Hause, wenngleich das benediktinisch-abendländische Maß und Mitte ihr Gesetz war. Fast könnte man sagen, sie sei dem Geiste nach Spanierin: wie Spaniens Größe darin ruht, daß sich in ihm Orient und Okzident begegnen und durchdringen. Es ist ein Spaniertum, wie es notwendig einer Karmelitin zukommt, deren geistige Heimat Teresa von Jesus und Johannes vom Kreuz sind, in denen

Iberertum, Westgotentum und Maurentum des Ewigen Spanien sich einen…

Aber eben diese Stellung zwischen Orient und Okzident ist es, die vorderhand wohl hindert, die eigentliche Tiefe der Gestalt und des Werkes Edith Steins zu begreifen. Die Zukunft steht gewiß im Symbol Edith Steins, wie ich es eben zu umreißen suchte. Aber da dieses Symbol sich nur verwirklichen kann in Blut und Feuer (entsprechend dem Feuer des Propheten Elias, Teresas von Jesus und Johannes' vom Kreuz), so ist die Gegenwart eine fast krankhafte Furcht vor dieser Zukunft.

Aller Kult Edith Steins, der eifrig betrieben wird, ist darum noch nicht Kult der wahren Edith Stein. Denn wer zu ihr ja sagen will, muß ja sagen in die Zukunft, deren Symbol sie ist[3].«

Zur Seligsprechung Edith Steins durch Papst Johannes Paul II. am 1. Mai 1987 in Köln können vorliegende authentische Texte von Edith Stein in neuer, unbearbeiteter Auflage erscheinen. Sie werden bereichert durch eine biografische Einführung von Sr. Adelgundis Jaegerschmid. Sr. Adelgundis war mit Edith Stein lange Jahre befreundet und hat wertvolle Briefe Edith Steins durch die Nazi-Zeit hindurchgerettet. Sr. Adelgundis war auch befreundet mit Edmund Husserl. Sie hat ihm in seiner letzten Erkrankung und seinem Sterben beigestanden, in einer Zeit, in der berühmte Kollegen Husserls sich von ihm zurückzogen, weil er Jude war. Sr. Adelgundis verdanken wir auch die Niederschrift ihrer Erinnerungen an ihre Gespräche mit Husserl, in denen Edith Stein erwähnt wird. Sie sind für uns Nachgeborene ein Stück lebendiger Zeitgeschichte.

Am Fest des hl. Johannes vom Kreuz, 14. Dezember 1986
Edith-Stein-Karmel Tübingen   Waltraud Herbstrith

Anmerkungen

[1] Edith Stein, Selbstbildnis in Briefen, 1. Teil: 1916−1934, Ges. Werke Bd. VIII, Herder, Freiburg 1976, S. 87.

[2] Erich Przywara SJ, Die Frage Edith Stein: in Waltraud Herbstrith (Hrsg.), Edith Stein, Ein neues Lebensbild in Zeugnissen und Selbstzeugnissen, Herderbücherei Bd. 1035, Freiburg [2]1985, S. 186/87.

[3] Ebd., Edith Stein, zu ihrem 10. Todestag, S. 181/82.

Faszination Edith Steins

Ein Vorwort von Irmela Andrea Dihlmann

Wenn mich die Studentinnen fragen: Warum beschäftigst du dich eigentlich so viel mit Edith Stein? Nur, weil du dich als Heimleiterin verpflichtet fühlst, mehr über die Namenspatronin unseres Hauses zu wissen? So kann ich ihnen nur antworten: Nein, deshalb bestimmt nicht. Mich fasziniert einfach diese Frau. Und je mehr ich von ihr lese, desto stärker wird diese Wirkung. Aber was fasziniert dich denn so an ihr, lautet gewöhnlich die nächste Frage. Und nun ist eine Stellungnahme schon schwieriger. Was soll man auswählen von den vielen Eigenschaften oder Verhaltensweisen Edith Steins, die alle irgendwo bewundernswert sind? Was macht sie zu einer ungewöhnlichen, zu einer großen Frau? Frau Dr. Gerl meint in ihrer Festrede zur Einweihung der Edith-Stein-Schule in Ravensburg: »Edith Stein wirkt deshalb so unkonventionell, weil ihre Weise zu leben jenes Neue enthält, das uns aus der Geschichte noch nicht vertraut ist, sondern fremd wirkt. Sie läßt sich nicht auf einen Nenner bringen, was bei einem komplexen, und das heißt reichen Menschen ohnehin nicht geht.«

Aus diesem Reichtum ihres Menschseins möchte ich nun fünf Aspekte näher erläutern, die mir persönlich wichtig sind. Die Auswahl ist rein subjektiv und folglich einseitig. Aber ich glaube, auch wenn es sich hierbei nur um einzelne Mosaiksteine handelt, die noch kein ganzheitliches Bild ergeben, so können sie vielleicht doch dazu beitragen, das Wesen dieser ungewöhnlichen Frau etwas zu erhellen.

Edith Stein war ein Mensch, der sich schon in frühen Jahren aus der Bevormundung durch Elternhaus und Schule befreite, der bewußt einen eigenen Lebensweg einschlug und den bis zur letzten Konsequenz verfolgte. »Es drängte mich fort, ich wußte niemanden, der mir raten konnte. Und so suchte ich mir ganz getrost selbst meinen Weg«,[1] sagt sie am Ende ihres vierten Studiensemesters, bevor sie gegen den Willen ihrer Mutter von Breslau nach Göttingen wechselt.

Das verlockende Angebot ihres Onkels, nach dem Medizinstudium in einem eigenen Sanatorium als Ärztin zu arbeiten, lehnt sie mit der Feststellung ab: »Wir sind auf der Welt, um der Menschheit zu dienen... Das kann man am besten, wenn man das tut, wofür man die geeigneten Anlagen mitbringt ... ich kann nicht handeln, solange kein innerer Antrieb vorhanden ist.«[2]

Edith Stein tut vieles, was ihre Verwandten und Freunde nicht verstehen. 1915 unterbricht sie ihr Studium, um freiwillig in einem Lazarett kranke Soldaten zu pflegen. In ihrer Autobiographie schreibt sie dazu: »Bei meiner Mutter stieß ich auf heftigen Widerstand. Daß es sich um ein Seuchenlazarett handle, sagte ich ihr gar nicht. Sie wußte wohl, daß sie mich mit dem Hinweis auf Lebensgefahr nicht umstimmen konnte. Darum sagte sie mir als äußerstes Schreckmittel, die Soldaten kämen alle mit Kleiderläusen aus dem Feld, ich würde mich davor auch nicht schützen können. Das war freilich eine Plage, vor der mir sehr graute – aber wenn die Leute im Schützengraben alle darunter leiden mußten, warum sollte ich es besser haben als sie? ... Als dieser Angriff gescheitert war, erklärte meine Mutter mit ihrer ganzen Energie: »Mit *meiner* Einwilligung wirst du *nicht* gehen.« Ich entgegnete ebenso bestimmt: »Dann muß ich es ohne deine Einwilligung tun.«[3]

1922 wechselt sie zum katholischen Glauben über, gibt ihre wissenschaftliche Karriere auf und arbeitet zehn Jahre lang als Lehrerin in Speyer. 1933 lehnt sie ein Angebot ab, sich vor der Judenverfolgung nach Südamerika zu retten, stattdessen tritt sie in den Kölner Karmel ein.

Zeit ihres Lebens sucht Edith Stein nach Wahrheit, nach dem Sinn ihres Daseins, und dieses Suchen führt sie zu Erkenntnissen, die ein Umdenken erfordern, eine Neuorientierung auf ihrem persönlichen Lebensweg. So gibt sie die Hoffnung auf einen Lehrstuhl an der Universität – was durchaus ihren Fähigkeiten entsprochen hätte – auf und schränkt nach ihrer Konversion auch die private wissenschaftliche Tätigkeit sehr stark ein. Sie meint nämlich zunächst, Forschung und religiöses Leben nicht miteinander vereinbaren zu können, bis sie durch erneute Studien vom Gegenteil überzeugt wird.

»Was nicht in meinem Plane lag, das hat in Gottes Plan gelegen«[4], steht als Motto über der Biographie von Edith Stein. Darin spiegelt sich ihre innere Unabhängigkeit wider – und zwar in zweifacher Hinsicht: es war *ihr* Plan, *ihre* Lebensentscheidung, *ihre* Berufswahl, und nicht das Ergebnis besonderer Umstände, schlechter Ratschläge oder gesellschaftlicher Zwänge. Sie war aber auch bereit und flexibel genug, diesen persönlichen Plan zu korrigieren, wenn sie in Gebet und Meditation erkannt hatte, daß Gott anderes von ihr wollte.

Edith Stein bemühte sich, ihre Berufung zu entdecken und ihre Persönlichkeit zu entfalten – so wie es im Epheserbrief als Appell an alle Christen zu lesen ist: »Führt ein Leben, das des Rufes würdig ist, der an euch erging ... Jeder von uns empfing die Gnade in dem Maß, wie Christus sie ihm geschenkt hat ... Wir wollen nicht mehr

unmündige Kinder sein, ein Spiel der Wellen, hin und hergetrieben von jedem Widerstreit der Meinungen, dem Betrug der Menschen ausgeliefert, der Verschlagenheit, die in die Irre führt. Wir wollen uns, von der Liebe geleitet, an die Wahrheit halten, und in allem wachsen, bis wir ihn erreicht haben, Christus – das Haupt«
(Eph 4,1; 14–16).

Suche nach Wahrheit

Schon als Schülerin war Edith Stein unheimlich lernbegierig. Sie arbeitete immer mehr als vorgeschrieben war und machte oft auch die Aufgaben ihrer älteren Schwester Erna. Das führte dazu, daß sie von Freunden und Verwandten hauptsächlich durch zwei Eigenschaften charakterisiert wurde: man nannte sie ehrgeizig und klug. Beides empfand sie als Vorwurf und schmerzte sie zutiefst. Das erste, weil es gar nicht der Wahrheit entsprach – ihr ging es nie um gute Noten oder Ansehen in der Klasse –, und das zweite, weil sie herauszuhören glaubte, daß sie sich auf ihre Klugheit etwas einbilde. Und sie wollte viel lieber gut sein als klug.

Edith Steins Lerneifer entsprang einer anderen Quelle: sie wollte den Dingen auf den Grund gehen, Zusammenhänge erkennen und den Sinn des Ganzen erfassen. Sie suchte nach Wahrheit – zunächst nach der Wahrheit über den Menschen. Deshalb wählte sie in den ersten Semestern ihres Studiums Psychologie als Begleitfach, wurde aber bald enttäuscht, weil sie eine – wie sie selbst sagt – »Psychologie ohne Seele« vorfand.

Darauf wandte sie sich verstärkt der Philosophie zu. Diese Wissenschaft hatte sie schon lange fasziniert, und von ihr erhoffte sie sich auch am ehesten Antworten auf

die Frage nach dem Sinn des Lebens. In ihrer Autobiographie schreibt sie über ihre Berufswahl: »Als das Abitur herannahte, wurde es für alle Zeit, ernstlich an die Berufswahl zu denken. Wir mußten sogar in der Schule zu statistischen Zwecken unsere Studienfächer angeben. Ich hatte kaum noch etwas zu überlegen. ›Literatur und Philosophie‹ lautete meine Antwort. ... Jede Sorge um das tägliche Brot lag mir fern. Aber ich begriff wohl, daß ich auf meine Angehörigen Rücksicht nehmen mußte. Ich überlegte mir, daß die Sachgebiete, die mich interessierten, im Lehrberuf zu verwenden wären. Und wenn mich nun jemand nach meinen Studienplänen fragte, so nannte ich die Fächer, in denen ich Staatsexamen machen wollte: Deutsch, Geschichte und Latein. Die Philosophie behielt ich auf meinem Programm, sprach aber nicht mehr darüber, weil ich noch nicht wußte, daß sie als Prüfungsfach in Betracht käme.«[5]
Während ihres ganzen Studiums war für Edith Stein die Frage nach Berufschancen und Verdienstmöglichkeiten völlig unwichtig. Für Kommilitonen, die ängstlich darauf bedacht waren, das nötige Examenswissen zusammenzubekommen und sich eine Futterkrippe zu sichern, hatte sie kein Verständnis. Ihr ging es um höhere Ideale, um die Suche nach Wahrheit. Deshalb galt auch ihre ganze Liebe der Philosophie, Deutsch und Geschichte studierte sie mehr nebenher. Trotzdem machte sie in beiden Fächern ein glänzendes Staatsexamen, wollte aber nicht in den Schuldienst, sondern zunächst ihre Doktorarbeit in Philosophie fertig schreiben. Bei einer Besprechung mit Husserl meinte dieser − Zitat aus der Autobiographie −: »Da ich in Geschichte und Literatur so ausgezeichnet bestanden habe, könnte ich mir ja noch überlegen, ob ich den Doktor nicht lieber in einem dieser Fächer machen wolle. Schwerer hätte er mich nicht krän-

ken können. ›Herr Professor‹, sagte ich ganz empört, ›es kommt mir nicht darauf an, mir mit irgend einer Doktorarbeit den Titel zu erwerben. Ich will die Probe machen, ob ich in Philosophie etwas Selbständiges leisten kann.‹«[6] Das unermüdliche Forschen und Suchen war – zumindest in jungen Jahren – der ausgeprägteste Charakterzug Edith Steins. Später sagt sie einmal: »Meine Sehnsucht nach der Wahrheit war wie ein einziges Gebet.« Auch noch im Karmel hat sie die Frage nach dem Wesen des Menschen beschäftigt. In ihrem Buch »Endliches und Ewiges Sein« lesen wir: »Es liegt im Wesen des Menschen, daß jeder einzelne und das ganze Geschlecht das, wozu es seiner Natur nach bestimmt ist, es in einer zeitlichen Entfaltung werden muß und daß diese Entfaltung an das freie Mitwirken jedes einzelnen und das Zusammenwirken aller gebunden ist.«[7]

Gesellschaftspolitisches Engagement

Einer so begabten Frau standen viele Möglichkeiten der Selbstverwirklichung offen: nicht nur als Philosophieprofessorin oder Gymnasiallehrerin, auch in einem sozial-pädagogischen Beruf oder in verantwortlicher Stellung im politischen Bereich könnte man sich Edith Stein vorstellen. Schon als Studentin interessiert sie sich sehr stark für Gesellschaftspolitik. Sie sagt sogar von sich, sie sei damals eine radikale Frauenrechtlerin gewesen. »Ich war empört über die Gleichgültigkeit, mit der die Mehrzahl der Kommilitonen den allgemeinen Fragen gegenüberstand. Ein Teil ging in den ersten Semestern nur dem Vergnügen nach, andere waren ängstlich darauf bedacht, das nötige Examenswissen zusammenzubekommen und sich später eine Futterkrippe zu sichern. Aus diesem starken Verantwortungsgefühl heraus trat ich auch entschieden für das Frauenstimmrecht ein; es war damals innerhalb der bürgerlichen Frauenbewegung durchaus nicht selbstverständlich.«[8]

Edith Stein litt nicht nur unter den persönlichen Nachteilen, die sie als Frau in Kauf nehmen mußte — Verzicht auf Habilitation und die normale wissenschaftliche Laufbahn —, sie litt auch unter dem Rollenbild, das man ihr aufzwang. Sie wollte als gleichberechtigte Mitarbeiterin anerkannt werden und nicht als Hilfskraft für Aufgaben, deren Sinn ihr nicht einleuchtete. Über ihre Arbeit bei Husserl schreibt sie in einem Brief: »Als der Meister mich neulich mit einer ganzen Reihe von Anweisungen für die Behandlung seiner Manuskripte beglückte (in aller Freundlichkeit, aber ich kann nun mal dergleichen nicht vertragen), habe ich ihm auseinandergesetzt (natürlich auch in aller Freundlichkeit), daß die Ordnung 1. prinzipiell unmöglich ist, 2. soweit überhaupt, nur von ihm für ihn hergestellt werden könnte, und daß 3. ich speziell dafür ungeeignet wäre und die Beschäftigung damit nur noch aushalten könnte, wenn ich daneben etwas selbständig arbeite. Ich bin neugierig, was er darauf sagen wird ... Im Grunde ist es der Gedanke, jemandem zur Verfügung zu stehen, den ich nicht vertragen kann. Ich kann mich in den Dienst einer Sache stellen, und ich kann einem Menschen allerhand zuliebe tun, aber im Dienst eines Menschen stehen, kurz gesagt, gehorchen, das kann ich nicht.«[9]

Seit 1927 wird der Name Edith Stein durch Vortragsreisen im In- und Ausland bekannt. Sie nimmt Stellung zu den Problemen der modernen, gleichberechtigten, berufstätigen Frau. Die Berufswahl soll nach ihrer Meinung frei von äußeren Zwängen und gesellschaftlichen Vorurteilen erfolgen und einzig der Selbstverwirklichung der

Person dienen. »Persönlicher Einsatz, der ganze Mensch, die volle ergänzende Partnerschaft – dies waren Richtlinien, die Edith Stein der Frau an die Hand gab. Sie fand, daß die Frau fähig ist, die bisher nur von Männern ausgeübten Berufe auszufüllen, aber mit dem, was sie als Frau in besonderer Weise einzubringen hat.«[10] Ihr geht es also nicht um Gleichmacherei oder Rollentausch, sondern um eine ergänzende Partnerschaft zwischen Mann und Frau. »Edith Stein will die Frau wach machen für die Aufgaben, die sie in Politik, Schule und Familienleben erwarten. Sie räumt mit den Vorstellungen des ›Gretchendaseins‹ gründlich auf ... und trägt sich auch mit Reformplänen für das bisher einseitig auf männliche Erziehung ausgerichtete Schulwesen«[11] – für die damalige Zeit sicher radikale Forderungen.

Ihr Leben als Christin erschöpft sich nicht in dem Bemühen um ihr persönliches Seelenheil, sondern ist gekennzeichnet durch Verantwortungsbereitschaft für das, was in der Welt geschieht. Beten und Handeln gehören für sie zusammen. Edith Steins Biographie ist ein lebendiger Beweis dafür, daß in der Spannung von Gebet und Arbeit, von Kontemplation und Kampf, Mystik und Politik, der Nachfolge Christi lebendige Menschen und weltoffene Christen heranreifen.

Umgang mit der Zeit

Schon als Studentin hat Edith Stein in kurzer Zeit Unwahrscheinliches geleistet. Im Januar 1915 machte sie Staatsexamen in Deutsch und Geschichte. In den beiden folgenden Monaten arbeitete sie an ihrer Doktorarbeit. Von April bis August 1915 war sie Krankenschwester in einem Seuchenlazarett. Ihre anschließende Urlaubszeit benutzte sie dazu, das Hilfschwesternexamen zu machen und intensiv Griechisch zu lernen. Im Oktober 1915 legte sie das Graecum ab und ging sofort wieder an ihre Doktorarbeit. Drei Monate lang arbeitete sie unermüdlich — Ende Januar 1916 war die Dissertation fertig. Anfang Februar begann sie ihre erste Schultätigkeit und unterrichtete am gleichen Gymnasium, das sie knapp fünf Jahre vorher als Abiturientin verlassen hatte. Während der Osterferien wurde die Dissertation getippt und noch einmal überarbeitet, dann mußte Edith Stein wieder in die Schule. Anfang Juli begannen die Ferien. Edith Stein fuhr sofort von Breslau nach Freiburg und bestand vier Wochen später — am 3. August 1916 — das Rigorosum mit dem Prädikat »summa cum laude«.

Auch in späteren Jahren brauchte sich Edith Stein über mangelnde Arbeit nie zu beklagen. Aufgrund ihrer vielseitigen Interessen und ihres persönlichen Engagements war sie zeit ihres Lebens eine vielbeschäftigte Frau. In Speyer unterrichtete sie an einem Mädchengymnasium, bildete nebenher angehende Lehrerinnen aus, kümmerte sich um den Ordensnachwuchs der Dominikanerinnen, arbeitete an einer Übersetzung der Schriften des Thomas von Aquin, hielt Vorträge im In- und Ausland, setzte sich persönlich für die Armen der Stadt ein, schrieb Briefe, verschickte Päckchen und hatte für ein Gespräch mit anderen immer Zeit. »Sie handelte nach dem Grundsatz, den sie einmal in einem Brief so aussprach: ›Was den Verkehr mit Menschen betrifft: seelische Not des Nächsten durchbricht jedes Gebot. Was wir sonst tun, ist Mittel zum Zweck. Aber die Liebe ist der Zweck selbst, weil Gott die Liebe ist.‹«[12]

Was die Menschen ihrer Umgebung aber am meisten erstaunte, war die Ruhe und Gelassenheit, mit der Edith Stein ihr enormes Arbeitspensum bewältigte. Keine Spur von Getriebensein, Nervosität oder Hektik, wie man sie oft bei überlasteten Zeitgenossen vorfindet. Auf die Frage, wann sie denn das alles schaffen würde, gibt sie zur Antwort: »Besondere Mittel wende ich zur Verlängerung der Arbeitszeit nicht an. Ich tu', soviel ich kann. Das Können steigert sich offenbar mit der Menge der notwendigen Dinge.«[13] Hier kommt wieder ihre Unabhängigkeit zum Ausdruck und ihr Vertrauen darauf, daß »Gott nichts vom Menschen verlangt, ohne ihm zugleich die Kraft dafür zu geben.«[14]

Diese Kraft für die Anforderungen des Tages gewinnt Edith Stein durch regelmäßiges Beten und Meditieren. Ihre Schülerinnen wundern sich oft darüber, daß sie ausgeruht vor der Klasse stehen kann, obwohl sie nachts oder morgens vor dem Unterricht schon ein oder zwei Stunden in der Kirche verbracht hat. Sie selbst meint dazu: »Man hat für so viele nutzlose Dinge Zeit: allerhand Zeug aus Büchern, Zeitschriften und Zeitungen zusammenzulesen, in Cafés herumzusitzen und auf der Straße viertel und halbe Stunden zu verschwatzen: alles Zerstreuungen, in denen man Zeit und Kraft splitterweise verschleudert. Sollte es wirklich nicht möglich sein, eine Morgenstunde herauszusparen, in der man sich nicht zerstreut, sondern sammelt, in der man sich nicht verbraucht, sondern Kraft gewinnt, um den ganzen Tag damit zu bestreiten?«[15]

Vertrauen auf Gott

Innere Unabhängigkeit, Suche nach Wahrheit, gesellschaftspolitisches Engagement und eine unheimliche Willensstärke und Selbstdisziplin – all das kennzeichnet nur die eine Seite von Edith Steins Wesen. Nach einer Zeit totaler Verausgabung, persönlicher Krisen und beruflicher Rückschläge, erlebt sie durch die Begegnung mit dem Christentum 1920/21 eine »Wiedergeburt«, die ihr ganz neue Dimensionen des Daseins eröffnet. Während sie früher der Ansicht war, sich durch persönliche Anstrengung alles selbst erarbeiten zu müssen, lernt sie nun einen persönlichen Gott kennen, dessen Fürsorge sie sich anvertrauen darf und von dem sie vieles ohne Vorleistung einfach geschenkt bekommt. Dieser Wechsel vom Begreifenwollen, das dem Menschen immer wieder seine Grenzen vor Augen führt, zum Ergriffenwerden, für das er sich nur öffnen und bereithalten muß, ist wahrscheinlich die beglückendste Erfahrung, die Edith Stein während ihres Lebens gemacht hat. Aus ihr entspringt jene Gelassenheit, die andere immer so sehr an ihr bewundert haben. »Gott weiß, was er mit mir vorhat, ich brauche mich nicht darum zu sorgen.« Rückblickend auf ihr Leben kann sie sagen: »Was nicht in meinem Plane lag, das hat in Gottes Plan gelegen.«

Vertrauen auf Gott meint aber nicht, sich völlig passiv zu verhalten. Edith Stein war auch weiterhin wissenschaftlich tätig und hat hart gearbeitet. Aber es ging ihr dabei nicht mehr so sehr um die persönliche Leistung, die sie sich selbst abverlangte. Vielmehr war sie bemüht, »in allem Wirken durchsichtig zu sein auf Wirkenlassen«, zu zeigen, »daß Haltung nur möglich ist als Gehaltensein«.[16]

Wenn mich die Studentinnen fragen, welchen Ausspruch von Edith Stein ich besonders liebe, dann zeige ich ihnen die Karte mit dem schlafenden Kind, dessen Gesicht von zwei Händen liebevoll gehalten wird. Und darauf steht: »Es muß so sein, daß wir uns ohne jede Sicherung ganz in Gottes Hände legen, − um so tiefer ist dann die Geborgenheit.«[17]

Edith-Stein-Studentinnenheim Tübingen 1984

Anmerkungen

[1] Herbstrith: Das wahre Gesicht Edith Steins, S. 35.
[2] Vgl. ebd., S. 32.
[3] Stein: Aus dem Leben einer jüdischen Familie, S. 286.
[4] Herbstrith: Das wahre Gesicht Edith Steins, S. 5.
[5] Stein: Aus dem Leben einer jüdischen Familie, S. 143/44.
[6] Ebd., S. 284.
[7] Herbstrith (Hrsg.): In der Kraft des Kreuzes, S. 42.
[8] Herbstrith: Das wahre Gesicht Edith Steins, S. 42.
[9] Herbstrith: Edith Stein — Zeichen der Versöhnung, S. 52f.
[10] Vgl. ebd., S. 32f.
[11] Ebd., S. 32.
[12] Herbstrith: Das wahre Gesicht Edith Steins, S. 76.
[13] Herbstrith (Hrsg.): In der Kraft des Kreuzes, S. 24.
[14] Ebd., S. 45.
[15] Herbstrith: Beten mit Edith Stein, S. 20.
[16] Festrede von Frau Dr. Barbara Gerl, zur Einweihung der Edith-Stein-Schule in Ravensburg 1983.
[17] Edith Stein, Briefe 1. Teil, S. 102.

Literaturverzeichnis

Herbstrith, Waltraud: Beten mit Edith Stein,
Kaffke-Verlag München, 4. Aufl. 1983.

Herbstrith, Waltraud: Das wahre Gesicht Edith Steins,
Kaffke-Verlag Aschaffenburg, 6. neugestaltete Ausgabe 1987.

Herbstrith, Waltraud: Edith Stein — Bilder des Lebens,
Kaffke-Verlag München, 2. erweiterte Aufl. 1982.

Herbstrith, Waltraud: Edith Stein — Gedichte und Gebete
aus dem Nachlaß, Kaffke-Verlag Aschaffenburg, 3. Aufl. 1985.

Herbstrith, Waltraud: Edith Stein — In der Kraft des Kreuzes,
Herder-Verlag Freiburg, 3. Auflage 1987.

Herbstrith, Waltraud: Edith Stein — Wege zur inneren Stille,
Kaffke-Verlag Frankfurt/Main, 1978.
(Neuausgabe Aschaffenburg 1987).

Herbstrith, Waltraud: Edith Stein — Zeichen der Versöhnung,
Kaffke-Verlag München, 1979.

Herbstrith, Waltraud/Linke, Eberhard: Verwandlung durch
Meditation — Edith Stein, Kaffke-Verlag Frankfurt/Main, 1976.

Moltmann, Jürgen: Der gekreuzigte Gott, Christian-Kaiser-Verlag
München, 1972.

Stein, Edith: Aus dem Leben einer jüdischen Familie,
    Vollständige Ausgabe, Herder-Verlag Freiburg, 1985.

Stein, Edith: Selbstbildnis in Briefen, Erster Teil,
    Herder-Verlag Freiburg, 1976.

Stein, Edith: Selbstbildnis in Briefen, Zweiter Teil,
    Herder-Verlag Freiburg, 1977.

Sr. Dr. Adelgundis Jaegerschmid OSB.

So erlebte ich Edith Stein

Von Adelgundis Jaegerschmid OSB

»Es ist im letzten Grunde unmöglich, über einen so gut wie ausschließlich religiös bestimmten Menschen zulängliche Aussagen zu machen – denn das innere Leben liegt im Geheimnis Gottes.«

Wenn eine seelisch so große und gescheite Frau wie die Philosophin Hedwig Conrad-Martius – vielleicht die einzige adäquate Freundin von Edith Stein – mit solcher Bescheidenheit ihre Unfähigkeit bekennt, in das gottverborgene Geheimnis vom Leben dieses Menschen einzudringen, so dürfte ich eigentlich gar nicht wagen, Edith Stein darstellen zu wollen. Das ist nicht falsche Demut, sondern pure Wahrheit. Aus dieser inneren Haltung habe ich mich jahrelang nicht bereit erklärt, über Edith Stein zu sprechen. Aber als vor einigen Jahren der Ruf von Schweden kam, daß ich über Edith Stein in einer katholischen Gemeinde, die einen ökumenischen Tag mit der evangelischen Gemeinde derselben Stadt veranstalten wollte, sprechen sollte, da konnte und durfte ich nicht nein sagen – denn Edith Stein war ein ökumenischer Mensch. Und ich wußte auch, daß es Gottes Wille war. Ich mache mich nicht anheischig, das vielschichtige Lebensbild von Edith Stein psychologisch richtig zu zeichnen, aber wahrscheinlich bin ich es ihr schuldig, den Menschen etwas von dem mitzuteilen, was sie mir in persönlicher Begegnung und in vierundzwanzig, mit ihrer sauberen, so leicht lesbaren Handschrift geschriebenen Briefen geschenkt hat. Diese Briefe sind heute kostbare Dokumente, um so kostbarer, da sie zu der kleinen Anzahl noch vorhandener Briefe gehören. Edith Stein hat sehr viele Briefe in ihrem Leben geschrieben, doch wurden die meisten durch Kriegsumstände, durch allzu menschliche Angst vor nationalsozialistischer Verfolgung oder aus einfacher Gleichgültigkeit vernichtet. Der Karmel von Köln, ihr eigenes Kloster, hat keinen einzigen Brief mehr. Bedrängt, auch von kirchlicher Seite, haben sie alle Briefe vernichtet. Und ich selbst muß sagen, daß es eigentlich ein Akt des Ungehorsams war, daß diese vierundzwanzig Briefe noch vorhanden sind. Ich sage ganz kleinmütig: Gott schreibt manchmal auch auf krummen Wegen gerade.

Ich habe nach meinem Gewissen gehandelt. Wir bekamen im Kloster St. Lioba die Auflage, alles Material von Juden zu vernichten. Ich konnte es nicht. Ich wollte aber auch meine Mutter Priorin nicht belasten mit dem, was ich in eigener Verantwortung trug. Ich habe deswegen die Briefe so gut versteckt, daß erst einige Jahre nach dem Krieg eine Mitschwester sie in einer zugenagelten Kiste fand.

Viele Bücher sind über Edith Stein geschrieben worden. Nachdem aber 1965 das nachgelassene Werk »Aus dem Leben einer jüdischen Familie« erschienen ist, müssen wir, wenigstens für die Zeit ihrer Kindheit und Jugend, weitgehend dieses Buch befragen.

Edith Stein, die durch ihr Leben und Sterben reales Opfer der Versöhnung geworden ist, wurde am jüdischen Versöhnungsfest, dem 12. Oktober 1891 in Breslau (Schlesien) geboren. Sie ist das elfte Kind einer hoch angesehenen Familie, die stolz war auf ihre Abstammung und nach dem Gesetz ihres alttestamentlichen Glaubens lebte. Im Kreis von sechs gesunden, lebhaften, frohen und lebenstüchtigen Geschwistern wuchs sie auf – vier Kinder waren früh verstorben. Mit zwei Jahren verlor sie den Vater. Die gottesfürchtige, kluge, energische Mutter, mit der sie bis zum Tod der Hochbetagten aufs innigste verbunden war, führte den großen Holzhandel ihres Mannes weiter und umsorgte die Kinderschar mit liebevoller Strenge. Edith Stein war mit dieser Mutter ganz besonders innig verbunden. Sie durfte auch später im Karmel, im strengsten Orden, schon als Postulantin jede Woche ihrer Mutter einen Brief schreiben. Ihre Novizenmeisterin und spätere Priorin, die das erste Buch über Edith Stein schrieb, Teresia de Spiritu Sancto Posselt, hat mir gesagt, wie Edith immer vor ihrer Tür stand und kaum gewagt hätte zu klopfen, um diese Briefe abzugeben.

Edith war das Nesthäkchen und der ausgesprochene Liebling der Mutter. Aus dem eben erwähnten Buch »Aus dem Leben einer jüdischen Familie«, das Edith Stein als reifer Mensch im Karmel schrieb, spüren wir die tiefe glückliche Geborgenheit, die ihre ganze Kindheit umgab, die sorglose Sicherheit eines zufriedenen Familienlebens — zwei so wichtige Voraussetzungen für die gesunde Entfaltung und gute Entwicklung der kindlichen Seele. In vollen Zügen hat sie diese tiefe Harmonie aufgenommen, die gleicherweise den arbeitsamen Werktag wie den streng gehaltenen Sabbat in der Synagoge erfüllte. Ihr Gemüt war empfänglich für das Gute und Schöne. Früh wollte sie lernen, immer wieder lernen. Eine weit überdurchschnittliche Begabung und ausgesprochen kindlicher Ehrgeiz halfen ihr, alle schulischen Ziele schnell und leicht zu erreichen. Dabei kamen Feste in der eigenen Familie und der erweiterten Verwandtschaft, frohe Spiele und gelegentlich lange Fußwanderungen nicht zu kurz. Den Fußwanderungen blieb sie treu bis zu ihrem Klostereintritt. Auch wir sind während des Studiums sehr viel gewandert.

Die spätere Konvertitin und Philosophin wuchs also in einer in jeder Hinsicht gesunden Atmosphäre heran. Das religiös-kirchliche Leben wurde wichtig und ernst genommen, jedoch geschah alles ohne Übertreibung. Und noch etwas wurde gewissenhaft beachtet: Nie vergaß man über dem eigenen bescheidenen Wohlstand den Nächsten in seiner Not. An Edith hat sich die uralte Erfahrung bewahrheitet: Eine glückliche Jugend, die auf der Harmonie und Wärme des Elternhauses, auch auf der guten Ehe der Eltern, auf der Fröhlichkeit des Geschwisterkreises basiert, ist die sicherste und beste Grundlage für einen guten Lebensstart, weitaus besser als ein reiches materielles Erbe.

Im Jahre 1911 bestand Edith Stein mit Auszeichnung das Abitur: »Schlag an den Stein und Weisheit springt heraus«, lautete der Spruch ihres Rektors bei der Schlußfeier. Ihre Lieblingsfächer waren Sprachen, Geschichte, Literatur; Mathematik hingegen bereitete ihr manchen Kummer.

Sie begann an der Universität Breslau ihr Studium mit Germanistik, Geschichte und Griechisch. Das Hauptinteresse aber galt der Psychologie, einer damals noch sehr jungen Wissenschaft. »Wie ein Fisch im klaren Wasser bei warmem Sonnenschein, so fühle ich mich!« Mit diesen Worten charakterisierte sie ihre ersten Semester. Später schrieb sie: »Einem ungewöhnlich starken sozialen Verantwortungsbewußtsein und einem Gefühl für die Solidarität der Menschheit entsprang die Liebe zur Geschichte.« Damit hing eine leidenschaftliche Teilnahme an dem politischen Geschehen der Gegenwart als der werdenden Geschichte zusammen. »Ich bin empört über die Gleichgültigkeit der Mehrzahl der Kommilitonen gegenüber allgemeinen Fragen«, heißt es in ihrer Familiengeschichte. »Sie denken nur an die Sicherung einer späteren Futterkrippe.«

In Edith – ich darf sie doch so nennen, weil ich sie immer

so genannt habe — aber erwachte damals der Wunsch, »später durch meine Berufsarbeit dem Volk und dem Staat meinen Dank abzustatten«. Aus diesem starken sozialen Verantwortungsgefühl trat sie für das Frauenstimmrecht ein und gehörte zu der »pädagogischen Gruppe«, die sich mit Schulreform beschäftigte und sich für Hilfsschulen, Fürsorgeerziehungsanstalten und Ähnliches interessierte. Dabei lagen ihr keineswegs ausgesprochen sozialistische Auffassungen im politischen Sinn. Unbeschwert waren die ersten Breslauer Semester, glücklich und ein wenig neugierig auf Entdeckungsfahrt nach der Weite und Fülle der Welterkenntnis. Aber ein Mensch, der später von sich sagte: »Meine Sehnsucht nach der Wahrheit war ein einziges Gebet« —, ein solcher Mensch konnte sich nicht mit den Ergebnissen der experimentellen Psychologie begnügen, wie sie damals von Stern und Hönigswald in Breslau vertreten wurden. Edith Stein verlangte nach objektiver Erkenntnis des Menschen. Der erste Schritt auf diesem Wege waren Edmund Husserls »Logische Untersuchungen«, die sie in den Weihnachtsferien 1912/13 durcharbeitete. Immer energisch und fest auf das Ziel gerichtet, das ihr vor Augen stand, zog sie nach der Lektüre von Husserls grundlegendem Werk die Konsequenzen und vertauschte — sehr zum Kummer ihrer Familie — die Heimatuniversität mit Göttingen. »Ich konnte«, so sagte sie, »wie später noch oft im Leben, die scheinbar festesten Bande mit einer leichten Bewegung abstreifen und davonfliegen wie ein Vogel, der der Schlinge entronnen ist.« In Göttingen hatte Husserl schon einen Kreis bedeutender Schüler um sich gesammelt. Die phänomenologische Methode, die er lehrte, deren eigentlicher Vater er ist, entzückte Edith sehr. Phänomenologie ist nichts anderes als der philosophische Weg, um die objektive Wahrheit, die Wahrheit als Absolutes, wiederzufinden. Die junge Philosophin war wie trunken, immer mehr versank sie von da an in der reinen Wissenschaft und schüttelte auch — wie sie ehrlich schreibt — einen noch leichten Druck ab wegen der psychologischen Dissertation, die sie sich in Breslau als freiwillig übernommene Verpflichtung hatte geben lassen, um nur *ein* Semester in Göttingen zu bleiben. Aber sie blieb in Göttingen vier Semester, bis sie im Januar 1915 ihr Studium vorläufig abschloß durch das mit »sehr gut« bestandene Staatsexamen in philosophischer Propädeutik, Geschichte und Deutsch.

Ein halbes Jahr vorher brach der Erste Weltkrieg aus. Da fühlte Edith Stein so solidarisch mit ihrem Volk, daß sie sich freiwillig und bedingungslos zum Lazarettdienst meldete und auch ihr Hilfsschwesternexamen bestand. Da sie aber vorläufig noch nicht einberufen wurde, zog sie zum Wintersemester nach Göttingen. Sie nennt diese Zeit die glücklichste, denn sie war von erregender Vielseitigkeit. Nach bestandenem Staatsexamen bemühte sie sich erneut um Verwendung im Kriegsdienst, und jetzt wurde sie in ein Seuchenlazarett nach Mährisch-Weisskirchen geschickt. Dies war am 7. April 1915. Wie ernst sie ihren schweren Kriegseinsatz nahm und mit welcher Hingabe sie Tag oder Nacht, manchmal auch Tag und Nacht den Seuchenkranken diente, mit welch sachlichem Interesse und großem Eifer sie auch ihre hilfsmedizinische Tätigkeit ausübte, geht aus 31 Druckseiten ihres Tagebuches hervor. Sie hat mit ihrer Schwester Erna, die Frauenärztin war, oft Krankenbesuche gemacht und ihr im Krankenhaus geholfen, um sich einzuarbeiten.

Ein Kriegstagebuch zu führen, muß in jener Zeit bei der Jugend allgemein üblich gewesen sein, denn auch ich hatte, da ich mich direkt vom Abitur zum Rotkreuzdienst gemeldet hatte, ein solches geführt. Wir wurden schon nach sechstägiger Ausbildung und bestandenem Examen auf die Menschheit losgelassen.

Nach fünfmonatlichem Kriegseinsatz kehrte Edith Stein nach Breslau zurück und machte, zur Erholung von der Krankenpflege, wie sie humorvoll sagte, ihre griechische Prüfung. Gleich darauf zog sie nach Göttingen, um sich von jetzt ab konzentriert ihrer Doktorarbeit zu widmen mit dem Thema »Zum Problem der Einfühlung«. In Göttingen fielen große Entscheidungen ihres Lebens, auch in wissenschaftlicher und entfernt religiöser Hinsicht. Hier begegnete sie Hedwig Conrad-Martius, ihrer einzigen ebenbürtigen Freundin, und deren Gatten. Edith Stein blieb ihr verbunden bis zuletzt. In ihrem Haus in Bergzabern, wo Edith oft zu Gast war, fand der Ruf Gottes die Wahrheitssucherin, als die nächtliche Lektüre des Lebens der großen Teresa von Avila über ihr eigenes Leben entschied. Hierbei faßte sie leicht und schnell in wunderbarer Intuition den Entschluß zur Annahme des katholischen Glaubens. Es ist wohl eine jener seltsamen Fügungen der Vorsehung, daß Hedwig Conrad-Martius, ihre geliebte »Hatti«, zur selben Zeit von der Gnade ergriffen und zur evangelischen Kirche geführt wurde. »Wir gingen beide wie auf einem schmalen Grate dicht nebeneinander her, jede in jedem Augenblick des göttlichen Rufes gewärtig. Er geschah, führte uns aber nach konfessionell verschiedenen Richtungen«, berichtet die Freundin. Ihre tiefe Gemeinschaft wurde nie zerstört. Edith bat Hatti, ihre Taufpatin zu sein, und holte sich die bischöfliche Erlaubnis hierzu. In Hattis weißem Hochzeitsmantel schritt die strahlende Neophytin zum Altar, von der evangelischen Freundin liebevoll geleitet, Ökumene im Jahr 1922.

In Edith Steins Göttinger Freundeskreis gab es in den Jahren 1913 bis 1915 Juden und Christen verschiedenster

Grade und Stufen. Tiefer als das gotische und althochdeutsche Vaterunser in den germanistischen Übungen führten sie Max Schelers Gastvorlesungen 1913 in die christliche Glaubenswelt ein. Nach ihren eigenen Worten wurde hierbei katholisches Gedankengut durch den Glanz dieses großen Geistes zum Leuchten gebracht und durch die unwiderstehliche Gewalt seiner Sprache mit Leben erfüllt. Scheler, der damals mit Wilhelm Furtwänglers Schwester verheiratet war, gehört zu den christlich engagierten Husserl-Schülern – ähnlich Dietrich von Hildebrand, dem katholischen Ethiker, dem evangelischen Theologen Haering und dem katholischen Theologen Msgr. Beaudin, beide einst an der Universität Straßburg. Mit dem feinsinnigen Franzosen Koyré und Eduard Métis, zwei überzeugten Juden, war sie besonders verbunden. Allerdings schreibt sie: »Als ich Métis nach seiner Gottesidee fragte, lautete seine kurze Antwort: Gott ist Geist, mehr sei darüber nicht zu sagen. Das war mir, als ob ich einen Stein statt Brot bekommen hätte.« Der fromme evangelische Christ Adolf Reinach, der sich als erster der Göttinger Schule habilitiert hatte und Husserls rechte Hand war, machte auf Edith Stein einen unauslöschlichen Eindruck. Er stand ihr ganz persönlich nahe, sicher menschlich näher als Husserl, den sie vielleicht damals als Olympier empfand. Als Reinach 1917 im Ersten Weltkrieg fiel, – jahrelang hatte er mit Edith Feldpostbriefe gewechselt –, stand sie seiner Witwe bei der Ordnung der großen Bibliothek bei. Wie Edith mir später erzählte, hat sie die starkmütige Haltung christlicher Auferstehungsgewißheit, der sie bei Frau Reinach begegnete, sehr beeindruckt. »Es war dies meine erste Begegnung mit dem Kreuz Christi«, sagte sie, tief erschüttert von jener Zeit, kurz vor ihrem eigenen Tod, »es war der erste Augenblick, in dem mein Unglaube zusammenbrach, das Judentum verblaßte, Christus aufstrahlte.« Und doch dauerte es noch drei Jahre bis zum letzten Schritt, den man aber auch den ersten nennen kann, d. h. bis zur Taufe.

Der Vortrag von Hedwig Conrad-Martius, den sie in der Gesellschaft für christlich-jüdische Zusammenarbeit gehalten hat, ist immer noch mit weitem Abstand zu allem andern, was über Edith Stein je geschrieben wurde, die wesentlichste und wichtigste Aussage über sie. Die Verfasserin hat ihn dem schmalen kostbaren Bändchen, das Edith Steins Briefe an die Freundin Hedwig Conrad-Martius enthält, beigefügt. In wenigen Worten umschreibt sie ihr ureigenes Verhältnis zueinander: »Da war zunächst die Gemeinschaft der philosophischen Atmosphäre, aus der wir mit vielen anderen herausgeboren waren. Wir, die wir persönlichste Schüler unseres hochverehrten Lehrers und Meisters Edmund Husserl gewesen sind.«

Peter Wust charakterisiert das Wesen der Gemeinsamkeit aller wahren Phänomenologen so: »Von Anfang an muß wohl in der Intention (der Absicht) jener neuen philosophischen Richtung etwas ganz Geheimnisvolles verborgen gewesen sein, eine Sehnsucht zurück zum Objektiven, zur Heiligkeit des Seins, der Reinheit und Keuschheit der Dinge, der Sachen selbst.«

In dem Programm einer Tagung über Phänomenologie 1972 habe ich ein sehr gutes Wort gefunden bezüglich »der Sachen selbst«, und ich möchte es nicht vorenthalten. »Husserls Phänomenologie bedeutet die Wendung zu den Sachen selbst. Sie brachte zunächst eine Befreiung des philosophischen Blickes von aller konstruierenden Psychologie und Philosophie, eine neue Offenheit für die Erfahrungsmannigfaltigkeit der Welt und ihrer Wesenheiten.« »Die der ursprünglichen Intention dieser Schule eigene Objektgeöffnetheit hat viele von Husserls Schülern weiter auf dem Weg zu den Dingen, zu den Sachverhalten, zum Sein selbst, ja sogar zum Habitus des katholischen Menschen getrieben« – so sagt Peter Wust, der tiefgläubige Philosoph der Universität Münster, der während des Krieges starb. Als allerletzte, wenn auch nicht fachphilosophische Schülerin des verehrten Meisters und Freundes, kann ich dies bestätigen durch ein Wort, das er mir einmal sagte: »Die echte Wissenschaft muß Universalwissenschaft sein, wie sie die Philosophie erarbeitet hat, und sie muß in einer teleologischen Entwicklung zu Gott, dem Absoluten, führen. Eine Anzahl meiner Schüler hat sich merkwürdigerweise radikal entschieden. Es sind die einen tiefgläubige evangelische Christen gewesen oder geworden, andere haben zur katholischen Kirche konvertiert. In meinem Verhältnis zu ihnen, meinen Schülern, hat sich nichts geändert, es ist weiterhin von gegenseitigem Vertrauen getragen.« Am Ende seines Lebens unterstrich er nochmals dieses gegenseitige Vertrauen durch ein mir unvergeßliches Wort: »Unsere Freundschaft hat nie einen Riß bekommen, weil Sie nie einen Angriff auf mich gemacht haben.«

Es gab sehr fromme Menschen, die mir nahelegten, ich sollte Husserl noch vor dem Sterben zur Konversion bewegen. Ich habe ein solches Ansinnen weit zurückgewiesen, denn das ist allein Gottes Sache. Bei Husserl fand Edith Stein vorläufig, das heißt, gleichsam auf der ersten Station ihres Weges zu Gott, das, was sie suchte. Noch war sie nicht am Ziel.

Gelegentlich sagte Husserl, der sich selbst als einen der eifrigsten Gottsucher bezeichnete: »Was die Kirchen wollen, will ich auch, nämlich die Menschen hinführen zur Ewigkeit. Meine Aufgabe ist es, dies durch die Philosophie zu versuchen. Alles, was ich bis jetzt geschrieben habe, sind nur Vorarbeiten, es ist nur ein Aufstellen von

Methoden. Leider kommt man im Verlauf eines einzigen Lebens gar nicht zum Kern, zum Wesentlichen. Die Frage nach dem letzten Sein, nach Wahrheit, muß der Gegenstand jeder wahren Philosophie sein.« Aus den bisherigen Ausführungen läßt sich die Bedeutung Husserls im inneren Entwicklungsprozeß von Edith Stein ermessen, gerade in den Jahren, da sie noch mehr oder minder Atheistin war. Zum mindesten war sie noch nicht in den Bereich des konkret Christlichen vorgedrungen. Schwieriger wurde ihre Stellung zu Husserl erst, als sie Gott, das letzte Sein, das einzige und wahre Absolute, gefunden hatte und sich durch Taufe und Aufnahme in die katholische Kirche zu dem dreieinigen Gott bekannte. Da trennten sich ihre Wege, aber ihr gemeinsames Ziel verband sie doch bis zuletzt. Interessant ist der Vergleich zweier Briefstellen, die Edith Steins innere Wandlung in die Freiheit und Weite zeigen. In einem Antwortbrief an mich vom Jahre 1930 schrieb sie in bezug auf Husserl und auf ein Gespräch, das ich mit ihm gehabt und Edith berichtet hatte, folgendes: »Ein analoges Gespräch mit Husserl hatte ich, als ich ihn zum erstenmal nach meiner Konversion sprach – ich hatte ihn acht Jahre dazwischen nicht gesehen. Immer, wenn seine Frau etwas ganz Verständnisloses sagte, entgegnete er so tief und schön, daß ich kaum etwas hinzuzufügen brauchte.« Wenn Edith Stein das von Frau Husserl schreibt, dann muß ja wohl etwas Wahres dran gewesen sein.

Malwine Husserl war der rationalistischste, intellektualistischste Mensch, der mir je im Leben begegnet ist. Gewöhnlich schon nach dem ersten Satz kamen wir hintereinander. Sie war das, was Wagner im »Faust« ist. Diese Frau hat aber doch den Weg zur katholischen Kirche gefunden. Während des Krieges hat Pater van Breda, der belgische Franziskaner, der das Husserl-Archiv in Löwen leitete, sie in einer großen, caritativen Anstalt in Belgien versteckt. Dann hat sie bei »ihrem geistlichen Sohn«, wie sie ihn nannte, doch noch den katholischen Glauben angenommen. Sie wurde ein sehr froher und dankbarer Katholik. – Edith fährt in dem oben genannten Brief fort: »Ich konnte ganz rückhaltlos offen sein, aber man muß sich vor Illusionen hüten. Es ist gut, wenn wir frei über diese letzten Dinge mit ihm sprechen können. Aber es verschärft die Verantwortung für ihn und damit unsere Verantwortung! Gebet und Opfer sind sicher viel wichtiger als alles, was wir ihm sagen können, und sind – daran zweifle ich nicht – sehr nötig. Es ist ein anderes, ein auserlesenes Werkzeug zu sein und in der Gnade zu stehen. Wir haben nicht zu urteilen und dürfen auf Gottes unergründliche Barmherzigkeit vertrauen. Aber den Ernst der Dinge dürfen wir uns nicht verschleiern. Nach jeder Begegnung, in der mir die Ohnmacht direkter Beeinflussung fühlbar wird, verschärft sich mir die Dringlichkeit des eigenen Holocaustum. Daß wir hier und jetzt stehen, um unser Heil und das derer, die uns auf die Seele gelegt sind, zu wirken, daran kann kein Zweifel sein. Daß wir es mehr und mehr lernen, jeden Tag und jede Stunde in die Ewigkeit hineinzubauen, dazu wollen wir uns gegenseitig im Gebet helfen in dieser heiligen Zeit der Septuagesima.«

Genau acht Jahre später, wenige Tage vor unseres gemeinsamen Meisters Husserls Tod, 1938, schrieb mir Edith Stein so ganz anders, wunderbar innerlich frei geworden: »Um meinen lieben Meister habe ich keine Sorge. Es hat mir immer ferngelegen zu denken, daß Gottes Barmherzigkeit sich an die Grenzen der sichtbaren Kirche binde. Gott ist die Wahrheit. Wer die Wahrheit sucht, der sucht Gott, ob es ihm klar ist oder nicht.« Zwei Jahre nach dem Gespräch mit Husserl über die Auf-

gabe seiner Philosophie fuhr er – laut meinen Aufzeichnungen – beinahe an derselben Stelle fort. Ich würde nie wagen, solche Worte auszusprechen, wenn ich sie nicht sofort nach unserem Gespräch niedergeschrieben hätte. Eigentlich waren alle unsere Begegnungen ein »ewiges Gespräch«. Ohne Präliminarien führten wir es weiter, da, wo wir stehengeblieben waren, selbst wenn wir uns viele Monate oder länger nicht gesehen hatten. So sagte Husserl: »Das Leben des Menschen ist nichts anderes als ein Weg zu Gott. Ich versuche dieses Ziel ohne theologische Beweise, ohne theologische Methoden und Stützpunkte zu erreichen, nämlich (jetzt erschrecken Sie bitte nicht) zu Gott ohne Gott zu kommen. Ich muß Gott gleichsam aus meinem wissenschaftlichen Dasein eliminieren, um *den* Menschen einen Weg zu Gott zu bahnen, die nicht die Sicherheit des Glaubens durch die Kirche haben wie Sie und Edith. Ich weiß, daß dieses Vorgehen für mich selbst gefährlich sein könnte, wenn ich nicht ein tief gottverbundener und christusgläubiger Mensch wäre.« Zwei Jahre später sagte Husserl auf einem langen, einsamen Schwarzwaldspaziergang – er lebte damals schon versteckt, um der Judenverfolgung zu entgehen –: »Meine Philosophie will nichts anderes sein als ein Weg, eine Methode, um Menschen, die vom Christentum und von der Kirche abgerückt sind, wieder den Rückweg zu Gott zu zeigen.«
Ich fragte ihn einmal: »Warum haben Sie denn nie von Gott gesprochen in den Vorlesungen?« Wir mußten ja damals alle Philosophie hören. Er sagte mir: »Das Beste habe ich euch vorenthalten, aber ich war noch nicht so weit, jetzt wäre ich so weit.« Das war kurz vor seinem Tod.
Unter diesem Rückweg verstand Husserl die Intention der Phänomenologie, die schon von Edith Stein erwähnte

Sehnsucht zurück zum Objektiven, zur Heiligkeit des Seins. Erst sterbend wurde ihm das Licht der Wahrheit im Lichte Gottes gezeigt. Jetzt war Gott für ihn nicht mehr der Unpersönliche, das Absolute, sondern der ganz Persönliche, der sich ihm in den letzten Augenblicken seines so tapfer um die Wahrheit ringenden Philosophenlebens offenbarte. Seine letzten Worte waren mit einem unsäglich strahlenden Blick und mit tiefem Leuchten seiner Augen: »Oh, ich habe etwas so Wunderbares gesehen, schreiben Sie schnell...« Aber er nahm das Geheimnis seiner letzten himmlischen Schau auf Erden mit hinüber in die Ewigkeit, in die Wahrheitsschau unverhüllter göttlicher Herrlichkeit.

In bezug auf Edith Steins Weg und sein innerstes Verhältnis zu ihr sagte er mir einmal: »Man kann sich doch persönlich weiterhin gut leiden, auch wenn man sich weltanschaulich getrennt hat, wie Edith Stein nach ihrer Konversion bewiesen hat. Ich stehe meinen Schülern immer zur Verfügung, um die Wahrheit durchzustreiten. Ich bin stets bereit, meine Irrtümer einzusehen und mich so preiszugeben.«

Zwei Jahre später setzte er dieses Gespräch so fort: »Was die Redlichkeit des Gemütes in der Religion ist, das ist in der Philosophie die Ehrlichkeit des Intellekts. Mein Leben lang habe ich um diese Ehrlichkeit gekämpft, mich geprüft, ob im Hintergrund nicht doch ein Schein von Unehrlichkeit ist.«

Wenn Husserl den Neuthomismus das Unproduktivste nannte, was es gäbe, so sprach er doch mit höchster Wertschätzung, ja mit Ehrfurcht vom hl. Thomas von Aquin. »Gerade meine Philosophie«, so meinte er, »ist *die* Philosophie, welche die Kirche brauchen kann, weil sie den Thomismus weiterführt. Wenn die Kirche lebendig ist, muß sie sich auch nach der Seite der Phänomenologie hin weiterentwickeln. Die philosophische Interpretation ist stets abhängig vom jeweiligen lebendigen Menschen einer Zeit.«

In der Erkenntnis, daß Husserl in Edith Steins vorchristlicher Zeit *die* Persönlichkeit war, welche sie am nachhaltigsten beeinflußt und geformt hat, habe ich ihn in seinem Verhältnis zu ihr so eingehend beleuchtet. Dies möge seinen Abschluß finden in dem Gespräch, das Husserl mit mir über Edith Stein, die Karmelitin, führte. Er leitete es mit einer Frage ein: »Woher kommt es, daß bei der hl. Teresa von Avila wenig zu spüren ist von der klar ausgewogenen Geistesgebundenheit der Scholastik?« Auf meine Antwort, daß Scholastik auch die Mystik einschließe, sagte er mit Bezug auf Edith Stein: »Sie schaut also von einem Berg die Klarheit und Weite des Horizontes in seiner wunderbaren Durchsichtigkeit und Aufgelockertheit, gleichzeitig aber hat sie auch die Kehr nach innen, die Perspektive ihres Ichs zu Gott. Ja, bei Edith ist durchaus alles echt. Im Juden liegt der Radikalismus und die Liebe zum Martyrium.« – Wie tief hat der Meister in diesen Worten (1934) seine große Schülerin erkannt, wie prophetisch ihren Weg angedeutet, ohne freilich zu ahnen, daß er im realen Martyrium enden würde.[1]

Noch vor ihrer Promotion mit dem Prädikat *Summa cum laude,* am 3. August 1916, ernannte Husserl die Meisterschülerin zu seiner Assistentin. Damit gab sie ihre Schultätigkeit für viele Jahre auf und übernahm eine Aufgabe, die sie mit großer Weisheit und Gewissenhaftigkeit erfüllt hat. Ihr Monatsgehalt betrug hundert Reichsmark.

An dieser Stelle möchte ich über meine eigene Begegnung mit Edith Stein berichten. Im Frühjahr des Jahres 1916 begann ich auf dringenden Wunsch meines Vaters mit dem Studium, nachdem ich bedenkenlos und freudig drei Semester und weiterhin bis Kriegsende die langen Universitätssommerferien dem Vaterland als Hilfsschwester vom Roten Kreuz in einem Freiburger Lazarett gedient hatte. In einem der kleinsten Hörsäle las Husserl in meinem ersten Semester — es war ja Krieg, und die meisten Studenten standen im Feld. Hier sah ich Edith Stein zum erstenmal. Sie saß schräg vor mir, und ich betrachtete sie unentwegt, da ich den schwierigen Gedankengängen des Phänomenologen doch nicht folgen konnte. Wie war nun mein erster Eindruck von ihr: eine kleine, unscheinbare, damals wenig attraktive Gestalt, weder besonders vergeistigt, noch bedeutend, allzu schlicht, alltäglich und sogar etwas unmodern — so erschien sie mir in meiner erstsemestrigen Torheit. Aber, ein stiller, versonnener Glanz lag auf ihrer klugen, stark gewölbten Kinderstirn, von dem man nicht mehr loskam. Eine große Ausdrucksfähigkeit belebte ihre Züge, die das Kindliche und sogar Schüchterne nie ganz verloren. Wenn sie sich umwandte und mit Bekannten sprach, blickten ihre großen, dunkelgrauen Augen meist streng und sogar ein wenig abweisend, sobald neugierige Blicke ihr folgten.

Doch konnten diese Augen auch lächeln, wenn sie sich im Gespräch erwärmte. Dieses Lächeln kann man nicht beschreiben. Aber ich glaube, es bleibt jedem unvergessen, der es erlebt hat.

Als Assistentin von Husserl, dem auch ich in jenem ersten Semester persönlich begegnen durfte, wurde sie im folgenden unsere Dozentin. Da wir völlig unvorbereitet waren für Husserls Phänomenologie, also für die Lehre einer tiefen Wesensschau der Erscheinungen oder Evidenzen, begann sie, die wohl mehr Sinn für die Wirklichkeit besaß als ihr Meister, einen Einführungskurs in seine Philosophie. Bescheiden nannte sie dieses Proseminar

40

ihren philosophischen Kindergarten. Im Kreise der anderen Studenten lernte ich sie nun auch persönlich kennen. Mit großem pädagogischen Geschick und viel Geduld, mit stiller Liebenswürdigkeit und nie versagender Güte pflügte sie das harte, trockene und steinige Erdreich unseres Geistes auf.

Stets nachsichtig lächelnd, nie spöttisch oder herablassend, ging sie auf unsere unklaren und ungeschickten Fragen und Einwände ein. Unaufhörlich ermunterte sie uns zu kleinen Schritten und Fortschritten in der strengen Schule geistiger Zucht. Angefeuert durch die »wahrhaft trunkene Nüchternheit ihres Geistes«, ließen wir uns begeistert von ihr führen und begannen, ein ganz neues Glück zu ahnen.

»Das Studium der Philosophie ist ein ständiges Gehen am Abgrund«, bemerkte sie einmal. Der jüdische Kinderglaube war verblaßt. Nur noch aus Liebe zu ihrer streng gläubigen Mutter begleitete sie diese während der Heimatbesuche in Breslau zu den Gottesdiensten in der Synagoge. Auch in ihrer sogenannten atheistischen Zeit ließ Edith nie ab vom Suchen nach der Wahrheit. Da sie nicht auf halbem Wege stehenblieb, fand sie schließlich den, der als einziger von sich sagen durfte: Ich bin die Wahrheit: Christus. »Unruhig ist unser Herz in uns, bis es ruht in Gott.« Das war bei Edith vier Jahre später, am 1. Januar 1922, als sie nach der im Gebet durchwachten Silvesternacht in der Kirche von Bergzabern das Sakrament der Taufe empfängt und in die katholische Kirche aufgenommen wird. Auf indiskrete Fragen, wie sie zum Glauben gekommen sei – Fragen, wie sie öfters Konvertiten gestellt werden, so als ob es eine Patentlösung gäbe, die ein anderer nach Belieben wiederholen kann –, hat sie so schön geantwortet: »secretum meum mihi«.

In unerbittlicher Folgerichtigkeit und in der ihr stets eigenen Treue stieg ihre letzte Lebenshälfte – nach der Taufe – immer höher und steiler in das reine Licht der Wahrheit und der Liebe. Ein Schimmer bräutlicher Freude lag über ihr, seit sie die Fülle des Lebens Christi in der Taufe empfangen hatte. Wir, ihre Freunde, stellten eine große Veränderung fest. Im Gegensatz zu früher war Edith als neuer Christenmensch jetzt viel mehr bedacht, das Äußere mit der inneren Gestalt in Einklang zu bringen. Freimütig und begleitet von mancher Neckerei habe ich mit ihr die Kleiderfrage vor ihren Vortragsreisen besprochen. Als kluger und gottgeeinter Mensch hatte sie Sinn für Humor, freilich blieb es immer beim »goldenen Humor«, der zwar froh zu lachen verstand, aber nie in Ausgelassenheit oder Spott ausartete.

Zwölf Jahre hatten wir uns aus den Augen verloren – ich hatte inzwischen selbst den Weg zur katholischen Kirche gefunden. Edith Stein war acht Jahre, von 1923 bis 1931, Lehrerin im Lyzeum und Lehrerinnenseminar St. Magdalena der Dominikanerinnen zu Speyer und an der pädagogischen Hochschule Münster. Im Jahre 1929 begegneten wir uns wieder in St. Lioba, meinem Kloster in Freiburg, wo sie Sr. Placida, ihre viel jüngere Jugendfreundin, nach der Einkleidung besuchte. Ich war überrascht, wie sehr sich Edith verwandelt hatte. Ihre Gestalt war zarter, aber gestraffter, das Gesicht schmäler, feiner und durchgeistigter geworden. Freiburg und St. Lioba im besonderen wurden in den nächsten Jahren bis zu ihrem Klostereintritt 1933 immer Station auf dem Weg nach Beuron, wo sie so gern die Feier der großen Feste des Kirchenjahres mit Tagen geistiger Entspannung verband. In jener Zeit wechselten wir Briefe. Wenn sie in St. Lioba weilte, sprachen wir manche Stunde ganz persönlich zusammen. Uns verband nicht nur der gemeinsame geliebte Meister Husserl, sondern auch Erzabt Raphael Walzer von Beuron, dessen geistlicher Führung wir uns beide, ganz unabhängig und ohne voneinander zu wissen, anvertraut hatten. Edith hatte eine besondere Art zu sprechen: eindringlich, unwiderstehlich, voll aufmerksamer Teilnahme und in innerer Bewegung. Ich habe nie einen Menschen getroffen, der während eines Gespräches tiefsten Ernst mit einem so bezaubernden und beglückenden Lächeln verband. Wenn doch alle Menschen, deren Berufung es ist, über Gott und seine Wahrheiten zu reden, die Überzeugungskraft ihrer Worte aus der Brunnenstube solcher Gottes- und Menschenliebe schöpfen und sie wie Edith Stein in das Gewand schlichter, lächelnder Anmut kleiden würden. Ja, sie war ganz Charis, Gnade und Anmut.

In einem ihrer Briefe finde ich die schönen Worte über die kleine heilige Theresia von Lisieux, deren Selbstbiographie in der ersten retouchierten Ausgabe ich kritisiert hatte. Edith schreibt: »Was Sie über die kleine Theresia schreiben, hat mich überrascht. Ich habe daraus erst gesehen, daß man es von dieser Seite sehen kann. Mein Eindruck war nur der, daß hier ein Menschenleben einzig und allein von der Gottesliebe bis ins letzte durchgeformt ist. Etwas Größeres kenne ich nicht, und davon möchte ich soviel wie möglich in mein Leben hinein und in das aller, die mir nahestehen, geben.«

Immer und überall blieb Edith die reine und gütige Frau, nie verlor sie ihre tiefe Bescheidenheit. Sie sprach und schrieb nicht nur über das »Wesen der Frau«, sie lebte es vor: Die gefalteten Hände auf dem Rednerpult versinnbildlichten ihr Anliegen. Auf meine Kritik an einem ihrer gedruckten Vorträge über Mädchenbildung, bei der ich vermutlich eine Überbetonung des Religiösen in der Erziehung während des Entwicklungsalters bedenklich gefunden hatte, schrieb sie: »Wenn ich nicht über das Übernatürliche sprechen wollte, würde ich wohl überhaupt auf kein Rednerpult hinaufgehen. Es ist im Grunde immer eine kleine einfache Wahrheit, die ich zu sagen habe: Wie man es anfangen kann, an der Hand des Herrn zu leben. Wenn dann die Leute etwas ganz anderes von mir verlangen und mir geistreiche Themen stellen, die mir sehr fernliegen, kann ich sie nur als Einleitung nehmen, um schließlich auf mein eigentliches *ceterum censeo* zu kommen.«

Im Jahre 1931 gab sie ihre Tätigkeit als Lehrerin in Speyer auf. Darüber schrieb sie mir am 28. Juni von Breslau aus: »Ich wußte, als ich beschloß, von Speyer fortzugehen, daß es sehr schwer sein würde, nicht im Kloster zu leben. Aber daß es so schwer sein würde, wie es die ersten Monate war, habe ich mir doch nicht vorstellen können. Reue habe ich trotzdem keinen Augenblick gehabt, denn ich kann nicht daran zweifeln, daß es so ist, wie es sein muß. Als ich von Wien zurückkam, freute ich mich sehr, als Gruß von Sr. Placida das Bild Eurer Klosterpforte vorzufinden. Es war mir tröstlich, sie anzuschauen und zu denken, daß sich mir da in einigen Monaten ein Asyl auftun werde.«

Im Herbst siedelte sie nach Freiburg über und wohnte in unserem damaligen Gästehaus St. Placidus. Ernsthaft betrieb sie ihre Habilitation an der philosophischen Fakultät. Sie bat mich, ihr dabei zu helfen. So versuchte ich, ihr die Wege zu ebnen, und machte manchen Gang zu maßgebenden Professoren. St. Lioba wurde im Winter 1931/32 ihr Standquartier für viele Vorträge. Ihre Anwesenheit war für unser Haus eine stille Freude, ja eine große Gnade. Ich sah sie täglich, nicht nur bei den liturgischen Gottesdiensten, deren Ordnung und Schönheit mit dem Ausklang in die Kontemplation sie so liebte.

Manchmal kam ich am frühen Abend, wenn Wälder und Berge im letzten Licht erglänzten, in ihre kleine schlichte Dachstube.

Ein tiefer Friede war um uns gebreitet. Edith bedurfte ebensowenig wie unser Meister Husserl der vielen Bücher, des gelehrten Apparates, der uns gewöhnlichen Sterblichen unentbehrliches Rüstzeug zu sein pflegt. So bot ihre Zelle schon damals nicht das Bild des Arbeitsraumes einer gelehrten Frau. Aber das Kreuz über dem Arbeitstisch lehrte sie höchstes Wissen. Wenn sie mich geistliche Wege wies, schaute sie oft zu diesem Kreuz empor. Nie vergesse ich den tödlichen Ernst und den unsagbar schmerzerfüllten Blick zum gekreuzigten König der Juden, als sie einmal, von bangender Ahnung kommender Schrecklichkeiten überwältigt, leise sprach: »Oh, wieviel wird mein Volk leiden müssen...« Wie eine innere Erleuchtung kam mir damals der Gedanke: Edith macht sich zum Sühneopfer für ihr Volk. Allerdings hatte ich noch nicht an ihren gewaltsamen Tod gedacht, wohl aber an den sich anbahnenden Haß gegen die Juden.

In jener Zeit rang ich oft mühsam um den echten Ausgleich zwischen Gebet und Arbeit, zwischen *Actio* und *Contemplatio*, um eine sinnhafte Erfüllung meiner apostolisch-seelsorgerlichen Tätigkeit im Dienste weiblicher Strafgefangener zu finden. Sie zeigte mir, wie man aus den Heilsgeheimnissen des christlichen Glaubens die Kraft schöpft, um sein Ich von allem Geschaffenen loszuschälen, sich selbst und alle persönlichen Wünsche aus Liebe für andere aufzuopfern. Leise, aber ungeheuer fordernd sprach sie – ich habe den sanften Klang ihrer Stimme, den tiefen Ernst ihrer Worte noch heute in Herz und Ohr. Ihre Ruhe war so vollkommen, daß ich wußte: Hier ist ein Mensch, der schon alle Eitelkeiten der Welt abgetan hat, der in der Tat die Last des anderen zu tragen vermag und so das Gesetz Christi erfüllt.

Meine Zuchthaus- und Gefängnistätigkeit in den kommenden Jahren der nationalsozialistischen Herrschaft war voller Gefahren, Probleme und ungelöster, vielleicht unlösbarer Schwierigkeiten. Diese wuchsen ständig. Edith stand im ersten Klosterjahr im Karmel, also im Postulat, als sie sich schon mit liebevoller Teilnahme in meine Situation hineindachte und mir zu helfen versuchte.

Das zeigt ein Brief vom 20. März 1934: »Es tat mir so sehr leid, daß ich Sie fortgehen lassen mußte, als Sie eben erst anfingen, vom Wesentlichen zu sprechen, und daß ich Ihnen kein Wort mehr dazu sagen konnte. Nur soviel glaube ich sagen zu dürfen: Unsere Wirksamkeit an anderen wird nur solange gesegnet sein, als wir keinen Zoll von der sicheren Grundlage unseres Glaubens preisgeben und unbeirrt durch alle menschlichen Rücksichten unserem Gewissen folgen. Wenn das an irgendeinem Platz nicht mehr möglich wäre, würde ich meinen, daß man ihn aufgeben müsse. Gott hat immer noch andere Mittel und Wege, um den Seelen zu helfen. Ich kann Ihnen nicht sagen, wie nahe es mir geht, Sie unter so schwerer Verantwortung zu wissen. Als ich aus dem Sprechzimmer herauskam, hatte ich keine Möglichkeit, die Situation zu erklären. Und so blieb mir nichts übrig, als alles, was mir der Tag noch brachte, für Sie aufzuopfern. Zeit und Ruhe, über ihre Angelegenheit nachzudenken, hatte ich erst in der Nacht. Seitdem haben Sie mich nicht mehr losgelassen. Vielleicht darf ich auf diese Weise etwas von Ihrer Last mittragen.«

Schwer und dunkel fiel der Schatten des Kreuzes auf Edith Stein. Als der Haß der Nazis die Juden verfolgte, begann ihre Passion. Aber die gefeierte Rednerin, die begehrte Dozentin von Münster, verlangte nicht nach wissenschaftlichem Ruhm, sondern allein nach der Wissenschaft des Kreuzes. »Jetzt endlich darf ich ins Kloster!« jubelte sie 1933, als ihrer öffentlichen Tätigkeit durch die Nazis ein Ende gesetzt wurde. Vater Erzabt Raphael hatte ihr bis dahin nicht erlaubt, ins Kloster zu gehen, weil er ihre Persönlichkeit so wichtig und wesentlich hielt für die Menschen in der Welt.

Ihre Habilitation kam nicht mehr zustande. Als sie von der Welt, den Menschen, die Edith Stein so nötig hatten, Abschied nahm, lief sie geradewegs singend und voller Freude in den Karmel – »wie ein Kind in die Arme der Mutter«, so schrieb Erzabt Walzer –, da trug sie uns, ihre Freude aus Welt und Kloster, auch weiter in ihrer betenden und sühnenden Seele. Sie löste sich nicht von der Verantwortung, die sie vor Gott nun einmal übernommen hatte. Nie vergaß sie die Welt, von der sie sich zwar durch ein ungewöhnlich strenges Bußleben getrennt hatte, in den tiefen Strom ihres eigenen Opfer- und Gebetslebens einzutauchen.

Sechs Wochen vor dem Klostereintritt schrieb sie mir aus Breslau: »In via sind auch wir, denn der Karmel ist ein hoher Berg, den man von unten an heraufsteigen muß. Aber eine übergroße Gnade ist es, diesen Weg zu gehen. Und Sie dürfen mir glauben, daß ich in den Gebetsstunden immer besonders derer gedenke, die gern an meiner Stelle wären. Und helfen Sie mir, daß ich würdig werde, im innersten Heiligtum der Kirche zu leben und für die einzustehen, die draußen sein müssen.«

»Die wesentlichen Liebesdienste müssen jetzt auf einem anderen, stillen Wege geschehen. Ich glaube, daß ich Ihnen damit mehr helfen kann als mit Worten.« – So steht in einem Brief aus dem ersten Klosterjahr. Es spricht für ihre unter allen Umständen auf das Wesentliche und Objektive gerichtete Denkart, aber auch für die Nüchternheit unserer Freundschaft, wenn sie fortfährt: »Freilich, aller Anliegen im einzelnen zu gedenken, das ist kaum möglich. Man kann sich nur bemühen, das Leben, das man erwählt hat, immer treuer und reiner zu leben, um es als ein annehmbares Opfer für alle, denen man verbunden ist, darzutun. Das Vertrauen, das auf uns gesetzt wird, die fast erschreckend hohe Meinung, die so viele draußen von unserem Leben haben, ist immer neuer Ansporn dazu.«

»Die meisten Schwestern betrachten es als eine Buße, wenn sie ins Sprechzimmer gerufen werden. Es ist ja auch immer wie ein Übergang in eine fremde Welt, und man ist glücklich, wenn man dann wieder in die Stille des Chores flüchten und vor dem Tabernakel verarbeiten kann, was einem zugetragen worden ist. Aber ich empfinde diesen Frieden immer noch täglich als ein übergroßes Gnadengeschenk, das einem gar nicht für einen allein gegeben sein kann. Und wenn jemand abgehetzt und zerschlagen zu uns kommt und dann etwas Ruhe und Trost mitnimmt, so macht mich das sehr glücklich.« Hier ist wohl eine ganz selten in solcher Reinheit geglückte Synthese von *Actio* und *Contemplatio*, von Weltverantwortung und Gottesverherrlichung verwirklicht. Hier ist nichts von selbstgenügsamer falscher Klostermystik und egoistischer Klosterruhe zu spüren; ein enorm starkes, modernes Sozialgefühl spricht uns äußerst sympatisch an.

Jegliche Spannung und Überspannung der einen oder der anderen Zuständlichkeit ist überwunden und ausgeglichen durch die geistige gemüthafte Kraft einer Persönlichkeit, die fähig war, beides zu überblicken, zu erfassen und in ihrer großangelegten Seele zu vereinen. Edith Steins ungewöhnlich scharfer Verstand, ihre besonders entwickelte Gabe der Beurteilung, Bewertung und Unterscheidung, auch der Bescheidung, der richtigen Einordnung und Einstufung verschiedener Werte fügte sich aufs beste ihrem energischen Willen. Aber auch ihr stark ausgeprägtes Gemütsleben, die warme, kindliche, spontan aufflammende Mitfreude und ihr ergreifendes Mitleiden war ein echter und beglückender Ton im Dreiklang des Menschenlebens. Jede Art von Berechnung lag ihr fern.

Bei ihrer Einkleidung im Kölner Karmelitinnenkloster in Köln-Lindenthal wählte sie den Namen Teresia Benedicta vom Kreuz. Der erste Name enthält das Wichtigste: hatte doch die große Spanierin sie zu Christus geführt! Benedicta als Hauptname: In den Jahren nach ihrer Taufe war ihr, wie manchem Konvertiten, die Benediktiner-Erzabtei Beuron zur geistigen Heimat geworden. Aber sie mußte ihrer inneren Berufung treu bleiben. Nie hat sie daran gedacht, in ein Benediktinerinnenkloster einzutreten, obwohl ihr Vater Erzabt Raphael es nahegelegt hatte. – Teresia Benedicta a Cruce: Die Weisheit des großen Mystikers Johannes vom Kreuz vollendete ihre innere Schulung. Die Darstellung seines Lebens und Werkes war das letzte Opus aus Sr. Benedictas fleißiger Feder, sie vollendete es eigentlich sterbend – die Kreuzeswissenschaft, von der sie einmal sagte, daß man sie selber leben muß. Noch in der Stunde ihrer Verhaftung schrieb sie an diesem Werk.

In knapp neun Klosterjahren wurde sie tiefer und tiefer in die dunkle Nacht des Kreuzmysteriums hineingeführt bis zu jenem 2. August des Jahres 1942, als die deutsche Gestapo die still verborgen betende und arbeitende Schwester Benedicta mit Gewalt aus dem holländischen Karmel in Echt holte und im Lager Westerbork internierte. Mit Edith wurde ihre Schwester Rosa (auch eine Konvertitin), die Oblatin im Karmel war, verhaftet.

Im Lager griff Edith sofort praktisch und energisch ein, nahm sich weinender Kinder und verzweifelter Mütter an. Sie wusch die Kleinen und spielte mit ihnen. »Bis jetzt habe ich gebetet und gearbeitet, von nun an werde ich arbeiten und beten«, schrieb sie aufrechten Geistes aus dem Camp. Das Schlimmste traf sie nicht unvorbereitet. Stumm und schwer hatte sie seit 1933 die Leiden ihres Volkes gelitten. Tieftraurig sah sie das Verhängnis über ihr nicht weniger geliebtes Deutschland hereinbrechen. Am 7. August wurde sie nach Osten transportiert. Am 9. August starb sie mit Priestern und Ordensleuten jüdischer Abstammung in einer Gaskammer von Auschwitz.

Nach christlichem, ja schon nach antikem Denken, vermag nur das Opfer und Geopfertwerden der Reinen zu sühnen und zu heilen, wenn Schuld übergroß geworden ist. Freiwillig, aus reinster Gottesliebe, hatte Schwester Benedicta sich dem Geheimnis des Kreuzes geweiht. Ihr Opfertod wurde angenommen. Ihr ganzes Leben war überstark von Gottes Gnade durchdrungen, von Christi Liebe durchleuchtet, nicht weniger als das des jungen strahlenden römischen Märtyrer-Diakons Laurentius. Die Vorfeier seines Martyriums begeht die Kirche seit dem 3. Jahrhundert am 9. August, dem Tag, an dem im Jahre 1942 auch Schwester Teresia Benedicta a Cruce ihr reiches Leben vollendete.

Auch wenn wir nichts von ihrem qualvollen Sterben in einer Gaskammer in Auschwitz wissen, dürfen wir in ihren Mund, der so unvergeßlich sprechen und lächeln konnte, die Worte des auf glühendem Rost sterbenden Märtyrers Laurentius legen: »Ich freue mich so, weil ich ein Lobopfer Christi werden darf. Ja, als wohlduftende

Opfergabe habe ich mich Gott dargebracht. Meine Nacht hat keine Dunkelheit, siehe, alles leuchtet im Licht.« Die leuchtende Spur dieses guten und reinen Lebens endet im furchtbaren Schweigen des Todes. Aber wir haben die tröstliche Verheißung, daß auch in dunkelster Todesnacht ein helles Licht dem leuchtet, der Gott liebt.

Anmerkung

[1] Um der historischen Wahrheit willen ließen sich einige wörtliche Wiederholungen aus »Erinnerungen an Edmund Husserl« in »Stimmen der Zeit« (Januar/Februar 1981) nicht vermeiden.

Literatur

Edith Stein, Aus dem Leben einer jüdischen Familie, Ges. Werke Bd. VII, Freiburg 1965, jetzt erweiterte Ausgabe 1985.
– Selbstbildnis in Briefen, 1. Teil, Ges. Werke Bd. VIII, 1976.
– Selbstbildnis in Briefen, 2. Teil, Ges. Werke Bd. IX, 1977.
Herbstrith, Waltraud: Das wahre Gesicht Edith Steins, Kaffke-Verlag Aschaffenburg, 6. verbesserte Auflage 1987.

I.
Meditation und Reflexion

Weihnachtsgeheimnis

Advent und Weihnacht

Wenn die Tage kürzer und kürzer werden, wenn in einem normalen Winter die ersten Schneeflocken fallen, dann tauchen scheu und leise die ersten Weihnachtsgedanken auf. Und von dem bloßen Wort geht ein Zauber aus, dem sich kaum irgendein Herz entziehen kann. Selbst die Andersgläubigen und Ungläubigen, denen die alte Geschichte vom Kinde zu Bethlehem nichts bedeutet, rüsten für das Fest und überlegen, wie sie da und dort einen Strahl der Freude entzünden können. Es geht wie ein warmer Strom der Liebe über die ganze Erde schon Wochen und Monate vorher. Ein Fest der Liebe und Freude – das ist der Stern, auf den alle in den ersten Wintermonaten zugehen. – Für den Christen und besonders für den katholischen Christen ist es noch etwas anderes. Ihn führt der Stern zur Krippe mit dem Kind, das den Frieden auf die Erde bringt. In zahllosen lieblichen Bildern stellt es uns die christliche Kunst vor Augen; alte Weisen, aus denen der ganze Zauber der Kindheit klingt, singen uns davon.

Wer mit der Kirche lebt, dem rufen die Rorateglocken und die Adventslieder eine heilige Sehnsucht im Herzen wach; und wem der unerschöpfliche Born der Liturgie erschlossen ist, bei dem pocht Tag um Tag der große Prophet der Menschwerdung mit seinen gewaltigen Mahnworten und Verheißungen an: »Tauet Himmel von oben und Wolken regnet den Gerechten! Nahe ist schon der Herr! Laßt uns ihn anbeten! Komm, Herr, und zögere nicht! – Jerusalem, frohlocke mit großer Freude, denn dein Heiland kommt zu dir!« Vom 17. bis 24. Dezember rufen die großen O-Antiphonen zum Magnificat – O Weisheit, O Adonai, O Wurzel Jesse, O Schlüssel Davids, O Aufgang, O Völkerkönig – immer sehnsüchtiger und inbrünstiger ihr: »Komm, uns zu befreien.« Und immer verheißungsvoller klingt es: »Siehe, alles ist erfüllt«; und schließlich: »Heute sollt ihr wissen, daß der Herr kommt, und morgen werdet ihr schauen seine Herrlichkeit.« Ja, wenn am Abend die Lichterbäume brennen und die Gaben getauscht werden, da drängt die unerfüllte Sehnsucht immer noch hinaus, nach einem anderen Lichtglanz, bis die Glocken zur Christmette läuten und das Wunder der Heiligen Nacht sich auf licht- und blumengeschmückten Altären erneuert: »Und das Wort ist Fleisch geworden.« Nun ist der Augenblick der seligen Erfüllung da.

Die Gefolgschaft des menschgewordenen Gottessohnes

Solches Weihnachtsglück hat wohl jeder von uns schon erlebt. Aber noch sind Himmel und Erde nicht eins geworden. Der Stern von Bethlehem ist ein Stern in dunkler Nacht, auch heute noch. Schon am zweiten Tage legt die Kirche die weißen Festgewänder ab und kleidet sich in die Farbe des Blutes, und am vierten Tage in das Violett der Trauer: Stephanus, der Erzmärtyrer, der als erster dem Herrn im Tode nachfolgte, und die Unschuldigen Kinder, die Säuglinge von Bethlehem und Juda, die von rohen Henkershänden grausam hingeschlachtet wurden, sie stehen als Gefolge um das Kind in der Krippe. Was will das sagen? Wo ist nun der Jubel der himmlischen Heerscharen, wo die stille Seligkeit der Heiligen Nacht? Wo ist der Friede auf Erden? Friede auf Erden denen, die guten Willens sind. Aber nicht alle sind guten Willens.

Darum mußte der Sohn des Ewigen Vaters aus der Herrlichkeit des Himmels herabsteigen, weil das Geheimnis der Bosheit die Erde in Nacht gehüllt hatte. Finsternis bedeckte die Erde, und er kam als Licht, das in der Finsternis leuchtet, aber die Finsternis hat ihn nicht begriffen. Die ihn aufnahmen, denen brachte er das Licht und den Frieden; den Frieden mit dem Vater im Himmel, den Frieden mit allen, die gleich ihnen Kinder des Lichts und Kinder des Vaters im Himmel sind, und den tiefen inneren Herzensfrieden; aber nicht den Frieden mit den Kindern der Finsternis. Ihnen bringt der Friedensfürst nicht den Frieden, sondern das Schwert. Ihnen ist er der Stein des Anstoßes, gegen den sie anrennen und an dem sie zerschellen. Das ist eine schwere und ernste Wahrheit, die wir uns durch den poetischen Zauber des Kindes in der Krippe nicht verdecken lassen dürfen.

Das Geheimnis der Menschwerdung und das Geheimnis der Bosheit gehören eng zusammen. Gegen das Licht, das vom Himmel herabgekommen ist, sticht die Nacht der Sünde um so schwärzer und unheimlicher ab. Das Kind in der Krippe streckt die Hände aus, und sein Lächeln scheint schon zu sagen, was später die Lippen des Mannes gesprochen haben: »Kommt her zu mir alle, die ihr mühselig und beladen seid.« Und die seinem Ruf folgen, die armen Hirten, denen auf den Fluren von Bethlehem der Lichtglanz des Himmels und die Stimme des Engels die frohe Botschaft verkündeten, und die darauf ihr »Lasset uns nach Bethlehem gehen« sprachen und sich auf den Weg machten, die Könige, die aus fernem Morgenlande im gleichen schlichten Glauben dem wunderbaren Stern folgten, ihnen floß von den Kinderhänden der Tau der Gnade zu, und sie »freuten sich mit großer Freude«. Diese Hände geben und fordern zugleich: ihr Weisen, legt eure Weisheit nieder und werdet einfältig wie die Kinder;

ihr Könige, gebt eure Kronen und eure Schätze und beugt euch in Demut vor dem König der Könige; nehmt ohne Zögern die Mühen und Leiden und Beschwerden auf euch, die sein Dienst erfordert. Ihr Kinder, die ihr noch nichts freiwillig geben könnt, euch nehmen die Kinderhände euer zartes Leben, ehe es noch recht begonnen hat: es kann nicht besser angewendet werden, als aufgeopfert zu werden für den Herrn des Lebens. »Folge mir«, so sprachen die Kinderhände, wie später die Lippen des Mannes gesprochen haben. So sprachen sie zu dem Jünger, den der Herr liebhatte und der nun auch zu der Gefolgschaft an der Krippe gehört. Und der heilige Johannes folgte ohne zu fragen: Wohin? und Wozu? Er verließ des Vaters Schiff und ging dem Herrn nach auf allen seinen Wegen bis hinauf nach Golgatha.

»Folge mir« – das vernahm auch der Jüngling Stephanus. Er folgte dem Herrn zum Kampf gegen die Mächte der Finsternis, die Verblendung des hartnäckigen Unglaubens; er legte Zeugnis für ihn ab mit seinem Wort und seinem Blut; er folgte ihm auch in seinem Geist, dem Geist der Liebe, der die Sünde bekämpft, aber den Sünder liebt und noch im Tode für den Mörder vor Gott eintritt. Lichtgestalten sind es, die um die Krippe knien: die zarten Unschuldigen Kinder, die treuherzigen Hirten, die demütigen Könige, Stephanus, der begeisterte Jünger, und der Liebesapostel Johannes; sie alle folgten dem Ruf des Herrn. Ihnen gegenüber steht die Nacht der unbegreiflichen Verhärtung und Verblendung: die Schriftgelehrten, die Auskunft geben können über Zeit und Ort, da der Heiland der Welt geboren werden soll, die aber kein »Laßt uns nach Bethlehem gehen!« daraus ableiten; der König Herodes, der den Herrn des Lebens töten will. Vor dem Kind in der Krippe scheiden sich die Geister. Er ist der König der Könige und der Herr über Leben und Tod. Er spricht sein »Folge mir«, und wer nicht für ihn ist, ist wider ihn. Er spricht es auch für uns und stellt uns vor die Entscheidung zwischen Licht und Finsternis.

Der mystische Leib Christi

Eins mit Gott

Wohin das göttliche Kind uns auf dieser Erde führen will, das wissen wir nicht und sollen wir nicht vor der Zeit fragen. Nur das wissen wir, daß denen, die den Herrn lieben, alle Dinge zum Guten gereichen. Und ferner, daß die Wege, die der Herr führt, über diese Erde hinausgehen. O wunderbarer Tausch! Der Schöpfer des Menschengeschlechts verleiht uns, einen Leib annehmend, seine Gottheit. Zu diesem wunderbaren Werk ist der Erlöser auf die Welt gekommen. Gott ward Mensch, damit die Menschen Gotteskinder werden konnten. Einer von uns hatte das Band der Gotteskindschaft zerrissen, einer von uns mußte es wieder knüpfen und für die Sünde zahlen. Keiner aus dem alten, dem kranken und verwilderten Stamm konnte es. Ein neues, gesundes und edles Reis mußte aufgepfropft werden. Einer von uns ist er geworden; aber damit mehr als das: eins mit uns. Das ist ja das Wunderbare am Menschengeschlecht, daß wir alle eins sind. Wäre es anders, stünden wir als selbständige und getrennte Einzelwesen frei und unabhängig nebeneinander, dann hätte der Fall des einen nicht den Fall aller nach sich ziehen können. Dann hätte andererseits wohl für uns der Sühnepreis gezahlt und uns zugerechnet werden können, aber es wäre nicht seine Gerechtigkeit auf die Sünder übergegangen, es wäre keine Rechtfertigung möglich gewesen. Er aber kam, um ein geheimnisvoller Leib mit uns zu sein: Er unser Haupt, wir seine Glieder. Legen wir unsere Hände in die Hände des göttlichen Kindes, sprechen wir unser »Ja« zu seinem »Folge mir«, dann sind wir sein, und der Weg ist frei, daß sein göttliches Leben auf uns übergehen kann.

Das ist der Anfang des ewigen Lebens in uns. Es ist noch nicht seliges Gottschauen im Glorienlicht; es ist noch Dunkel des Glaubens, aber es ist nicht mehr von dieser Welt, es ist schon Stehen im Gottesreich. Als die Jungfrau Maria ihr »Fiat« sprach, da begann das Gottesreich auf Erden, und sie war seine erste Dienerin. Und alle, die sich vor und nach der Geburt des Kindes in Wort und Tat zu ihm bekannten – Josef, Elisabeth mit ihrem Kinde und alle, die um die Krippe standen –, sie traten in das Gottesreich ein.

Es ist anders geworden, als man sich nach Psalmen und Propheten die Herrschaft des Gotteskönigs gedacht hatte. Die Römer blieben die Herren im Lande, und Hohepriester und Schriftgelehrte hielten weiter das arme Volk unter ihrem Joch. Unsichtbar trug jeder, der dem Herrn angehörte, sein Himmelreich in sich. Seine irdische Bürde wurde ihm nicht abgenommen, sondern sogar noch manche andere dazugelegt; aber was er in sich hatte, war eine beschwingte Kraft, die das Joch sanft machte und die Last leicht. So ist es noch heute. Das göttliche Leben, das in der Seele entzündet wird, ist das Licht, das in die Finsternis gekommen ist, das Wunder der Heiligen Nacht. Wer es in sich trägt, der versteht, wenn davon gesprochen wird. Für die anderen aber ist alles, was man darüber sagen kann, ein unverständliches Stammeln. Das ganze Johannes-Evangelium ist ein solches Stammeln von dem ewigen Licht, das Liebe und Leben ist. Gott in uns und wir in ihm, das ist unser Anteil am Gottesreich, zu dem die Menschwerdung den Grund gelegt hat.

Eins in Gott

Einssein mit Gott: das ist das erste. Aber ein zweites folgt gleich daraus. Ist Christus das Haupt, wir die Glieder im mystischen Leib, dann stehen wir zueinander wie Glied zu Glied, und wir Menschen miteinander sind eins in Gott, ein göttliches Leben. Wenn Gott in uns ist und wenn er die Liebe ist, so kann es nicht anders sein, als daß wir die Brüder lieben. Darum ist unsere Menschenliebe das Maß unserer Gottesliebe. Aber es ist eine andere als die natürliche Menschenliebe. Die natürliche Liebe gilt diesem oder jenem, der uns durch Bande des Blutes verbunden oder durch Verwandtschaft des Charakters oder gemeinsame Interessen nahesteht. Die andern sind »Fremde«, die einen »nichts angehen«, einem eventuell sogar durch ihr Wesen widerwärtig sind, so daß man sie sich möglichst weit vom Leibe hält. Für die Christen gibt es keinen »fremden Menschen«. Der ist jeweils der »Nächste«, den wir vor uns haben und der unser am meisten bedarf; gleichgültig, ob er verwandt ist oder nicht, ob wir ihn »mögen« oder nicht, ob er der Hilfe »moralisch würdig« ist oder nicht. Die Liebe Christi kennt keine Grenzen, sie hört nimmer auf, sie schaudert nicht zurück vor Häßlichkeit und Schmutz. Er ist um der Sünder willen gekommen und nicht um der Gerechten willen. Und wenn die Liebe Christi in uns lebt, dann machen wir es wie er und gehen den verlorenen Schafen nach.

Die natürliche Liebe geht darauf aus, den geliebten Menschen für sich zu haben und ihn möglichst ungeteilt zu besitzen. Christus ist gekommen, um die verlorene Menschheit für den Vater zurückzugewinnen; und wer mit seiner Liebe liebt, der will die Menschen für Gott und nicht für sich. Das ist freilich zugleich der sicherste Weg, um sie auf ewig zu besitzen; denn wenn wir einen

Menschen in Gott geborgen haben, dann sind wir ja mit ihm in Gott eins, während die Sucht zu erobern oft – ja wohl früher oder später immer – zum Verlust führt. Es gilt für die fremde Seele wie für die eigene und für jedes äußere Gut: wer äußerlich darauf aus ist, zu gewinnen und zu bewahren, der verliert. Wer an Gott hingibt, der gewinnt.

Es geschehe dein Wille
Damit rühren wir an ein drittes Zeichen der Gotteskindschaft. Einssein mit Gott war das erste. Daß alle eins seien in Gott das zweite. Das dritte: »Daran erkenne ich, daß ihr mich liebt, wenn ihr meine Gebote haltet.« Gotteskind sein heißt: an Gottes Hand gehen, Gottes Willen, nicht den eigenen Willen tun, alle Sorge und alle Hoffnung in Gottes Hand legen, nicht mehr um sich und seine Zukunft sorgen. Darauf beruht die Freiheit und Fröhlichkeit des Gotteskindes. Wie wenige auch von den wahrhaft Frommen, selbst heroisch Opferwilligen, besitzen sie! Sie gehen immer niedergebeugt unter der schweren Last ihrer Sorgen und Pflichten. Alle kennen das Gleichnis von den Vögeln unter dem Himmel und den Lilien auf dem Felde. Aber wenn sie einem Menschen begegnen, der kein Vermögen, keine Pension und keine Versicherung hat und doch unbekümmert um seine Zukunft lebt, dann schütteln sie den Kopf wie über etwas Ungewöhnliches. Freilich, wer vom Vater im Himmel erwartet, daß er ihm jederzeit für das Einkommen und die Lebensverhältnisse sorgen werde, die er für wünschenswert hält, der könnte sich schwer verrechnet haben. Nur dann wird das Gottvertrauen unerschüttert standhalten, wenn es die Bereitschaft einschließt, alles und jedes aus des Vaters Hand entgegenzunehmen. Er allein weiß ja, was uns guttut. Und wenn einmal Not und Entbehrung angebrachter

wären als behaglich gesichertes Auskommen oder Mißerfolg und Verdemütigung besser als Ehre und Ansehen, dann muß man sich auch dafür bereit halten. Tut man das, so kann man unbelastet durch die Zukunft der Gegenwart leben.

Das »Dein Wille geschehe!« in seinem vollen Ausmaß muß die Richtschnur des Christenlebens sein. Es muß den Tageslauf vom Morgen bis zum Abend, den Gang des Jahres und das ganze Leben regeln. Es wird dann auch des Christen einzige Sorge sein. Alle anderen Sorgen nimmt der Herr auf sich. Diese eine aber bleibt uns, solange wir leben. Es ist objektiv so, daß wir nicht endgültig versichert sind, immer auf Gottes Wegen zu bleiben. Wie die ersten Menschen aus der Gotteskindschaft in die Gottesferne fallen konnten, so steht jeder von uns immer auf des Messers Schneide zwischen dem Nichts und der Fülle des göttlichen Lebens. Und früher oder später wird uns das auch subjektiv fühlbar. In den Kindertagen des geistlichen Lebens, wenn wir eben angefangen haben, uns Gottes Führung zu überlassen, da fühlen wir die leitende Hand ganz stark und fest; sonnenhell liegt es vor uns, was wir zu tun und zu lassen haben. Aber das bleibt nicht immer so. Wer Christus angehört, der muß das ganze Christusleben durchleben. Er muß zum Mannesalter Christi heranreifen, er muß einmal den Kreuzweg antreten, nach Gethsemane und Golgatha. Und alle Leiden, die von außen kommen, sind nichts im Vergleich zu der dunklen Nacht der Seele, wenn das göttliche Licht nicht mehr leuchtet und die Stimme des Herrn nicht mehr spricht. Gott ist da, aber er ist verborgen und schweigt. Warum das so ist? Es sind Gottes Geheimnisse, von denen wir sprechen, und die lassen sich nicht restlos durchdringen. Aber ein wenig hineinschauen können wir schon. Gott ist Mensch geworden, um uns aufs neue teilhaben zu lassen an seinem Leben. Damit beginnt es, und das ist das letzte Ziel.

Aber dazwischen liegt noch etwas anderes. Christus ist Gott und Mensch, und wer sein Leben teilen will, muß am göttlichen und am menschlichen Leben Anteil haben. Die menschliche Natur, die er annahm, gab ihm die Möglichkeit, zu leiden und zu sterben. Die göttliche Natur, die er von Ewigkeit besaß, gab dem Leiden und Sterben unendlichen Wert und erlösende Kraft. Christi Leiden und Tod setzen sich fort in seinem mystischen Leibe und in jedem seiner Glieder. Leiden und sterben muß jeder Mensch. Aber wenn er lebendiges Glied am Leibe Christi ist, dann bekommt sein Leiden und Sterben durch die Gottheit des Hauptes erlösende Kraft. Das ist der objektive Grund, warum alle Heiligen nach Leiden verlangt haben. Das ist keine krankhafte Lust am Leiden. Den Augen das natürlichen Verstandes erscheint es zwar als Perversion. Im Licht des Erlösungsgeheimnisses erweist es sich jedoch als höchste Vernunft. Und so wird der Christus-Verbundene auch in der dunklen Nacht der subjektiven Gottferne und -verlassenheit unerschüttert ausharren; vielleicht setzt die göttliche Voraussicht seine Qual ein, um einen objektiv Gefesselten zu befreien. Darum: »Dein Wille geschehe!« auch und gerade darum in dunkelster Nacht.

Wege zum Heil

Aber können wir dieses »Dein Wille geschehe« denn noch sprechen, wenn wir keine Gewißheit mehr haben, was Gottes Wille von uns verlangt? Haben wir noch Mittel, uns auf seinen Wegen zu halten, wenn das innere Licht erlischt? Es gibt solche Mittel und so starke Mittel, daß das Abirren bei aller prinzipiellen Möglichkeit tatsächlich unendlich unwahrscheinlich wird. Gott ist ja gekommen, uns zu erlösen, uns mit sich zu verbinden, unsern Willen dem seinen gleichförmig zu machen. Er kennt unsere Natur. Er rechnet mit ihr und hat uns darum alles geschenkt, was uns helfen kann, ans Ziel zu gelangen. Das göttliche Kind ist zum Lehrer geworden und hat uns gesagt, was wir tun sollen. Um ein ganzes Menschenleben mit göttlichem Leben zu durchdringen, genügt es nicht, einmal im Jahr vor der Krippe zu knien und sich von dem Zauber der Heiligen Nacht gefangennehmen zu lassen. Dazu muß man das ganze Leben lang in täglichem Verkehr mit Gott stehen, auf die Worte hören, die er gesprochen hat und die uns überliefert sind, und diese Worte befolgen. Vor allen Dingen beten, wie es der Herr selbst gelehrt und so eindringlich immer wieder eingeschärft hat. »Bittet und ihr werdet empfangen.« Das ist die sichere Verheißung der Erhörung. Und wer täglich von Herzen sein »Herr, Dein Wille geschehe« spricht, der darf wohl darauf vertrauen, daß er den göttlichen Willen auch da nicht verfehlt, wo er keine subjektive Gewißheit mehr hat.

Christus hat uns nicht als Waisen zurückgelassen. Er hat seinen Geist gesandt, der uns alle Wahrheit gelehrt; er hat seine Kirche begründet, die von seinem Geist geleitet wird, und hat in ihr seine Stellvertreter eingesetzt, durch deren Mund sein Geist in Menschenworten zu uns spricht. Er hat in ihr die Gläubigen zur Gemeinschaft verbunden und will, daß einer für den anderen einsteht. So sind wir nicht allein, und wo das Vertrauen auf die eigene Einsicht und selbst auf das eigene Gebet versagt, da hilft die Kraft des Gehorsams und die Kraft der Fürbitte.

»Und das Wort ist Fleisch geworden.« Das ist Wahrheit

geworden im Stall zu Bethlehem. Aber es hat sich noch erfüllt in einer anderen Form. »Wer mein Fleisch ißt und mein Blut trinkt, der hat das ewige Leben.« Der Herr, der weiß, daß wir Menschen sind und Menschen bleiben, die täglich mit Schwächen zu kämpfen haben, kommt unserer Menschheit auf wahrhaftig göttliche Weise zu Hilfe. Wie der irdische Leib des täglichen Brotes bedarf, so verlangt auch das göttliche Leben in uns nach dauernder Ernährung. ,,Dieses ist das lebendige Brot, das vom Himmel herabgekommen ist.« Wer es wahrhaft zu seinem täglichen Brot macht, in dem vollzieht sich täglich das Weihnachtsgeheimnis, die Menschwerdung des Wortes. Und das ist wohl der sicherste Weg, das Einssein mit Gott dauernd zu erhalten, mit jedem Tage fester und tiefer in den mystischen Leib Christi hineinzuwachsen. Ich weiß wohl, daß das vielen als ein allzu radikales Verlangen erscheinen wird. Praktisch bedeutet es für die meisten, wenn sie es neu beginnen, eine Umstellung des gesamten äußeren und inneren Lebens. Aber das soll es ja gerade! In unserem Leben soll Raum geschaffen werden für den eucharistischen Heiland, damit er unser Leben in sein Leben umformen kann. Ist das zuviel verlangt? Man hat für so viele nutzlose Dinge Zeit: allerhand unnützes Zeug aus Büchern, Zeitschriften und Zeitungen zusammenzulesen, in Cafés herumzusitzen und auf der Straße viertel und halbe Stunden zu verschwatzen: alles »Zerstreuungen«, in denen man Zeit und Kraft splitterweise verschleudert. Sollte es wirklich nicht möglich sein, eine Morgenstunde herauszusparen, in der man sich nicht zerstreut, sondern sammelt, in der man sich nicht verbraucht, sondern Kraft gewinnt, um den ganzen Tag damit zu bestreiten?

Aber freilich, es ist mehr erforderlich als die eine Stunde. Man muß von einer solchen Stunde zur anderen so leben, daß man wiederkommen darf. Es ist nicht mehr möglich, »sich gehenzulassen«, wenn auch nur zeitweise. Mit wem man täglich umgeht, dessen Urteil kann man sich nicht entziehen. Selbst wenn kein Wort gesagt wird, fühlt man, wie die anderen zu einem stehen. Man wird versuchen, sich der Umgebung anzupassen, und wenn es nicht möglich ist, wird das Zusammenleben zur Qual. So geht es auch im täglichen Verkehr mit dem Herrn. Man wird immer feinfühliger für das, was ihm gefällt und mißfällt. Wenn man vorher im großen und ganzen recht zufrieden mit sich war, so wird das jetzt anders werden. Man wird vieles finden, was böse ist, und wird es ändern, soweit man es vermag. Und manches wird man entdecken, was man nicht schön und gut finden kann und was doch so schwer zu ändern ist. Da wird man allmählich sehr klein und demütig, wird geduldig und nachsichtig gegen die Splitter in fremden Augen, weil einem der Balken im eigenen zu schaffen macht; und man lernt schließlich auch, sich selbst in dem unerbittlichen Licht der göttlichen Gegenwart zu ertragen und sich der göttlichen Barmherzigkeit zu überlassen, die mit alldem fertig werden kann, was unserer Kraft spottet. Es ist ein weiter Weg von der Selbstzufriedenheit eines »guten Katholiken«, der »seine Pflichten erfüllt«, eine »gute Zeitung« liest, »richtig wählt« usw., im übrigen aber tut, was ihm beliebt, bis zu einem Leben an Gottes Hand und aus Gottes Hand, in der Einfalt des Kindes und der Demut des Zöllners. Aber wer ihn einmal gegangen ist, wird ihn nicht wieder zurückgehen.

So besagt Gotteskindschaft: Kleinwerden und zugleich: Großwerden. Eucharistisch leben heißt, ganz von selbst aus der Enge des eigenen Lebens herausgehen und in die Weite des Christuslebens hineinwachsen. Wer den Herrn in seinem Hause aufsucht, wird ihn nicht nur immer mit sich selbst und seinen Angelegenheiten beschäftigen wollen. Er wird anfangen, sich für die Angelegenheiten des Herrn zu interessieren. Die Teilnahme am täglichen Opfer zieht uns unwillkürlich in das liturgische Leben hinein. Die Gebete und die Gebräuche des Altardienstes führen uns im Kreislauf des Kirchenjahres die Heilsgeschichte immer wieder vor die Seele und lassen uns immer tiefer in ihren Sinn eindringen. Und die Opferhandlung prägt uns immer wieder das Zentralgeheimnis unseres Glaubens ein, den Angelpunkt der Weltgeschichte: das Geheimnis der Menschwerdung und Erlösung. Wer könnte mit empfänglichem Geist und Herzen dem heiligen Opfer beiwohnen, ohne selbst von der Opfergesinnung erfaßt zu werden, ohne von dem Verlangen ergriffen zu werden, daß er selbst und sein kleines persönliches Leben aufgehe im großen Werk des Erlösers. Die Mysterien des Christentums sind ein unteilbares Ganzes. Wenn man sich in eines vertieft, wird man zu allen anderen hingeführt. So führt der Weg von Bethlehem unaufhaltsam nach Golgatha, von der Krippe zum Kreuz. Als die Jungfrau Maria das Kind zum Tempel hintrug, da ward ihr geweissagt, daß ihre Seele ein Schwert durchdringen werde, daß dieses Kind gesetzt sei zum Fall und zur Auferstehung vieler, zum Zeichen, dem man widersprechen würde. Es ist die Ankündigung des Leidens, des Kampfes zwischen Licht und Finsternis, der sich schon an der Krippe zeigte!

In manchen Jahren fallen Lichtmeß und Septuagesima fast zusammen, die Feier der Menschwerdung und die Vorbereitung auf die Passion. In der Nacht der Sünde strahlt der Stern von Bethlehem auf. Auf den Lichtglanz, der von der Krippe ausgeht, fällt der Schatten des Kreuzes. Das Licht erlischt im Dunkel des Karfreitags, aber es steigt strahlender auf als Gnadensonne am Auferstehungsmorgen. Durch Kreuz und Leiden zur Herrlichkeit der Auferstehung, war der Weg des fleischgewordenen Gottessohnes. Mit dem Menschensohn durch Leiden und Tod zur Herrlichkeit der Auferstehung zu gelangen, ist der Weg für jeden von uns, für die ganze Menschheit.

Das Gebet der Kirche

Durch ihn, mit ihm und in ihm wird Dir, Gott, allmächtiger Vater, in Vereinigung mit dem Heiligen Geiste alle Ehre und Verherrlichung zuteil.

Mit diesen feierlichen Worten schließt der Priester beim heiligen Meßopfer die Gebete ab, die das geheimnisvolle Geschehen der Wandlung zum Mittelpunkt haben. Zugleich ist darin in kürzester Form zusammengefaßt, was das Gebet der Kirche ist: Ehre und Verherrlichung des Dreifaltigen Gottes durch, mit und in Christus. Wenn auch die Worte an den Vater gerichtet sind, so gibt es doch keine Verherrlichung des Vaters, die nicht zugleich Verherrlichung des Sohnes und des Heiligen Geistes wäre. Gepriesen wird ja die Herrlichkeit, die vom Vater dem Sohn und von beiden dem Heiligen Geist von Ewigkeit zu Ewigkeit mitgeteilt wird.

Aller Lobpreis Gottes geschieht durch, mit und in Christus. Durch ihn, weil nur durch Christus die Menschheit einen Zugang zum Vater hat – weil sein gottmenschliches Sein und sein Erlösungswerk die vollkommenste Verherrlichung des Vaters ist; mit ihm, weil jedes echte Gebet eine Frucht der Vereinigung mit Christus und zugleich eine Befestigung dieser Vereinigung ist – dann, weil jedes Lob des Sohnes zugleich ein Lob des Vaters ist und umgekehrt; in ihm, weil die betende Kirche Christus selbst ist, jeder einzelne Beter ein Glied seines mystischen Leibes – und weil im Sohn der Vater ist und der Sohn der Abglanz des Vaters, der seine Herrlichkeit sichtbar macht. Der Doppelsinn des »durch«, »mit« und »in« ist der klare Ausdruck der Mittlerschaft des Gott-Menschen. Das Gebet der Kirche ist das Gebet des fortlebenden Christus. Es hat sein Urbild im Gebet Christi während seines menschlichen Lebens.

Das Gebet der Kirche als Liturgie und Eucharistie

Aus den evangelischen Berichten wissen wir, daß Christus gebetet hat, wie ein gläubiger und gesetzestreuer Jude betete.[1] Wie von Kindheit an mit seinen Eltern, so ist er später mit seinen Jüngern zu den vorgeschriebenen Zeiten nach Jerusalem gepilgert, um die Hochfeste im Tempel mitzufeiern. Gewiß hat er mit den Seinen in heiliger Begeisterung die Jubellieder gesungen, in denen die Vorfreude der Wallfahrer ausströmte: »Ich freute mich, da man mir sagte: Wir wollen zum Hause des Herrn gehen« (Ps 121, 1). Daß Jesus die alten Segenssprüche betete, wie sie noch heute über Brot, Wein und Feldfrüchte gebetet werden[2], bezeugt uns die Erzählung von seinem letzten Zusammensein mit seinen Jüngern, das der Erfüllung einer der heiligsten religiösen Pflichten gewidmet war: dem feierlichen Ostermahl, dem Gedächtnis an die Errettung aus der Knechtschaft Ägyptens. Und vielleicht gibt uns gerade dies Zusammensein den tiefsten Einblick in das Beten Christi und den Schlüssel zum Verständnis des Gebetes der Kirche.

»Während sie aber speisten, nahm Jesus das Brot, segnete und brach es, gab es seinen Jüngern und sprach: Nehmet hin und esset: dies ist mein Leib! Und er nahm den Kelch, dankte und gab ihnen denselben mit den Worten: Trinket alle daraus; denn dieses ist das Blut des Neuen Testaments, das für viele vergossen werden wird zur Vergebung der Sünden.«[3]

71

Segnung und Verteilung von Brot und Wein gehörten zum Ritus des Ostermahls. Aber beides bekommt hier einen völlig neuen Sinn. Damit nimmt das Leben der Kirche seinen Anfang. Wohl wird sie erst am Pfingstfest als geisterfüllte und sichtbare Gemeinschaft öffentlich hervortreten. Aber hier beim Ostermahl erfolgt das Einsenken der Reben in den Weinstock, das die Geistausgießung möglich macht. Die alten Segenssprüche sind im Munde Christi lebenschaffendes Wort geworden. Die Früchte der Erde sind sein Fleisch und Blut geworden, von seinem Leben erfüllt. Die sichtbare Schöpfung, in die er sich schon durch die Menschwerdung hineinbegab, ist nun auf eine neue, geheimnisvolle Weise mit ihm verbunden. Die Stoffe, die dem Aufbau des menschlichen Leibes dienen, sind von Grund aus umgewandelt, und durch ihren gläubigen Genuß werden auch die Menschen umgewandelt: in die Lebenseinheit mit Christus einbezogen und von seinem göttlichen Leben erfüllt. Die lebenschaffende Kraft des Wortes ist an das Opfer gebunden. Das Wort ist Fleisch geworden, um das Leben, das es annahm, hinzugeben; um sich selbst und die durch seine Selbsthingabe entsühnte Schöpfung dem Schöpfer als Lobopfer darzubringen. Durch das letzte Abendmahl des Herrn ist das Ostermahl des Alten Bundes übergeführt in das Ostermahl des Neuen Bundes: in das Kreuzopfer von Golgatha und jene Freudenmahle der Zeit zwischen Ostern und Himmelfahrt, bei denen die Jünger den Herrn am Brotbrechen erkannten, und in das Meßopfer.

Als der Herr den Kelch nahm, dankte er; wir können dabei an die Segensworte denken, die ja einen Dank an den Schöpfer enthalten. Wir wissen aber auch, daß Christus zu danken pflegte, wenn er vor einem Wunder die Augen zum Vater im Himmel erhob.[4] Er dankt, weil er sich im voraus erhört weiß. Er dankt für die göttliche Kraft, die er in sich trägt und durch die er die Allmacht des Schöpfers vor den Augen der Menschen erweisen wird. Er dankt für das Werk der Erlösung, das er wirken darf, und durch dieses Werk, das ja selbst Verherrlichung der Dreifaltigen Gottheit ist, weil es ihr entstelltes Abbild in reiner Schönheit erneuert. So kann die ganze immerwährende Opferhingabe Christi – am Kreuz, in der Messe und in der ewigen Herrlichkeit des Himmels – als eine einzige große Danksagung – als Eucharistie – aufgefaßt werden: als Dank für die Schöpfung, Erlösung und Vollendung. Christus bringt sich selbst dar im Namen der ganzen geschaffenen Welt, deren Urbild er ist und in die er hinabgestiegen ist, um sie von innen heraus zu erneuern und zur Vollendung zu führen. Er ruft aber auch diese ganze geschaffene Welt auf, selbst mit ihm vereint dem Schöpfer die Dankeshuldigung darzubringen, die ihm gebührt.

Ein Verständnis für diesen eucharistischen Charakter des Gebetes war schon dem Alten Bunde erschlossen: das Wundergebilde des Bundeszeltes und später des salomonischen Tempels, wie er nach göttlichen Weisungen errichtet war, wurde als Abbild der ganzen Schöpfung betrachtet, die sich in Anbetung und Dienst um ihren Herrn schart. Das Zelt, um das sich das Volk Israel während der Wüstenwanderung lagerte, hieß die »Wohnung der Vergegenwärtigung Gottes« (Ex 38, 21). Es wurde als »Untere Wohnung« der »Oberen Wohnung« gegenübergestellt.[5] »Ich liebe den Ort Deines Hauses, Du, die Wohnstätte Deiner Herrlichkeit«, singt der Psalmist (Ps 25, 8), weil das Bundeszelt »gleichgewertet ist mit der Schöpfung der Welt«. Wie nach dem Schöpfungsbericht der Himmel gleich einem Teppich ausgespannt wurde, so waren Teppiche als Wände des Zeltes vorgeschrieben. Wie die Wasser der Erde von den Wassern des Himmels geschieden wurden, so schied der Vorhang das Allerheiligste von den äußeren Räumen ab. Dem Meer, das durch seine Küsten eingedämmt wurde, ist das »eherne« Meer nachgebildet. Für die Leuchten des Himmels steht der siebenarmige Leuchter im Zelt. Lämmer und Vögel vertreten das Gewimmel lebender Wesen, das Wasser, Erde und Luft bevölkert. Und wie die Erde den Menschen übergeben wurde, so steht im Heiligtum der Hohepriester, »der gesalbt wurde, zu wirken und zu dienen vor Gott«. Die vollendete Wohnung segnete, salbte und heiligte Moses, wie der Herr am siebenten Tage das Werk seiner Hände gesegnet und geheiligt hatte. Ein Zeugnis Gottes auf Erden sollte seine Wohnung sein, wie Himmel und Erde seine Zeugen sind (Dt 30, 19).

An Stelle des salomonischen Tempels hat Christus einen Tempel aus lebendigen Steinen erbaut, die Gemeinschaft der Heiligen. In ihrer Mitte steht er als der ewige Hohepriester, auf ihrem Altar ist er selbst das immerwährende Opfer. Und wiederum ist die ganze Schöpfung einbezogen in die »Liturgie«, den feierlichen Gottesdienst: Die Früchte der Erde als die geheimnisvollen Opfergaben, die Blumen und die Leuchter mit den Lichtern, die Teppiche und der Vorhang, der geweihte Priester und die Salbung und Segnung des Gotteshauses. Auch die Cherubim fehlen nicht. Von der Hand des Künstlers gebildet, halten die sichtbaren Gestalten Wache zur Seite des Allerheiligsten. Als ihre lebendigen Abbilder umgeben die »engelähnlichen Mönche«[6] den Opferaltar und sorgen dafür, daß das Gotteslob nicht verstumme, wie im Himmel, so auch auf Erden. Die feierlichen Gebete, die sie als der tönende Mund der Kirche verrichten, umrahmen das heilige Opfer, umrahmen auch und durchflechten und heiligen alles andere »Tagewerk«, so daß aus Gebet und Arbeit ein einziges »opus Dei«, eine einzige »Liturgie« wird. Ihre Lesungen aus der Heiligen Schrift und den Vätern, aus den Gedenkbüchern der Kirche und den Lehrverkündigungen ihrer Hirten sind ein großer, stets wachsender Lobgesang auf das Walten der Vorsehung und die fortschreitende Verwirklichung des ewigen Heilsplanes. Ihre morgendlichen Loblieder rufen die ganze Schöpfung wiederum zusammen, um sich im Preis des Herrn zu vereinen: die Berge und Hügel, die Flüsse und Ströme, Meere und Winde, Regen und Schnee, alle Völker der Erde, alle Stände und Geschlechter der Menschen, schließlich auch die Himmelsbewohner, die Engel und Heiligen: sie sollen also nicht durch ihre Abbilder von Menschenhand oder in Menschengestalt, sondern in eigener Person teilnehmen an der großen Eucharistie der Schöpfung – oder vielmehr, wir sollen uns durch unsere Liturgie mit ihrem ewigen Gotteslob verbinden.

Wir – d. h. nicht nur die Ordensleute, deren Beruf das feierliche Gotteslob ist, sondern das ganze christliche Volk, wenn es an den Hochfesten in die Dom- und Abteikirchen strömt, wenn es im »Volkschoralamt« und in den neuen »volksliturgischen« Formen voll Freude tätigen Anteil am Gottesdienst nimmt, zeigt, daß es sich seiner Berufung zum Gotteslob bewußt ist. Den stärksten Ausdruck findet die liturgische Einheit der himmlischen und irdischen Kirche, die beide »durch Christus« Gott Dank sagen, in der Präfation und im Sanctus der heiligen Messe. Die Liturgie läßt aber keinen Zweifel darüber, daß wir noch keine Vollbürger des himmlischen Jerusalem sind, sondern Pilger auf dem Wege zu unserer Heimat. Wir bedürfen immer einer Zubereitung, ehe wir es wagen dürfen, unsere Augen zu den lichten Höhen zu erheben und in das »Heilig, heilig, heilig« der himmlischen Chöre einzustimmen. Alles Geschaffene, das beim heiligen

Dienst verwendet wird, muß dem profanen Gebrauch entzogen, muß geweiht und geheiligt werden.

Der Priester muß sich, ehe er die Stufen zum Altare emporsteigt, durch das Sündenbekenntnis reinigen und die Gläubigen mit ihm; vor jedem neuen Schritt im Gang der Opferhandlung muß er die Bitte um Sündenvergebung wiederholen – für sich und die Umstehenden und für alle, denen die Früchte des Opfers zufließen sollen. Das Opfer selbst ist Sühneopfer, das mit den Gaben auch die Gläubigen umwandelt, den Himmel für sie aufschließt und sie zu einer Gott wohlgefälligen Danksagung befähigt. Alles, dessen wir bedürfen, um in die Gemeinschaft der seligen Geister aufgenommen zu werden, ist zusammengefaßt in den sieben Bitten des Vaterunsers, das der Herr nicht in seinem eigenen Namen gebetet, sondern uns vorgesprochen hat. Wir sprechen es vor der Kommunion, und wenn wir es aufrichtig und von Herzen sprechen und die Kommunion im rechten Geist empfangen, dann bringt sie uns die Erfüllung aller Bitten: Sie erlöst uns von dem Übel, weil sie uns von Schuld reinigt und uns den Frieden des Herzens gibt, der allen anderen »Übeln« ihren Stachel nimmt; sie bringt uns die Vergebung der begangenen Sünden[7] und stärkt uns gegen Versuchungen; sie ist selbst das Brot des Lebens, dessen wir täglich bedürfen, um hineinzuwachsen ins ewige Leben; sie macht unsern Willen zu einem gefügigen Werkzeug des göttlichen; damit begründet sie das Reich Gottes in uns und gibt uns reine Lippen und ein reines Herz, um Gottes heiligen Namen zu verherrlichen.

So zeigt sich aufs neue, wie Opferhandlung, Opfermahl und Gotteslob im Innersten zusammenhängen. Die Teilnahme am Opfer und Opfermahl macht ja den Menschen zu einem lebendigen Baustein der Gottesstadt – jeden einzelnen zu einem Tempel Gottes.

Die einsame Zwiesprache mit Gott als Gebet der Kirche

Die einzelne Menschenseele ein Tempel Gottes – das eröffnet uns einen ganz neuen, großen Ausblick. Das Gebetsleben Jesu sollte der Schlüssel zum Verständnis des Gebetes der Kirche sein. Wir sahen: Christus hat an dem öffentlichen und verordneten Gottesdienst seines Volkes teilgenommen, er hat ihn in die engste Verbindung mit seiner Opferhingabe gebracht und ihm so erst seinen vollen und eigentlichen Sinn – den der Dankeshuldigung der Schöpfung an den Schöpfer – gegeben; damit hat er die Liturgie des Alten Bundes in die des Neuen Bundes übergeführt.

Aber Jesus hat nicht nur am öffentlichen und verordneten Gottesdienst teilgenommen. Vielleicht noch häufiger als davon berichten die Evangelien von einsamem Gebet in der Stille der Nacht, auf freier Bergeshöhe, in der menschenfernen Wüste. Vierzig Tage und Nächte des Gebets gingen der öffentlichen Wirksamkeit Jesu voraus.[8] Ehe er seine zwölf Apostel auswählte und entsandte, zog er sich zum Gebet in die Bergeseinsamkeit zurück.[9] Durch seine Ölbergstunde bereitete er sich auf den Gang nach Golgatha vor. Was er in dieser schwersten Stunde seines Lebens zum Vater emporrief, ist uns in einigen kurzen Worten offenbart worden: Worte, die uns als Leitsterne gegeben sind für unsere Ölbergstunden. »Vater, wenn du willst, so laß diesen Kelch an mir vorübergehen: Aber nicht mein, sondern dein Wille geschehe!«[10] Sie sind wie ein Blitz, der für einen Augenblick das innerste Seelenleben Jesu vor uns aufleuchten läßt, das unergründliche Geheimnis seines gottmenschlichen Seins und seiner Zwiesprache mit dem Vater. Sicherlich war diese Zwiesprache eine lebenslange, niemals unterbrochene.

Christus betete innerlich nicht nur, wenn er sich von der

Menge zurückgezogen hatte, sondern auch, wenn er unter den Menschen weilte. Einmal hat er uns einen langen und tiefen Einblick in diese geheime Zwiesprache gegeben. Es war nicht lange vor der Ölbergstunde, ja unmittelbar vor dem Aufbruch dahin: nach dem Abschluß des letzten Abendmahles, in dem wir die eigentliche Geburtsstunde der Kirche erkannten. »Da er die Seinen geliebt hatte . . ., liebte er sie bis ans Ende«.[11] Er wußte, daß es das letzte Zusammensein war, und er wollte ihnen noch so viel geben, wie er irgend konnte. Er mußte an sich halten, um nicht mehr zu sagen. Aber er wußte ja, daß sie nicht mehr ertragen konnten, ja daß sie nicht einmal dies wenige zu fassen vermochten. Es mußte erst der Geist der Wahrheit kommen, um ihnen die Augen dafür zu öffnen. Und nachdem er ihnen alles gesagt und getan hatte, was er ihnen sagen und tun konnte, erhob er die Augen zum Himmel und sprach in ihrer Gegenwart zum Vater.[12] Wir nennen diese Worte das hohepriesterliche Gebet Jesu. Denn auch dieses einsame Sprechen mit Gott hatte sein Vorbild am Alten Bunde.

Einmal im Jahre, am größten und heiligsten Tag des Jahres: am Versöhnungstag, trat der Hohepriester ins Allerheiligste, vor das Angesicht des Herrn, »um für sich und sein Haus und die ganze Gemeinde Israel zu beten«,[13] den Gnadenthron mit dem Blut des jungen Stieres und des Bockes zu besprengen, die er zuvor schlachten mußte, und so das Heiligtum von seinen und seines Hauses Sünden und »von den Verunreinigungen der Söhne Israels und von ihren Übertretungen und von allen ihren Sünden zu entsühnen«.[14] Kein Mensch sollte im Zelt sein (d. h. im Heiligen, das vor dem Allerheiligsten lag), wenn der Hohepriester an diesen furchtbar erhabenen Ort der Gegenwart Gottes trat, den niemand außer ihm betrat und er selbst nur zu dieser Stunde; und auch jetzt mußte er

Räucherwerk darbringen, »damit die Rauchwolke . . .
den Spruchthron . . . verhülle und er nicht sterbe«.[15] In
tiefstem Geheimnis vollzog sich diese einsame Zwiesprache.

Der Versöhnungstag ist das alttestamentliche Vorbild des
Karfreitags. Der Widder, der für die Sünden des Volkes
geschlachtet wurde, stellte das makellose Gotteslamm
dar; (auch wohl jener andere, der – durch das Los bestimmt
und mit den Sünden des Volkes beladen – in die Wüste
hinausgetrieben wurde). Und der Hohepriester aus
Aarons Geschlecht ist der Schatten des ewigen Hohen-
priesters.

Wie Christus beim letzten Abendmahl den Opfertod
vorausnahm, so nahm er auch das hohepriesterliche
Gebet voraus. Er brauchte für sich kein Sündopfer darzubringen, denn er war ohne Sünde. Er brauchte nicht die
gesetzlich vorgeschriebene Stunde abzuwarten und nicht
das Allerheiligste des Tempels aufzusuchen: er steht
immer und überall vor Gottes Angesicht, seine eigene
Seele ist das Allerheiligste; sie ist nicht nur Gottes
Wohnung, sondern wesenhaft, unlöslich mit Gott vereint. Er braucht sich vor dem Herrn nicht durch eine
schützende Rauchwolke zu bergen: er schaut in das
unverhüllte Antlitz des Ewigen und hat nichts zu fürchten; der Anblick des Vaters wird ihn nicht töten. Und er
entsiegelt das Geheimnis des Hohenpriestertums: Alle
die Seinen dürfen es hören, wie er im Allerheiligsten
seines Herzens mit dem Vater spricht; sie sollen erfahren,
worum es geht, und sollen lernen, in ihrem Herzen mit
dem Vater zu sprechen.[16]

Das hohepriesterliche Gebet Jesu offenbart das Geheimnis des inneren Lebens: das Ineinander der göttlichen
Personen und das Innewohnen Gottes in der Seele. In
diesen geheimen Tiefen hat sich in Verborgenheit und

Schweigen das Werk der Erlösung vorbereitet und vollzogen; und so wird es sich fortsetzen, bis am Ende der Zeiten wirklich alle zum Einssein vollendet sind.

Im ewigen Schweigen des innergöttlichen Lebens wurde der Ratschluß der Erlösung gefaßt. In der Verborgenheit des stillen Gemachs von Nazareth kam die Kraft des Heiligen Geistes über die einsam betende Jungfrau und bewirkte die Menschwerdung des Erlösers. Um die schweigend betende Jungfrau geschart, harrte die werdende Kirche auf die verheißene neue Geistausgießung, die sie zu innerer Klarheit und fruchtbarer äußerer Wirksamkeit beleben sollte. In der Nacht der Blindheit, die Gott über seine Augen gelegt hatte, erharrte Saulus in einsamem Gebet die Antwort des Herrn auf seine Frage: Was willst du, daß ich tun soll?[17] In einsamem Gebet wurde Petrus auf die Sendung zu den Heiden vorbereitet.[18] Und so bleibt es durch alle Jahrhunderte.

In der stillen Zwiesprache gottgeweihter Menschen mit ihrem Herrn werden die weithin sichtbaren Ereignisse der Kirchengeschichte vorbereitet, die das Angesicht der Erde erneuern. Die Jungfrau, die jedes gottgesandte Wort in ihrem Herzen bewahrte, ist das Vorbild jener lauschenden Menschen, in denen das hohepriesterliche Gebet Jesu immer wieder auflebt. Frauen, die gleich ihr sich selbst völlig vergaßen über der Versenkung in das Leben und Leiden Christi, erwählte der Herr mit Vorliebe zu seinen Werkzeugen, um Großes in der Kirche zu vollbringen: eine heilige Birgitta, Katharina von Siena, und als die heilige Teresa, die machtvolle Reformatorin ihres Ordens in der Zeit des großen Glaubensabfalles, der Kirche zu Hilfe kommen wollte, sah sie das Mittel dazu in der Erneuerung wahren inneren Lebens.

Die Kunde von der immer weiter um sich greifenden Abfallsbewegung betrübte Teresa sehr, „. . . und wie wenn ich etwas könnte oder wäre, bat ich den Herrn mit vielen Tränen und flehte, er möge diesem großen Übel abhelfen. Es schien mir, ich hätte gern tausend Leben daran gewagt, damit aus den vielen Seelen, welche verlorengingen, nur eine einzige gerettet werden möchte. Weil ich aber sah, daß ich eine Frau und untauglich war, etwas auszurichten, weil ferner mein Verlangen dahin zielte, daß wenigstens einige recht gut wären, so entschloß ich mich, zu tun, was möglich war, nämlich den evangelischen Räten mit aller möglichen Vollkommenheit zu folgen und zu trachten, daß die wenigen Nonnen, die hier beisammen sind, auf gleiche Weise handelten ... Ich setzte meine Zuversicht auf die unendliche Barmherzigkeit Gottes, wir wollten in unablässigem Gebet für die eintreten, welche die Kirche beschützen, wie für die Prediger und Gelehrten, welche sie verteidigen, und unserem Herrn helfen, so gut wir könnten, während seine Verfolger ihn gleichsam von neuem kreuzigen. Ach, liebe Schwestern, helft mir den Herrn bitten; denn zu diesem Zwecke hat er euch hier versammelt, dies ist euer Beruf ...«[19] Es schien Teresa nötig, »daß hier geschehe, was zur Zeit des Krieges geschieht, wenn die Feinde in das ganze Land eingedrungen sind. Da zieht sich nämlich der Fürst des Landes ... in eine Stadt zurück, die er sehr stark befestigen läßt. Von hier aus macht er zuweilen auf die Gegner einen Ausfall; und da die Besatzung der Stadt aus lauter auserlesenen Streitern besteht, so richten diese für sich allein mehr aus, als da sie sich unter vielen feigen Soldaten befanden, und es wird auf diese Weise oftmals der Sieg errungen ... In jetziger Zeit darf man keine Unvollkommenheiten an denen wahrnehmen, die als Lehrer auftreten müssen ... Denn mit wem haben sie es zu tun, als mit der Welt? Diese aber, dessen dürfen sie überzeugt sein, wird keine Unvollkommenheit an ihnen unbeachtet lassen und ihnen nichts verzeihen. Von ihren guten Eigenschaften wird man vieles übersehen, ja es vielleicht nicht einmal für etwas Gutes halten; aber daß man ihnen etwas Fehlerhaftes oder Unvollkommenes nachsehe, das dürfen wir nicht hoffen. Ich wundere mich, wie unterrichtet jetzt die Weltleute in der Vollkommenheit sind, nicht, um sie zu üben . . . sondern um andere zu tadeln . . . Ihr dürft also nicht glauben, es sei zu dem schweren Kampf, in den jene treten, nur eine geringe Hilfe Gottes nötig, vielmehr bedürfen sie einer sehr großen . . . Ich bitte euch also um der Liebe des Herrn willen, flehet zu seiner Majestät, daß sie unser Gebet . . . erhöre. Obwohl armselig, bitte ich doch den Herrn darum, denn es handelt sich hier um seine Ehre und um das Wohl seiner Kirche, und dahin zielen meine Wünsche . . . Wenn eure Gebete, eure Wünsche und eure Fasten nicht das Ziel haben, wovon ich gesprochen, so glaubt ja nicht, den Zweck zu erfüllen, zu dem euch der Herr an diesem Ort versammelt hat.«[20] Was gab dieser Ordensfrau, die seit Jahrzehnten in einer Klosterzelle dem Gebet lebte, das glühende Verlangen, etwas für die Sache der Kirche zu wirken, und den scharfen Blick für die Not und die Erfordernisse ihrer Zeit? Eben daß sie im Gebet lebte, daß sie sich vom Herrn immer tiefer hineinziehen ließ in das Innere ihrer »Seelenburg«, bis in jenes verborgene Gemach, wo er zu ihr sprechen konnte, »es sei nun Zeit, daß sie fortan sich seiner Angelegenheiten anstatt der ihrigen annehme, er dagegen werde für die ihren Sorge tragen«.[21] Darum konnte sie gar nicht mehr anders als »mit Eifer eifern für den Herrn, den Gott der Heerscharen«. Wer sich dem Herrn rückhaltlos hingibt, den wählt er zum Werkzeug, um sein Reich zu bauen. Er allein weiß, wieviel das Gebet der heiligen Teresa und ihrer Töchter dazu beigetragen hat, Spanien vor der Glaubensspaltung zu bewahren, welche Macht es in den Glaubenskämpfen in Frankreich, in den Niederlanden, im Deutschen Reich entfaltete.

Die offizielle Geschichtsschreibung schweigt von diesen unsichtbaren und unberechenbaren Mächten. Aber das Vertrauen des gläubigen Volkes und das lange prüfende und vorsichtig abwägende Urteil der Kirche kennt sie. Unsere Zeit sieht sich mehr und mehr dahin gedrängt, wenn alles andere versagt, von diesen verborgenen Quellen die letzte Rettung zu erhoffen.

Inneres Leben und äußere Form und Tat

In Verborgenheit und Schweigen vollzieht sich das Werk der Erlösung. In der stillen Zwiesprache des Herzens mit Gott werden die lebendigen Bausteine bereitet, aus denen das Reich Gottes erwächst, die auserlesenen Werkzeuge geschmiedet, die den Bau fördern.

Der mystische Strom, der durch alle Jahrhunderte geht, ist kein verirrter Seitenarm, der sich vom Gebetsleben der Kirche abgesondert hat – er ist ihr innerstes Leben. Wenn er die überlieferten Formen durchbricht, so geschieht es, weil in ihm der Geist lebt, der weht, wo er will: der alle überlieferten Formen geschaffen hat und immer neue schaffen muß. Ohne ihn gäbe es keine Liturgie und keine Kirche. War nicht die Seele des königlichen Psalmensängers eine Harfe, deren Saiten unter dem leisen Anhauch des Heiligen Geistes erklangen? Aus dem übervollen Herzen der Jungfrau Maria strömte das Jubellied des »Magnificat«. Der Prophetengesang »Benedictus« öffnete die stumm gewordenen Lippen des priesterlichen Greises Zacharias, als das geheime Engelwort sichtbare Wirklichkeit wurde. Was aus geisterfülltem Herzen aufstieg und sich Ausdruck schuf in Wort und Weise, das pflanzt sich fort von Geschlecht zu Geschlecht. So formt der mystische Strom den vielstimmigen, immer anschwellenden Lobgesang auf den Dreifaltigen Gott, den Schöpfer, Erlöser und Vollender.

Darum geht es nicht, das innere, von allen überlieferten Formen freie Gebet als »subjektive« Frömmigkeit der Liturgie als dem »objektiven« Gebet der Kirche gegenüberzustellen. Jedes echte Gebet ist Gebet der Kirche: durch jedes echte Gebet geschieht etwas in der Kirche, und es ist die Kirche selbst, die darin betet, denn es ist der in ihr lebendige Heilige Geist, der in jedem einzelnen Menschen »für uns bittet mit unaussprechlichen Seufzern«.[22] Eben das ist »echtes« Gebet: denn »niemand kann sagen, Herr Jesus außer im Heiligen Geist«.[23] Was wäre Gebet der Kirche wenn nicht die Hingabe der großen Liebenden an Gott, der die Liebe ist?

Die schrankenlose liebende Hingabe an Gott und die göttliche Gegengabe, die volle und dauernde Vereinigung, das ist die höchste Erhebung des Herzens, die uns erreichbar ist, die höchste Stufe des Gebetes. Die Menschen, die sie erreicht haben, sind wahrhaft das Herz der Kirche: in ihnen lebt die hohepriesterliche Liebe Jesu. Mit Christus verborgen in Gott, können sie nicht anders, als die göttliche Liebe, von der sie erfüllt sind, ausstrahlen in andere Herzen und so mitwirken an der Vollendung aller zur Einheit in Gott, die das große Anliegen Jesu war und ist.

So hatte Marie Antoinette de Geuser ihren Beruf verstanden. Sie mußte diese höchste Aufgabe des Christen mitten in der Welt lösen, und ihr Weg ist sicher von vorbildlicher und stärkender Bedeutung für die vielen, die heute sich angetrieben fühlen, durch radikales Ernstmachen in ihrem inneren Leben für die Kirche einzustehen, und denen es nicht beschieden ist, diesem Ruf in der

Geborgenheit eines Klosters zu folgen. Der Mensch, der auf der höchsten Stufe des mystischen Gebetes eingegangen ist in die »ruhevolle Tätigkeit des göttlichen Lebens«, denkt an gar nichts mehr als daran, sich dem Apostolat hinzugeben, zu dem Gott ihn berufen hat.

»Dies ist die Ruhe in der Ordnung und zugleich die von jeder Fessel befreite Tätigkeit. Im Frieden führt die Seele den Streit, weil sie ganz im Sinn der ewigen Ratschlüsse wirkt. Sie weiß, daß der Wille ihres Gottes sich vollkommen erfüllt zu seiner größeren Ehre, denn wenn auch oft der menschliche Wille für die göttliche Allmacht gleichsam Schranken errichtet, so siegt doch die göttliche Allmacht und schafft ein herrliches Werk aus dem Baustoff, der ihr verbleibt. Dieser Sieg der göttlichen Macht über die menschliche Freiheit, die er trotzdem schalten läßt, ist eine der wunderbarsten, anbetungswürdigsten Seiten des göttlichen Weltplans . . .«[24] Als Marie Antoinette de Geuser diesen Brief schrieb, war sie der Schwelle der Ewigkeit nahe, nur ein Schleier trennte sie noch von jener letzten Vollendung, die wir das ewige Leben nennen. In den Geistern, die in die Einheit des innergöttlichen Lebens eingegangen sind, ist alles eins: Ruhe und Tätigkeit, Schauen und Wirken, Schweigen und Reden, Lauschen und Sich-Mitteilen, liebend-empfangende Hingabe und Ausströmen der Liebe im dankenden Lobgesang. Solange wir noch auf dem Wege sind – und je ferner dem Ziel, um so stärker –, unterstehen wir noch dem Gesetze der Zeitlichkeit und sind darauf angewiesen, daß im Nacheinander und in wechselseitiger Ergänzung der vielen Glieder das göttliche Leben mit seiner Fülle in uns Wirklichkeit werde.

Wir bedürfen der Stunden, in denen wir schweigend lauschen und das göttliche Wort in uns wirken lassen, bis es dahin drängt, im Opfer des Lobes und im Opfer der Tat fruchtbar zu werden. Wir bedürfen der überlieferten Formen und der Teilnahme am öffentlichen und verordneten Gottesdienst, damit das innere Leben geweckt und in den rechten Bahnen bewahrt werde und damit es einen angemessenen Ausdruck finde. Das feierliche Gotteslob muß seine Heimstätten auf Erden haben, wo es zur höchsten Vollendung ausgebildet wird, deren Menschen fähig sind. Von hier aus kann es für die ganze Kirche zum Himmel aufsteigen und auf die Glieder der Kirche einwirken: inneres Leben wecken und zum äußeren Einstimmen aneifern. Aber es muß von innen her belebt sein dadurch, daß auch an diesen Stätten der schweigenden Vertiefung Raum gegönnt wird. Sonst würde es zu starrem und totem Lippendienst entarten.[25] Den Schutz gegen diese Gefahr gewähren die Heimstätten des inneren Lebens, wo Menschen in Einsamkeit und Schweigen vor Gottes Angesicht stehen, um im Herzen der Kirche die alles belebende Liebe zu sein.

Der Weg zum inneren Leben ist Christus. Sein Blut ist der Vorhang, durch den wir ins Allerheiligste des göttlichen Lebens eintreten. In der Taufe und im Sakrament der Buße reinigt es uns von Sünde, öffnet die Augen für das ewige Licht, öffnet die Ohren zum Vernehmen des göttlichen Wortes und die Lippen zum Lobgesang, zum Gebet der Sühne, der Bitte, des Dankes, die alles nur verschiedene Formen der Anbetung sind, d. h. der Huldigung des Geschöpfs vor dem Allmächtigen und Allgütigen. Im Sakrament der Firmung bezeichnet und stärkt es den Streiter Christi zum freimütigen Bekenntnis. Vor allem aber ist es das Sakrament, in dem Christus selbst gegenwärtig ist, das uns zu Gliedern seines Leibes macht. Indem wir am Opfer und Opfermahl teilnehmen, mit Jesu Fleisch und Blut genährt werden, werden wir selbst sein Fleisch und Blut. Nur, wenn und soweit wir Glieder seines

Leibes sind, kann Jesu Geist uns beleben und in uns herrschen: »... Der Geist ist es, der belebt; denn der Geist macht die Glieder lebendig: doch nur die Glieder macht er lebendig, die er in ebendem Leibe, den der Geist belebt, vorfindet ... Nichts muß also der Christ so fürchten wie die Trennung vom Leibe Christi. Denn wenn er vom Leibe Christi getrennt wird, dann ist er nicht mehr sein Glied: wenn er nicht mehr sein Glied ist, wird er nicht mehr von seinem Geist belebt ...«[26] Glieder des Leibes Christi aber werden wir »nicht nur durch die Liebe ..., sondern in aller Wirklichkeit durch Einswerden mit seinem Fleisch: denn das wird bewirkt durch die Speise, die er uns geschenkt hat, um uns sein Verlangen nach uns zu beweisen. Deshalb hat er sich selbst in uns eingesenkt und seinen Leib in uns hineingestaltet, damit wir eines seien, wie der Leib mit dem Haupt zusammengefügt ist ...«
Als Glieder des Leibes Jesu, von seinem Geist beseelt, bringen wir uns »durch Ihn, mit Ihm und in Ihm« zum Opfer dar und stimmen ein in die ewige Danksagung. Darum läßt uns die Kirche nach dem Empfang des heiligen Mahles sprechen:

Mit so großen Gaben gesättigt, bitten wir, Herr, verleihe uns, daß die Gaben, die wir empfangen, uns zum Heil seien und daß wir niemals von deinem Lobe lassen[28]

Anmerkungen

1. Das Judentum hatte und hat seine reich ausgebildete Liturgie für den öffentlichen wie für den häuslichen Gottesdienst, für die Hochfeste und für den Alltag.
2. »Gepriesen seist Du, Ewiger, unser Gott, König der Welt, der Du aus der Erde Brot hervorbringst«, ». . . der Du die Frucht des Weinstocks schufst«.
3. Mt 26, 26–28.
4. Z. B. vor der Erweckung des Lazarus (Jo 11, 41–42).
5. Vgl. »Sendung und Schicksal. Aus dem Schrifttum des nachbiblischen Judentums« von N. Glatzer und L. Strauß. Schocken-Verlag. Berlin 1931, S. 2 ff.
6. Erik Peterson im »Buch von den Engeln« (Verlag Hegner, Leipzig 1935), das in unübertrefflicher Weise die Vereinigung des himmlischen und des irdischen Jerusalem in der Feier der Liturgie gezeigt hat.
7. Es ist natürlich vorausgesetzt, daß man mit keiner schweren Sünde belastet ist; sonst könnte man ja nicht die heilige Kommunion »im rechten Geist« empfangen.
8. Mt 4, 1–2.
9. Lk 6, 12.
10. Lk 22, 42.
11. Jo 13, 1.
12. Jo 17.
13. Lv 16, 17.
14. Lv 16, 16.
15. Lv 16, 13.
16. Da mir der vorgeschriebene Umfang der Abhandlung verbietet, das hohepriesterliche Gebet Jesu im Wortlaut hier anzuführen, muß ich die Leser bitten, an dieser Stelle das Johannesevangelium zur Hand zu nehmen und das 17. Kapitel nachzulesen.
17. Apg. Kap. 9.
18. Apg. Kap. 10.
19. Der Weg der Vollkommenheit. (Schriften der hl. Teresia von Jesus Bd. III. Regensburg 1907), I. Kapitel.
20. Weg der Vollkommenheit, III. Kapitel.
21. »Die Seelenburg« (Schriften der hl. Teresia von Jesus Bd. IV, Regensburg 1922), 7. Wohnung, 2. Hauptstück. S. 272.
22. Röm 8. 26.
23. 1 Kor. 12, 3.
24. Marie de la Trinité, Lettres de »Consummata« à une Carmélite. Carmel d'Avignon 1930, Brief vom 27. Sept. 1917 (Deutsch als »Briefe in den Karmel«, Regensburg 1934, S. 263 ff.).

[25] »... es gibt eine Anbetung im Innern ..., die Anbetung im Geist, die in den Tiefen des Wesens, in seinem Verstand und seinem Willen lebt; es ist die wesenhafte, vorzügliche Anbetung, ohne welche die äußere ohne Leben bleibt«. (»O mein Gott, Dreifaltiger, den ich anbete«, Gebet der Schwester Elisabeth von der heiligsten Dreifaltigkeit, Karmelitin, erläutert von Dom Eugène Vandeur OSB, Regensburg 1931, S. 23)

[26] St. Augustinus (Tract. 27 in Joannem).

[27] St. Johannes Chrysostomus (Homilia 61 ad populum Antioch).

[28] Römisches Meßbuch, Postcommunio am 1. Sonntag nach Pfingsten.

Wege zur inneren Stille

In einem Vortrag, der versuchte, das Bild der Frauenseele zu zeichnen, wie es der ewigen Bestimmung der Frau entsprechend wäre, wurden die Attribute genannt: weit, still, leer von sich selbst, warm und klar. Es erhob sich die Frage, wie man in Besitz dieser Eigenschaften gelangen könnte.

Es handelt sich wohl nicht um eine Mannigfaltigkeit von Eigenschaften, die man einzeln in Angriff nehmen oder erarbeiten könnte, vielmehr um einen einfachen Gesamtzustand der Seele, der in diesen Attributen von verschiedenen Seiten her gefaßt ist. Diesen Zustand können wir nicht willensmäßig erarbeiten, er muß durch die Gnade gewirkt werden. Was wir tun können und müssen, ist: uns der Gnade öffnen! Das heißt: unserem eigenen Willen völlig entsagen und uns nur dem göttlichen Willen gefangengeben, unsere ganze Seele aufnahme- und formungsbereit in Gottes Hände legen. Damit hängt zunächst das Leer- und Stillwerden zusammen.

Von Natur aus ist unser Inneres mannigfach erfüllt; so sehr, daß eins immer das andere verdrängt und in ständiger Bewegung, oft in Sturm und Aufruhr hält. Wenn wir morgens erwachen, wollen sich schon die Pflichten und Sorgen des Tages um uns drängen (falls sie nicht schon die Nachtruhe vertrieben haben). Da steigt die unruhige Frage auf: Wie soll das alles in einem Tag untergebracht werden? Wann werde ich dies, wann jenes tun? Und wie soll ich dies und das in Angriff nehmen? Man möchte gehetzt auffahren und losstürmen. Da heißt es, die Zügel in die Hand nehmen und sagen: Gemach! Vor allem darf jetzt gar nichts an mich heran. Meine erste Morgenstunde gehört dem Herrn. Das Tagewerk, das er mir aufträgt, das will ich in Angriff nehmen, und er wird mir die Kraft geben, es zu vollbringen. So will ich hintreten zum Altare Gottes. Hier handelt es sich nicht um mich und um meine winzig kleinen Angelegenheiten, sondern um das große Versöhnungsopfer. Ich darf daran teilnehmen, mich reinwaschen und frohmachen lassen und mich mit allem meinem Tun und Leiden bei der Opferung mit auf den Altar legen. Und wenn der Herr dann zu mir kommt in der Kommunion, dann darf ich ihn fragen: Was begehrst du, Herr, von mir?

Was ich nach stiller Zwiesprache als nächste Aufgabe vor mir sehe, daran werde ich gehen. Wenn ich nach dieser Morgenfeier in meinen Arbeitstag eintrete, wird es feierlich still in mir, und leer wird die Seele sein von dem, was sie bestürmen und belasten wollte, aber erfüllt von heiliger Freude, von Mut und Tatkraft. Groß und weit ist sie geworden, weil sie aus sich herausgegangen und in das göttliche Leben eingegangen ist. Als eine ruhige Flamme brennt in ihr die Liebe, die der Herr entzündet hat, und drängt sie, Liebe zu erweisen und in anderen zu entzünden. Flammescat igne caritas, accendat ardor proximos. Und klar sieht sie das nächste Stückchen Weg vor sich; sie sieht nicht sehr weit, aber sie weiß: wenn sie dorthin gelangt ist, wo jetzt der Horizont abschneidet, dann wird sich ein neuer Ausblick eröffnen.

Nun beginnt das Tagewerk; vielleicht Schuldienst vier bis fünf Stunden hintereinander. Da heißt es bei der Sache sein, jede Stunde bei einer anderen Sache. In dieser oder jener Stunde kann man nicht erreichen, was man wollte, vielleicht in keiner. Eigene Müdigkeit, unvorhergesehene Unterbrechungen, Unzulänglichkeit der Kinder, mancherlei Verdrießliches, Empörendes, Beängstigendes.

Oder Bürodienst: Verkehr mit unangenehmen Vorgesetzten und Kollegen, unerfüllbare Ansprüche, ungerechte Vorwürfe, menschliche Erbärmlichkeit, vielleicht auch Not der verschiedensten Art. Es kommt die Mittagsstunde. Erschöpft, zerschlagen kommt man nach Hause. Da warten eventuell neue Anfechtungen. Wo ist nun die Morgenfrische der Seele? Wieder möchte es gären und stürmen: Empörung, Ärger, Reue. Und so viel noch zu tun bis zum Abend! Muß man nicht sofort weiter? Nein, nicht ehe wenigstens für einen Augenblick Stille eingetreten ist.

Jede muß sich selbst kennen oder kennenlernen, um zu wissen, wo und wie sie Ruhe finden kann. Am besten, wenn sie es kann, wieder eine kurze Zeit vor dem Tabernakel alle Sorgen ausschütten. Wer das nicht kann, wer vielleicht auch notwendig etwas körperliche Ruhe braucht, eine Atempause im eigenen Zimmer. Und wenn keinerlei äußere Ruhe zu erreichen ist, wenn man keinen Raum hat, in den man sich zurückziehen kann, wenn unabweisliche Pflichten eine stille Stunde verbieten, dann wenigstens innerlich für einen Augenblick sich gegen alles andere abschließen und zum Herrn flüchten. Er ist da und kann uns in einem einzigen Augenblick geben, was wir brauchen.

So wird es den Rest des Tages weitergehen, vielleicht in großer Müdigkeit und Mühseligkeit, aber in Frieden. Und wenn die Nacht kommt und der Rückblick zeigt, daß alles Stückwerk war und vieles ungetan geblieben ist, was man vorhatte, wenn so manches tiefe Beschämung und Reue weckt: dann alles nehmen, wie es ist, es in Gottes Hände legen und ihm überlassen. So wird man in ihm ruhen können, wirklich ruhen und den neuen Tag wie ein neues Leben beginnen.

Das ist nur eine kleine Andeutung, wie der Tag zu

gestalten wäre, um für Gottes Gnade Raum zu schaffen. Jede einzelne wird am besten wissen, wie die Anwendung auf ihre eigenen Lebensverhältnisse sein müßte.

So wäre weiter zu zeigen, wie der Sonntag ein großes Tor sein müßte, durch den ewiges Leben in den Alltag und Kraft für die Arbeit der ganzen Woche einziehen könnte, und wie die großen Feste, Festzeiten und Bußzeiten, im Geiste der Kirche durchlebt, den Menschen von Jahr zu Jahr mehr der ewigen Sabbatruhe entgegenreifen lassen. Es wird eine wesentliche Aufgabe jeder einzelnen sein, zu überlegen, wie sie nach ihrer Veranlagung und ihren jeweiligen Lebensverhältnissen ihren Tages- und Jahresplan gestalten muß, um dem Herrn die Wege zu bereiten. Die äußere Einteilung wird bei jeder anders sein müssen und auch im Lauf der Zeit dem Wechsel der Umstände sich elastisch anpassen müssen.

Auch die seelische Situation ist bei den verschiedenen Menschen verschieden. Von den Mitteln, die geeignet sind, die Verbindung mit dem Ewigen herzustellen, wachzuhalten oder auch neu zu beleben – wie Betrachtung, geistliche Lesung, Teilnahme an der Liturgie, an Volksandachten usw. –, sind nicht alle für jeden und zu allen Zeiten gleich fruchtbar. Die Betrachtung z. B. kann nicht von allen und immer auf die gleiche Weise geübt werden. Es ist wichtig, das jeweils Wirksamste herauszufinden und sich zunutze zu machen.

Sancta Discretio –
Gabe der Unterscheidung

Man nennt die Regel des heiligen Benedikt von Nursia
»discretione perspicua«, ausgezeichnet durch Diskretion. Die Diskretion gilt als besonderes Siegel benedikti-
nischer Heiligkeit. Aber im Grunde gibt es ohne sie
überhaupt keine Heiligkeit, ja, wenn man sie tief und weit
genug faßt, fällt sie mit der Heiligkeit selbst zusammen.
Man vertraut jemandem etwas an »unter Diskretion«, das
heißt, man erwartet, daß er darüber schweigen wird. Aber
Diskretion ist mehr als Verschwiegenheit. Der Diskrete
weiß, ohne daß man ihn darum bittet, worüber er nicht
sprechen darf. Er hat die Gabe zu unterscheiden, was im
Schweigen gehütet und was offenbart werden muß, wann
es Zeit ist zu reden und wann zu schweigen, wem man
etwas anvertrauen darf und wem nicht. All das gilt für
seine eigenen Angelegenheiten und für die anderer. Wir
empfinden es ja auch als »Indiskretion«, wenn jemand
über das, was ihn selbst betrifft, spricht, wo es nicht
angebracht ist. Der Diskrete rührt auch nicht mit Fragen
an etwas, was nicht berührt werden will. Aber er weiß
auch, wann und wo eine Frage angebracht ist, und wann es
verletzend wäre, sie zu unterlassen.
Man schenkt uns eine Summe »à discrétion«, das heißt,
zu unserer freien Verfügung. Das bedeutet nicht, daß wir
nach Willkür damit umgehen dürfen. Der Geber überläßt
uns die Verwendung, weil er überzeugt ist, daß wir am
besten unterscheiden können, was damit anzufangen ist.
Auch hier ist also Diskretion Gabe der Unterscheidung.
Im besonderen Maße bedarf ihrer, wer Menschen zu leiten
hat. Benedikt spricht davon im Zusammenhang dessen,

was vom Abt zu fordern ist (s. Regula Kap. 64): Er soll
bei seinen Anordnungen »vorausschauend und überlegt
sein, und ob es eine göttliche oder eine weltliche Arbeit
ist, die er aufträgt – er soll unterscheiden und abwägen,
jener Unterscheidung Jakobs gedenkend, der sprach:
Wenn ich meinen Herden auf dem Weg zuviel zumute,
werden sie alle an einem Tage sterben (Gen 33, 13). Diese
und andere Zeugnisse für die Unterscheidung, die Mutter
der Tugenden, soll er sich zu Herzen nehmen und alles so
abwägen, daß er das trifft, wonach die Starkmütigen
verlangen und wovor die Schwachen nicht zurückschrek-
ken!«

Man könnte »discretio« hier mit »weiser Maßhaltung«
wiedergeben. Aber die Quelle solchen weisen Maßhal-
tens ist doch die Gabe zu unterscheiden, was einem jeden
angemessen ist.

Woher kommt diese Gabe? Es gibt etwas Natürliches, das
bis zu einem gewissen Grade dazu befähigt. Wir nennen es
Takt oder Feinfühligkeit, eine Frucht ererbter und durch
mancherlei Bildungsarbeit und Lebenserfahrung erwor-
bener seelischer Kultur und Weisheit. Kardinal Newman
sagt, der vollendete Gentleman sehe dem Heiligen zum
Verwechseln ähnlich. Aber das reicht doch nur bis zu
einer gewissen Belastungsprobe. Darüber hinaus bricht
dieses natürliche Ausgewogensein der Seele zusammen.
Die natürliche discretio dringt auch nicht in die Tiefe. Sie
weiß wohl »mit den Menschen umzugehen« und gleich
mild em Öl den Reibungen im Räderwerk des gesellschaftlichen Lebens zuvorzukommen. Aber die Gedanken des
Herzens, das Innerste der Seele bleiben ihr verborgen.
Dahin dringt nur der Geist, der alles durchforscht, selbst
die Tiefen der Gottheit. Die echte discretio ist übernatürlich. Sie findet sich nur dort, wo der Heilige Geist
herrscht, wo ein Mensch in ungeteilter Hingabe und

ungehemmter Beweglichkeit auf die leise Stimme dieses Gastes lauscht und seiner Winke gewärtig ist.

Ist die discretio als Gabe des Heiligen Geistes anzusehen? Nicht als eine der bekannten Sieben Gaben ist sie aufzufassen, noch als eine neue achte. Sie gehört wesentlich zu jeder Gabe, ja, man darf wohl sagen, die Sieben Gaben seien verschiedene Ausprägungen dieser einen Gabe. Die Gabe der Furcht »unterscheidet« in Gott die divina majestas und ermißt den unendlichen Abstand zwischen Gottes Heiligkeit und eigener Unreinheit. Die Gabe der Frömmigkeit unterscheidet in Gott die pietas, die Vatergüte, und schaut mit kindlich-ehrfürchtiger Liebe zu ihm auf, mit einer Liebe, die zu unterscheiden weiß, was dem Vater im Himmel gebührt.

Bei der Klugheit leuchtet es am ehesten ein, daß sie Unterscheidungsgabe ist, Unterscheidung dessen, was in einer jeden Lebenslage das Angemessene ist. Bei der Stärke könnte man geneigt sein zu denken, daß es sich hier um etwas rein Willensmäßiges handle. Aber die Trennung zwischen der Klugheit, die den rechten Weg erkennt, ohne ihn zu gehen, und einer Stärke, die sich blind durchsetzt, ist nur im rein Natürlichen möglich.

Wo der Heilige Geist herrscht, da wird der Geist des Menschen lenksam ohne Widerstreben. Die Klugheit bestimmt ohne Hemmung das praktische Verhalten, die Kraft ist von der Klugheit erleuchtet. Beide zusammen ermöglichen es dem Menschen, sich geschmeidig den Verhältnissen anzupassen. Weil er widerstandslos dem Geist hingegeben ist, ist er allem gewachsen, was an ihn herantritt. Dieses Licht läßt ihn als Gabe der Wissenschaft in aller Klarheit alles Geschaffene und alles Geschehene in seiner Ordnung zum Ewigen unterscheiden, in seinem Aufbau verstehen und ihm den gebührenden Platz und das ihm zukommende Gewicht anweisen.

Ja, es gibt ihm als Gabe des Verstandes Einblick in die Tiefen der Gottheit selbst und läßt die offenbarte Wahrheit hell vor ihm aufleuchten. In seiner Vollendung als Gabe der Weisheit eint es ihn mit dem Dreifaltigen Gott und läßt ihn gleichsam den ewigen Urquell selbst und alles, was von ihm ausgeht und gehalten wird, in jener göttlichen Lebensbewegung, die Erkennen und Lieben in eins ist, durchdringen.

Die sancta discretio ist demnach radikal unterschieden vom menschlichen Scharfsinn. Sie unterscheidet nicht durch schrittweise vorgehendes Denken wie der forschende Menschengeist, nicht durch Zergliedern und Zusammenfassen, durch Vergleichen und Sammeln, durch Schließen und Beweisen. Sie unterscheidet, wie das Auge im klaren Tageslicht mühelos die scharfen Umrisse der Dinge vor sich sieht. Das Eindringen in Einzelheiten läßt den Überblick über die Zusammenhänge nicht verlieren. Je höher der Wanderer steigt, desto mehr weitet sich der Blick, bis vom Gipfel die ganze Rundsicht frei wird. Das vom ewigen Licht erleuchtete Geistesauge reicht in die weiteste Ferne: nichts verschwimmt, nichts wird ununterscheidbar. Mit der Einheit wächst die Fülle, bis im einfachen Strahl des göttlichen Lichtes die ganze Welt sichtbar wird wie bei Benedikt in der magna visio.

Der Intellekt
und die Intellektuellen

Der Mensch als Einheit

In den Kreisen der Intellektuellen kann man es noch vielfach finden, daß sie wie mit einer selbstverständlichen Tatsache damit rechnen, sie seien die berufenen Führer des Volkes. Betrachtet man demgegenüber die Tatsachen der Geschichte und speziell die Ereignisse der letzten Jahre, der Kriegs- und der Nachkriegszeit, so tauchen einem gewichtige Zweifel auf: sowohl an der Tatsächlichkeit der Führerschaft wie am Berufensein zur Führung. Es lohnt sich also wohl, dieses für uns praktisch außerordentlich wichtige Problem einmal theoretisch durchzudenken.

Ich gehe zu diesem Zweck aus von der alten Analogie zwischen Individuum und Gemeinschaft oder Einzel- und Gesamtpersönlichkeit. Denken wir an die Fabel des Menenius Agrippa von dem Streit zwischen Magen und Gliedern oder an den Aufbau des platonischen Staats: hier wie da haben wir das Volk mit einem Organismus verglichen, dessen Kräfte durch die einzelnen Stände repräsentiert werden. Es handelt sich dabei um mehr als ein bloßes Bild. Jede Gemeinschaft – von der engsten, der Familie, bis zur umfassendsten, der gesamten Menschheit, ist in der Tat ein Organismus, dessen Glieder und Organe einzelne Persönlichkeiten und ganze Gruppen von Menschen sind. Die Grundkräfte der Seele und des Leibes sind bei allen Menschen dieselben, aber sie sind in verschiedenem Maß und Verhältnis angelegt und entfaltet und dem entspricht die Stellung, die den Individuen und Gruppen im sozialen Ganzen zukommt, und die Funktion, die ihnen obliegt. So kann man gemäß dem jeweiligen Verhältnis der Kräfte verschiedene Menschentypen unterscheiden und ihre soziale Bedeutung ermessen. Demnach wird es der gegebene Weg sein, zuerst sich ein Geamtbild der menschlichen Kräfte vor Augen zu stellen und ihr Zusammenwirken klarzulegen, sodann die möglichen Abwandlungen des Zusammenwirkens, schließlich den Aufbau des sozialen Organismus, wie er sich daraus ergibt.

Man hat den Menschen gern einen Mikrokosmos genannt. Er ist gewissermaßen ein lebendiges Kompendium der gesamten Schöpfung; die Reiche, die uns in andern Gebilden getrennt entgegentreten, sind in ihm vereint. Der menschliche Leib ist ein Ding mit materiellen Eigenschaften, Härte, Schwere und dergl., und unterliegt rein mechanischen Einwirkungen und Prozessen. Aber es wäre eine unsachgemäße Abstraktion, ihn nur als das zu betrachten und zu behandeln. Denn er wird – gleich allem Lebendigen – von innen heraus geformt und gestaltet, gleich allem Animalischen von innen her bewegt und von äußeren Einwirkungen innerlich betroffen; er spiegelt ein inneres, ein seelisches Leben wider und wird von innen her von einem zielbewußten, vernünftigen Willen frei als Werkzeug gehandhabt. Für die äußere Betrachtung ist der Leib als das in die Sinne Fallende das Erste und der Geist das Letzte. Von innen her gesehen ist der selbstbewußte Geist der Erste und der Körper das Entfernteste und Letzte. Und doch steht – von außen wie von innen gesehen – der Mensch nicht als Kompositum aus getrennten Teilen, sondern als Einheit da. Im Handeln fühlt sich der Geist eins mit dem Leib, den er regiert. Und für den äußeren Blick spricht aus der sinnfälligen Erscheinung die geistige Person. Zwischen die äußersten Pole – den Geist, der auf den Körper schauen und ihn behandeln kann fast wie ein fremdes Ding, und den Körper, der wie ein materielles Ding unter andern steht – schiebt sich ein Zwischengebiet, das leiblich-seelisch zugleich ist: die Sinnlichkeit. In den sinnlichen Zuständen sind Leib und Seele betroffen, wenn auch in manchen die Seele primär, der Leib sekundär betroffen, in anderen umgekehrt. Die traditionelle metaphysische Psychologie unterscheidet in der Einheit der Seele, die sie als einfache Substanz auffaßt, einen höheren und einen niederen Teil: Geist und Sinnlichkeit. Diese gleichsam horizontale Grenzlinie wird geschnitten von einer vertikalen: der obere wie der untere Teil scheiden sich in Erkenntnis- und Strebevermögen. Auf den Sinnen baut sich der Verstand auf, über dem niederen Streben erhebt sich der Wille. Verstand und Wille, die geistigen Vermögen, sind nach Thomas von Aquin, im Gegensatz zu den niederen Kräften, nicht an ein bestimmtes leibliches Organ gebunden. Reine Geister erkennen und streben ohne sinnliche Grundlage. Im Menschen aber, der ein sinnlich-geistiges Wesen ist und dessen Seele in den Leib gebettet, arbeiten die höheren Kräfte auf Grund des Materials, das ihnen die niederen liefern. Die äußere Welt »fällt« zunächst »in die Sinne«, aber das pure sinnliche Betroffensein ist kein Erkennen, es ist blind. Es muß vom »Licht des Verstandes« durchleuchtet werden, der Verstand arbeitet daran die Gestalt der Dinge, ihre species, heraus und dringt in ihr Inneres ein. Er kann darüber hinaus zu höheren Wahrheiten emporsteigen, die nicht mehr die sinnenfällige Außenwelt betreffen. Dabei wird ihm alle seine Erkenntnisarbeit ermöglicht durch einen Bestand an Wahrheiten, den er ursprünglich in sich trägt, wenn er sich ihrer auch nicht von vornherein bewußt ist: die ersten Prinzipien, die »Samen« aller möglichen menschlichen Erkenntnis. Den arbeitenden, vorwärtsdringenden, Erkenntnis erwerbenden Verstand nennt Thomas intellectus agens; den Verstand, sofern er einen ursprünglichen Erkenntnisbesitz in sich trägt und dadurch zu weiterem Erwerb befähigt ist, der ferner alles neu erworbene Erkenntnisgut als dauernden Besitz in sich bergen kann, den intellectus possibilis. Der Verstand ist zunächst als Potenz, als seelisches Vermögen gedacht. Doch seine höchste Existenzweise ist das intelligere in actu, das aktuelle Erkennen. Darum ist der göttliche Verstand actus purus; den Wechsel von Potenz und Akt gibt es nur beim geschaffenen Verstand. Das aktuelle Erkennen selbst zeigt noch verschiedene Formen: es ist einmal Erkenntnisbewegung, schrittweises Vordringen, logisches Verfahren, wie wir sagen; Thomas nennt es ratio (das ist eine der mannigfachen Bedeutungen dieses inhaltsreichen Wortes); es kann ferner ruhendes Schauen sein, Intuition, Umfassen der Wahrheit mit einem Blick. Das geistige Schauen, das alle Wahrheit mit einem Blick umfaßt, ist die Erkenntnisweise der reinen Geister, Gottes und der Engel. Mit dem Unterschied, daß der göttliche Verstand alle Wahrheit überhaupt umspannt, während die geschaffenen Geister alles, was ihnen überhaupt zugänglich ist, uno intuita erkennen. Die spezifisch-menschliche Form des Erkennens ist das rationale Verfahren, das schrittweise Vorgehen. Aber mit seiner Höchstleistung reicht der menschliche Verstand (nach einem von Thomas vielzitierten Satz des Dionysius) an die Erkenntnisweise der höheren Geister heran; alle Erkenntnisbewegung zielt ab auf das ruhende Schauen der Wahrheit und geht aus von der intuitiven Erkenntnis der Prinzipien; wir können noch hinzufügen: sie wird motiviert durch ein erstes Aufblitzen der Wahrheit, die gesucht und erarbeitet werden will, durch ein momentanes Vorwegnehmen der festen und dauernden Anschauung. – Die Erkenntnisbewegung ist Aktivität und als solche Willensleistung, d. h. das Tun des Verstandes wird vom Willen dirigiert. Andererseits ist der Wille als solcher blind, er kann nichts als Ziel ins Auge fassen, was ihm nicht in gewisser Weise der Verstand vorstellt. Das scheint zunächst ein circulus vitiosus zu sein, ist aber doch keiner. Wir brauchen nur an das zu denken, wovon soeben die Rede war: das Aufblitzen einer Wahrheit, die Verstandesarbeit erfordert, um dauernder Besitz zu werden. In dem Aufblitzen empfängt der Verstand passiv etwas, aber er empfängt es als ein Motiv, das ihn in Bewegung setzen will und ihn durch den Anteil des Willens tatsächlich in Bewegung setzt. In der »Verstandeshandlung«, wie in jedem »willentlichen Akt«, jeder Aktion, sind Willens- und Verstandesleistung so sehr eins, daß man von hier aus eine Ahnung bekommt, was es heißt, daß in Gott Wille und Verstand vollkommen realiter eins seien. Beim Menschen bleibt die Möglichkeit getrennter, wenn auch ineinandergreifender Akte. Die nahen Zusammenhänge zwischen beiden aber stellen sich, wie ich glaube, nicht erst im Geistigen her, sondern sind schon vorbereitet in den sinnlichen Unterlagen. Wenn ein Subjekt sinnlich betroffen, »affiziert« wird, so ist das auf der einen Seite ein Appell nach außen; der Verstand wird angeregt, sich einem äußeren Ding oder Geschehen zuzuwenden und es sich sozusagen »geistig einzuverleiben«. Auf Grund von Sinnesempfindungen holt es die Außenwelt erkennend in sich hinein. Es kann aber auch ein sinnlicher Reiz als persönliche Affektion empfunden werden, als etwas, was die Seele in ihrem eigenen Sein trifft und mit Schmerz und Lust in den mannigfachsten Abstufungen erfüllt. Diese »sinnlichen Gefühle«, wie man heute sagt, oder »Passionen«, wie sie mit allem andern, was als passiver Zustand in der Seele entsteht, von Thomas genannt werden, haben eine doppelte Funktion, je nach den »beseelenden Auffassungen«, die sie von verschiedenen geistigen Akten erfahren. Analog wie die Empfindungen in der Wahrnehmung als Material für die Erfassung der äußeren Welt fungieren, so die affektiven Zustände als Material für die Erkenntnis der Güter- und Wertewelt. Andererseits motivieren sie eine Stellungnahme des Subjekts für oder gegen das, was ihm als gut oder übel vor Augen steht, ein Streben und Widerstreben, schließlich – auf der höchsten Stufe – eine freie willentliche Entscheidung für oder gegen. Der objektiven Seinsordnung entsprechend, wonach alles, was ist, zugleich ein Gut ist und für die andern realen Wesen eine bestimmte Bedeutung haben kann – seinssteigernd oder seinshemmend –, kann jedes nicht nur in die Erkenntnis eines geistigen Wesens eintreten, sondern es innerlich in seinem Sein treffen und zur Stellungnahme bewegen. Beim Wollen handelt es sich immer um eine reale Begegnung, während das Erkennen ein reines geistiges Ergreifen ist, bei dem der reale Bestand des erkannten Dinges unangetastet bleibt und auch der Erkennende keine substanzielle Veränderung erfährt. Der Wollende will entweder ein Gut in seine Gewalt bringen, um sich seinen Genuß und darin eine gewisse (wirkliche oder vermeinte, bewußt oder nur instinktiv intendierte) Steigerung seines Seins zu sichern. Oder er will, daß etwas in der realen Welt geschehe, daß etwas real werde, was ihm bisher nur geistig vor Augen steht. Es kann dabei das Realisieren durch den Wollenden selbst und damit diese höchste Seinsform – die schöpferische Tat – mitintendiert sein. Es kann auch sein, daß der Wille sich rein objektiv auf den Sachverhalt als das, was real werden soll, richtet, ohne sich selbst zu dem Gewollten in Beziehung zu bringen. Aber eine Bereitschaft, selbst handelnd einzugreifen, liegt sinngemäß in dem auf die Realisierung gerichteten Willen. So steht der Wollende in der realen Welt als realiter in sie verflochten. Ihre praktische Gestaltung und Umgestaltung liegt in der Konsequenz des Wollens. Das praktische Umgehen mit den Dingen der Außenwelt setzt die Herrschaft des Willens über den Leib und die entsprechende Schulung, Kraft und Gewandtheit des Leibes voraus. Andererseits müssen das Wollen und Tun, Handeln und Schaffen, die gesamte Praxis, vom Verstand durchleuchtet und geleitet sein. Es ist eine gewisse Kenntnis der Dinge erforderlich sowie der Wirkungszusammenhänge, in denen sie stehen oder in die sie eintreten können; des Verhältnisses von Zwecken und Mitteln; schließlich die eigentlich schöpferische Leistung des Geistes, das Vorausentwerfen der künftigen Gestalt der Dinge. All das hat der praktische Verstand zu leisten. Seine Tätigkeit ist in das Wollen und Handeln hinein verflochten, damit zu einem konkreten Ganzen verwoben, während der theoretische Verstand, der rein erkennende, ruhig betrachtend wie ein unbeteiligter Zuschauer der Welt gegenübersteht und mit seiner Bewegung, seinem erkennenden Eindringen in die Dinge, nicht aus sich selbst, d. h. aus dem Erkenntniszusammenhang, herausgeht. Der theoretische Verstand ist darauf abgestimmt, die Welt zu erkennen. Der objektiven Seinsordnung entspricht die Gesetzlichkeit, die dem Verstand das Verstehen vorschreibt, das ihn zur Übereinstimmung mit dem objektiven Sein zur Wahrheit führt: diese Gesetzlichkeit ist die Vernunft (ratio). Ihr Herrschaftsbereich erstreckt sich über das Gebiet des Verstandes hinaus. Da die Welt nicht nur Sachen- sondern auch Güterwelt ist und in dieser eine objektive Rangordnung der Güter gilt, so gibt es auch eine objektive Ordnung der Willensziele und – je nachdem der Wille mit dieser Ordnung im

Einklang ist oder nicht – ein vernünftiges oder unvernünftiges Wollen. Für die Vernunft oder Unvernunft des Wollens und in der Folge des Handelns kommt außer der richtigen Zielstellung die entsprechende Leitung durch den praktischen Verstand, durch die Erkenntnis der objektiven Verhältnisse von Zwecken und Mitteln in Betracht. – Schon dieser kurze Überblick zeigt, daß alles Licht in die Seele durch den Intellekt kommt. Ohne ihn hätten wir ein bloßes Gewühl von dunklen und blinden Empfindungen, Gefühlszuständlichkeiten und Trieben. Er gestaltet das Chaos zum Kosmos. Darum wird die Verstandesausrüstung gern als Licht, als natürliches Licht, bezeichnet. Sie befähigt den Menschen, ein Bild der Schöpfung und, von da ansteigend, sogar eine gewisse Erkenntnis des Schöpfers zu gewinnen, ferner, sich in der Welt praktisch zurechtzufinden. Richtiger gesagt: sie würde den Menschen dazu befähigen, wenn nicht das natürliche Licht durch den Fall verdunkelt wäre. Der verdunkelte Verstand ist immer in Gefahr, Irrwege zu gehen und dann auch für den Willen ein Irrlicht zu werden. Zur Vermeidung der Verirrungen und zur Wiederherstellung der ursprünglichen Kräfte bedarf es der Gnade, die als ein übernatürliches Licht dem Verstand eingegossen wird und nicht nur die rechte Ordnung wiederherstellt, sondern zugleich einen Einblick in die übernatürlichen Zusammenhänge eröffnet, die dem natürlichen Verstand nicht zugänglich sind. Damit werden auch dem Willen neue Ziele gegeben; es stellt sich das Verhältnis zwischen Natur und Übernatur heraus und die dadurch geforderte Ordnung des praktischen Verhaltens. Die Ordnung des Verhaltens entsprechend den Gesetzen der Übernatur ist Sache der höheren Vernunft, während die niedere nur die irdischen Dinge berücksichtigt.

Einen gewissen Einblick in den Mikrokosmos der menschlichen Natur und das Zusammenspiel ihrer Kräfte haben wir damit gewonnen. Dieselben Kräfte sind überall vorhanden, so sagten wir anfangs, aber in verschiedenem Maß und verschiedener Entfaltung. Eine Gruppe von Menschen fühlt sich zu intellektueller Klärung und Bereicherung gerufen, bei den anderen nimmt das Animalische, das Empfindungs- und Triebleben, den breitesten Raum ein. Sie haben wohl ein gewisses rohes Bild der umgebenden Welt, der Verstand mit seinen niedersten, unwillkürlich arbeitenden Funktionen ist auch bei ihnen in Kraft, aber es liegt ihnen nichts daran, dieses Bild in freier intellektueller Arbeit zu klären, zu berichtigen und zu bereichern. Sie bewegen sich in der Welt, von ihren Bedürfnissen und Begierden getrieben, bemüht, ihre Existenz zu behaupten und an Genüssen zu erraffen, was sie können. Als Waffe in diesem Lebenskampf wird auch der praktische Verstand gebraucht, aber – wie der theoretische – in einer sehr rohen Weise. Er sinnt darauf, etwas Begehrenswertes herbeizuschaffen oder etwas Bedrohliches abzuwehren; aber es wird nicht darauf abgezielt, eine praktische Aufgabe so vollkommen, so zweckentsprechend wie möglich zu lösen. – Von der Masse der Triebmenschen hebt sich ab die Gruppe der praktisch Tüchtigen oder doch wenigstens Interessierten. Sie handeln nicht bloß triebmäßig, sondern fassen willensmäßig ein Ziel ins Auge und arbeiten darauf hin. Es ist dies einmal das Gesamtziel, auf einem bestimmten Gebiet etwas Tüchtiges zu leisten, ferner eine Reihe von entsprechenden Einzelzielen. Es kann dabei sein, daß das Gesamtziel nur in den jeweiligen Einzelzielen sinngemäß mitintendiert wird; es kann aber auch für sich bewußt ins

Auge gefaßt und das einzelne darauf hingeordnet sein. Hier liegt bereits ein freies geistiges Leben vor. Es ist ein geordnetes Weltbild vorhanden, wenn auch vielleicht ein sehr enges und in dem Licht der Sonderziele eigentümlich reliefartig gestaltetes. Und die so gesehene Welt ist das Feld zielbewußter, planmäßig geregelter Betätigung. Dem entspricht die Gestalt der Persönlichkeit: Sie ist bestimmt geformt, das Triebleben in Zucht genommen, das Spiel der Kräfte in den Dienst der zweckgeleiteten Tätigkeit gestellt. Es ist nicht gesagt, daß die waltende Ordnung die objektiv beste, die vollkommen vernünftige ist: jedenfalls ist eine Ordnung da. Die Bauern, Handwerker und Techniker, Geschäftsleute und Hausfrauen sind Beispiele für diesen Typus. Wenn sie »Meister« in ihrem Fach sind, so verstehen sie ihre Sache »aus dem Grunde«, d. h., sie besitzen so viel theoretische Einsicht in ihr Gebiet, als nötig ist, um es praktisch zu beherrschen, und die nötige Gewandtheit, um die Theorie in die Praxis umzusetzen. Intellektuelle Menschen sind diese Praktiker nicht, obgleich der praktische Verstand eine wesentliche Rolle in ihrem Leben spielt.

Das Charakteristische für den Intellektuellen ist, daß er in Problemen lebt, daß er im Theoretischen zu Hause ist, daß der Verstand sein eigentliches Betätigungsfeld ist. Es kann sein, daß diese Probleme praktische sind, aber der Intellektuelle begnügt sich damit, sie verstandesgemäß zu lösen, die Umsetzung in die Praxis ist nicht seine Sache. Die intellektuellen Typen sind so mannigfach wie die Funktionen des Intellekts. Es gibt Menschen, deren Stärke jene erste Begegnung mit der flüchtig aufblitzenden Wahrheit ist: die Männer der genialen Einfälle. Die Auswertung dieser Einfälle durch den intellectus agens, das logische Durchdenken und Zu-Ende-Denken ist nicht ihre Sache. Das ist die Sache der gründlichen Logiker und

Systematiker. Geniale Intuition und methodische Gründlichkeit finden sich vereint in den großen synthetischen Geistern. Wieder andere haben die Gabe, fremde Gedanken nachzudenken und in eine leicht faßliche Form zu bringen, so daß sie der »Aufklärung«, der Verbreitung gewonnener Einsichten dienen können. Auch der Gegensatz des natürlichen und übernatürlichen Verstandes spiegelt sich in getrennten Typen. Der Mystiker und Prophet ist es, dem durch übernatürliche Erleuchtung Zusammenhänge enthüllt werden, in die der natürliche Verstand nicht eindringen kann: Glaubensgeheimnisse, künftiges Geschehen, der verborgene Zustand der Seelen. Diese mannigfachen intellektuellen Typen werden wir berücksichtigen müssen, wenn wir uns fragen, welche Stellung den Intellektuellen im sozialen Ganzen sachgemäß zukommt. Zunächst stellen wir neben die bereits erörterten Typen: den Triebmenschen, den Praktiker, den Intellektuellen, noch zwei weitere: den Gemütsmenschen und den Willens- und Tatmenschen. Der Gemütsmensch ist der, den Wert und Bedeutung dessen, was um ihn herum und in ihm ist und geschieht, innerlich ergreift und bei dem die inneren Erschütterungen und evtl. ihr Ausdruck in Tat und Werk das eigentliche Leben ausmachen. Der Willensmensch sieht die Welt vor allem als Feld für Taten. Sein Blick fällt unwillkürlich auf das, was noch nicht ist und sein könnte oder was anders sein könnte und sollte, als es ist. Und es drängt ihn, für Gestaltung und Umgestaltung der Welt durch eigene und fremde Tat sich einzusetzen.

Die Ungleichheit in der Verteilung der Kräfte und die daraus entspringende Mannigfaltigkeit der Typen bedingt den Aufbau des sozialen Organismus. Wie Auge und Ohr, Herz und Hirn, Lunge und Magen ihre Rollen nicht vertauschen können, sondern jedes das Seine zum Leben des Körpers beitragen, so haben auch die Vertreter der verschiedenen Typen ihre naturgemäße Stelle im sozialen Ganzen. Es wird am besten sein, wenn wir es für den Volkskörper erwägen. Plato rechnet in seinem Staat mit drei Ständen: den Weisen, den Kriegern, der arbeitenden Klasse. Seinen dritten Stand dürfen wir unseren Praktikern gleichsetzen. Wenn er bloße Triebmenschen für seinen Idealstaat nicht in Betracht zieht, sondern nur da, wo er sich mit den Verfallsformen des echten Staates beschäftigt, so läßt sich das wohl rechtfertigen, denn sie können nicht als Staatsbürger gelten (wenn ihnen auch gesetzlich die staatsbürgerlichen Rechte zustehen). Solange kein geistiges Leben in ihnen geweckt ist, dienen sie nicht anders als die vernunftlose Natur als Material für die Zwecke des Staates: sie müssen zum mindesten soweit gebändigt werden, daß sie keinen Schaden stiften; besser aber ist es, wenn man sie mit Hilfe ihrer Triebe dahin bringt, nützliche Arbeit zu leisten. Bei den Praktikern ergibt sich dieser Ertrag für die Gesamtheit von selbst aus ihrer Einstellung auf sachliche Leistung sowie aus dem Bedürfnis nach Ergänzung durch die Leistungen anderer. Die Verteilung der Gaben bringt es mit sich, daß die einen für diese, die anderen für jene praktischen Aufgaben befähigt und interessiert sind; indem sie sie lösen, lösen sie sie nicht nur für sich, sondern auch für andere. Und sie sind genötigt, ihren Überfluß gegen den anderer einzutauschen, um den Mangel auf anderer Seite

zu decken. Es bedarf nur eines mehr oder minder weitge-
henden Eingreifens, um Angebot und Nachfrage in Einklang zu bringen. So ergibt sich die Notwendigkeit einer
Leitung von höherer Warte, einer Wirtschafts- und Kul-
turpolitik (wenn wir bei den Bedürfnissen, die uns die
praktischen Aufgaben stellen, nicht nur an vitale, sondern auch an geistige denken).

Befähigung zur Leitung

Wem wird diese Leitung zustehen und überdies die
Bändigung gefährlicher Elemente von innen und außen
durch Rechtsprechung und Vollzugsgewalt? Bei Plato
sind es die »Weisen«, die Philosophen, denen die Staatsleitung vernunftgemäß zufällt, und die Krieger sind ihnen
als Werkzeuge der Vollzugsgewalt zur Seite gegeben. Wer
sind nun die »Weisen?« Sicherlich hätte Plato nicht alle
darunter verstanden, die wir als »Intellektuelle« bezeich-
nen. Er denkt dabei an einen sehr kleinen Kreis von
Auserwählten, die zur höchsten Stufe des Menschentums
emporgestiegen sind: die einen Einblick in die ewigen
Gründe alles Seins und Geschehens haben und von daher
einen Überblick über die rationale Ordnung des Menschenlebens; es sind nach Platos Überzeugung zugleich
die sittlich Reinsten, weil nur Läuterung von allen
irdischen Begierden zur höchsten Intellektualität führt.
Fragen wir uns, ob die Erfahrung uns eine Erfüllung dieses
Idealbildes zeigt und welche unserer Intellektuellen dafür
in Betracht kommen, so wird man zunächst an die
systematischen Philosophen denken, deren Absicht ja auf
die rationale Bewältigung der gesamten Realität geht.
Sehen wir uns aber die im Grunde kleine Zahl großer
metaphysischer Systeme an, die seit den Anfängen abendländischen Denkens hervorgetreten sind, so müssen wir

110

sagen: Sie sind eine sehr schwankende und gefährliche Grundlage für das praktische Leben, wenn sie sich nur auf die natürliche Welt und nicht zugleich auf die Übernatur erstrecken; und entsprechend: wenn sie nur durch den natürlichen Verstand und nicht zugleich durch übernatürliche Erleuchtung gewonnen sind. Dann entsprechen dem Idealbild des platonischen Weisen eigentlich nur die wenigen großen Doktoren, die Philosophen und Heilige zugleich waren. Bedenken wir noch, wie ein großes, philosophisches System zu entstehen pflegt, so sehen wir, daß es die Frucht einer Lebensarbeit ist, die den Menschen meist ganz für sich fordert und nicht viel Zeit und Kraft zu praktischer Betätigung übrigläßt. So wird einem auch von dieser Seite der Glaube an die Realisierbarkeit des platonischen Staatsideals genommen. – Etwas anders stellt sich die Sachlage dar, wenn man Plato nicht wörtlich, sondern symbolisch versteht: d. h. wenn man ihn so deutet, daß vernünftige Lebensgestaltung nur auf richtiger theoretischer Grundlage möglich ist. Daß die philosophischen Theorien von stärkstem Einfluß auf die konkreten Lebensverhältnisse sind, ist für jeden klar, der mit Ideengeschichte und politischer Geschichte vertraut ist und die Zusammenhänge zwischen beiden durchschaut. Wer in diese Zusammenhänge hineinschaut, weiß aber auch, daß die praktische Auswirkung der philosophischen Ideen sehr langsam sich vollzieht, daß wir z.B. heute noch in die Folgen von Renaissance und Rationalismus verstrickt sind. Gerade daraus sieht man aber wieder, daß Philosophie und praktische Lebenshaltung, speziell Staatsleitung, sich in der Regel nicht in Personalunion vereinigt finden werden. Die Philosophie kann wohl Führerin genannt werden. Aber der Philosoph wird seine Führerrolle am besten spielen, wenn er der Theorie treu bleibt und sie nach besten Kräften zu fördern sucht. Er darf vertrauen, daß fortschreitende Einsicht ihre Früchte im praktischen Leben zeigen wird. –

So sind es vielleicht andere intellektuelle Typen, die zur praktischen Führung berufen sind? Der Spezialwissenschaftler: Mathematiker, Naturwissenschaftler, Philologe etc. erfüllt seinen Beruf wiederum am vollkommensten, wenn er bei seiner Theorie bleibt. Und wiederum trägt die gute Theorie von selbst ihre Früchte für das praktische Leben: für Technik, für Medizin, für die Verständigung unter den Völkern etc. Nur gewisse Spezialwissenschaften haben durch ihr Gegenstandsgebiet eine gewisse Verwandtschaft mit dem Arbeitsgebiet des Staatsmannes: Geschichte, Recht, Wirtschaft z. B.; und so liegt es nahe, daß sich hier die theoretische Veranlagung mit politischer Begabung verbunden findet. Aber auch hier liegt es doch wohl so, daß Neigung und Befähigung zu praktischer Betätigung um so geringer sein werden, je stärker der Forscherberuf ausgeprägt ist. Den intellektuellen Typen, die wir neben die systematischen Geister (gleichgültig ob Philosophen oder Spezialwissenschaftler) stellten, kommt eine vorbereitende und vermittelnde Tätigkeit zu. Die Männer der genialen Einfälle sind die Anreger, die Motive für große, grundlegende intellektuelle Arbeit liefern. Die nachverstehenden »Aufklärer« sind die Verbreiter gewonnener Einsichten (oder auch Irrtümer), die ihre praktische Auswertung in weiten Kreisen ermöglichen. Die ersten als Führer fürs Leben zu wählen wäre gefährlich, weil geniale Einfälle eine gar zu schwankende und unzuverlässige Grundlage sind. Die andern üben als Popularschriftsteller, Journalisten, Redner in der Tat einen großen Einfluß auf die Gestaltung des praktischen lebens aus. Aber als »Führer« wird man sie doch nicht ansprechen können, weil ihnen weder theoretisch noch praktisch eine große Initiative eigen ist. –

112

Fragen wir nun geradezu: Worin besteht denn die »politische Begabung«? Was befähigt zu politischem Führertum? Offenbar ist eine Mannigfaltigkeit von Gaben dazu erforderlich. Zunächst wohl auch eine bestimmte intellektuelle Veranlagung: Die Fähigkeit, vieles mit einem Blick zu überschauen, Einzelheiten in ihrer Beziehung zum Ganzen zu erkennen, Wirkungs- und Zweckzusammenhänge weit auseinander liegender Tatsachen zu erspüren, aber alles das nicht unter dem leitenden Gesichtspunkt theoretischer Durchdringung, sondern praktischer Gestaltung. Der echte Politiker sieht eine große Gesamtsituation, wie sie tatsächlich ist, und zugleich drängt es sich ihm auf, wie sie sein könnte und sollte und wie sie zu dem werden könnte, was sie sein sollte. Und er betrachtet es als seine Sache, das Spiel in Gang zu bringen und zum Ziel zu führen. Auf die Realisierung kommt es ihm also an. Er bleibt nicht bei dem stehen, was er selbst praktisch leisten kann, andere müssen mit ihrer praktischen Tüchtigkeit herbei und mithelfen zum Ziel. Menschenkenntnis und Fähigkeit zum richtigen Umgang mit Menschen müssen ihn befähigen, fremden Willen seinen Zwecken dienstbar zu machen. So sind es die Willens- und Tatmenschen, die zum Führertum berufen sind. Weil der Wille des Intellekts bedarf, um sein Ziel ins Auge zu fassen und um die Zusammenhänge von Mitteln und Zwecken zu erkennen, bedarf der Führer einer hohen intellektuellen Veranlagung; aber er ist kein »Intellektueller«, keiner, den die theoretischen Probleme als solche fesseln, der in betrachtender Fernstellung zum Leben steht, sondern der mitten drinsteckt und es praktisch meistert. Er wird sich jeweils so weit theoretischen Aufschluß verschaffen, als nötig ist, um die praktische Situation zu begreifen und richtig in Angriff nehmen zu können. Er wird weitgehend Theoretiker heranziehen, um sich von ihnen beraten zu lassen. Er ist das berufene Werkzeug, gewonnene Einsichten in die Tat umzusetzen. – Man wird das vielleicht einleuchtend finden, aber noch nicht ausreichend zur Beantwortung der Ausgangsfrage: ob die Intellektuellen die berufenen Führer des Volkes seien. Einmal versteht man unter »Führung des Volkes« nicht bloß die politische Leitung, sondern Erziehungs- und Bildungsarbeit am Volk. Und man versteht unter den Intellektuellen nicht nur die reinen Theoretiker, sondern auch alle die, die auf Grund einer theoretischen Ausbildung einen praktischen Beruf ausüben: den Priester, den Arzt, den Lehrer usw. Das erste ist ohne weiters zuzugeben: Vom sozialethischen und religiösen Gesichtspunkt darf man sich nicht damit zufriedengeben, das Volk so zu lassen, wie man es jeweils vorfindet. Wer eine höhere Stufe des Menschentums erreicht hat als die große Masse, darf das nicht als eine persönliche Auszeichnung betrachten, in deren Genuß er ruhen kann, sondern es ist ein Adel, der zur Arbeit für die andern und an ihnen verpflichtet. Und selbst vom politischen Standpunkt aus muß man darauf hinarbeiten, die Masse der Triebmenschen, die eine Gefahr für den Staat bedeuten, zu einem geistigen Leben zu führen, und die anderen dafür zu gewinnen, daß sie ihre Arbeit den Zwecken der Gemeinschaft entsprechend gestalten. Man wird auch sagen müssen, daß höhere Geistesbildung Vorbedingungen für die Arbeit am Volk ist; und je freier und reicher der Intellekt entfaltet ist, desto größer sind die Wirkungsmöglichkeiten.

Jene Berufe, die den theoretisch Gebildeten mitten ins Volk stellen, sind die gegebenen Stellen für die Arbeit am Volk. Auf der andern Seite möchte ich behaupten: Solche Männer werden um so eher ihren Führerberuf erfüllen können, je weniger sie vom Typus des Intellektuellen an sich haben. Ein wenig nehmen wir ja alle davon an, wenn wir auf der Universität leben. Das wäre kein rechter Student, dem nicht die theoretischen Fragen brennend wären, der sich nicht Tag und Nacht mit seinen Problemen herumschlüge. Aber wir müssen uns darüber im klaren sein, daß uns diese Einstellung von der großen Menge absondert. Draußen kämpft man mit der Not des Lebens in ihren unzähligen Gestalten. Und sobald wir hinauskommen, tritt sie an uns heran. Gerade in diesen praktischen akademischen Berufen haben wir mit ihr zu tun, wir sind unter Menschen gestellt, denen wir Helfer in der Not sein sollen. Dann dürfen sie uns nicht als fremdartige Wesen empfinden, die in einer ihnen unzugänglichen Welt leben. Wir müssen gleich ihnen denken, fühlen und sprechen können, wenn sie ein Herz zu uns fassen sollen. Nur dann können wir ihnen helfen, schließlich vielleicht auch dazu helfen, daß sie aus der Enge des sie bedrängenden Daseins hinaus in ein freies geistiges Reich hineinwachsen. Täuschen wir uns nicht darüber hinweg: Die Kluft ist da, und wir können sie uns kaum weit und tief genug denken, wenn wir den Problemen der Volksbildung und Volksführung ehrlich und unbefangen ins Auge sehen wollen. Natürlicherweise ist das Volk am ehesten geneigt, denen als Führern anzuhängen, die aus seiner Mitte hervorgegangen sind und einen Platz auf den Höhen erklommen haben, ohne die Fühlung mit denen in der Tiefe zu verlieren: man traut ihnen zu, daß sie noch ein Herz für den Mann aus dem Volk haben und wissen, wo ihn der Schuh drückt. Das ist die Erklärung für den Einfluß der Sozialistenführer, die von unten aufgestiegen sind. Wen die glatten, wohlgepflegten Hände und die leichten, elastischen Bewegungen als einen verraten, der keine schwere körperliche Arbeit kennt, wer zum Volk in der flüssigen, abgeschliffenen Sprache der »Gebildeten«

redet, wer über die harten Realitäten des täglichen Lebenskampfes unbekümmert hinwegfliegt, der ist von vornherein verdächtig. Und auch hoher Opferwille und große Begeisterung für das Wohl des Volkes vermögen die Schranken oft nicht zu durchbrechen.

Grenzen des Intellekts

Nur dann wird der Intellektuelle den Weg zum Volk finden – und ohne das kann er es nicht führen –, wenn er in gewissem Sinne vom Intellekt frei wird. Das heißt nicht, daß man ihn verleugnen und preisgeben sollte. Er ist eine Gottesgabe, die wir brauchen, und das nicht nur für uns, sondern auch und gerade für die, von denen er uns trennt. Aber er muß sich seiner Grenzen klarwerden und dadurch demütig werden. Überwiegende Verstandestätigkeit, wenn es rein natürliche Verstandestätigkeit ist, pflegt zu einem gewissen Verstandesdünkel zu führen. Man fühlt sich auf den reinen Höhen der Abstraktion erhaben über das Profanum vulgus, das in den Niederungen der gemeinen Lebensbedürfnisse befangen ist. Und gerade dieser Dünkel, auch wenn er nicht offen zur Schau getragen wird und vielleicht gar nicht einmal bewußte Überzeugung ist, wird von den anderen gespürt und stößt ab. Freilich, wenn der Verstand sein Äußerstes wagt, dann kommt er an seine eigenen Grenzen. Er zieht aus, um die höchste und letzte Wahrheit zu finden, und entdeckt, daß all unser Wissen Stückwerk ist. Dann zerbricht der Stolz, und nun sehen wir ein Doppeltes: entweder er schlägt um in Verzweiflung oder er beugt sich in Ehrfurcht vor der unerforschlichen Wahrheit und empfängt demütig im Glauben, was die natürliche Verstandestätigkeit sich nicht erobern kann. Dann bekommt der Intellektuelle im Licht der ewigen Wahrheit die rechte Einstellung zu seinem eigenen Intellekt. Er sieht, daß die höchsten und letzten Wahrheiten nicht durch den menschlichen Verstand entschleiert werden und daß in den wesentlichsten Fragen und darum in der praktischen Lebensgestaltung ein ganz einfaches Menschenkind auf Grund höherer Erleuchtung dem größten Gelehrten überlegen sein kann. Auf der anderen Seite erkennt er den legitimen Bereich der natürlichen Verstandestätigkeit und verrichtet hier seine Arbeit, wie der Bauer sein Feld bestellt, als etwas, was gut und nützlich ist, aber in enge Grenzen eingehegt wie alles Menschenwerk. Wer so weit ist, der wird niemandem mehr »von oben herab« begegnen. Er wird jene schlichte und natürliche Menschlichkeit haben, die ungeheuchelte tiefe Bescheidenheit, die unbefangen und ungehindert durch alle Schranken hindurchgeht. Er wird mitten unter dem Volk ohne Scheu seine intellektuelle Sprache sprechen dürfen, weil sie ihm so natürlich ist wie dem Volk die seine und weil er sie sichtlich nicht höher einschätzt. Und er wird seinen intellektuellen Problemen nachgehen dürfen, weil das nun einmal sein natürliches Metier ist; er wird seinen Verstand brauchen wie der Schreiner Hand und Hobel, und wenn er anderen mit seiner Arbeit nützen kann, so wird er gern dazu bereit sein. Und wie jede ehrliche Arbeit, die nach Gottes Willen und zu Gottes Ehre verrichtet wird, so kann auch diese ein Instrument der Heiligung werden. So stelle ich mir den hl. Thomas vor: ein Mann, der eine außerordentliche Verstandesanlage als sein Pfand von Gott bekommen hatte und damit wucherte; der still und anspruchslos seinen Weg ging und sich in seine Probleme vertiefte, wenn man ihm Ruhe ließ; gern und bereitwillig sich den Kopf zerbrach und Auskunft gab, wenn man ihm schwierige Fragen vorlegte. So ist er, gerade weil er das niemals wollte, zu einem der größten Führer geworden.

Elias-Ikone

II.
Heiliges Leben

Teresa von Avila

Heimat und Elternhaus

Im Jahrhundert der Glaubenskämpfe und der großen Kirchenspaltung hat Teresia ihre Wirksamkeit entfaltet als Volks- und Zeitgenossin und Geistesverwandte des berühmten Glaubensstreiters St. Ignatius von Loyola. Als sie zur Welt kam, waren erst etwa zwanzig Jahre verflossen, seit die letzten Mauren aus Spanien vertrieben waren und die ganze Halbinsel im katholischen Glauben geeint wurde. Acht Jahrhunderte unablässiger Kämpfe zwischen Kreuz und Halbmond lagen hinter dem spanischen Volke. In diesen Kämpfen war es zu einem Heldenvolk, zu einer Heerschar Christi des Königs herangeblüht. Teresias engere Heimat, das alte Königreich Kastilien, war die starke Burg, von der aus das Kreuz in zähem Ringen allmählich nach Süden vorgetragen wurde; die kastilianischen Ritter bildeten die Kerntruppe des Glaubensheeres. Aus einem solchen Heldengeschlecht stammt die kühne Gottesstreiterin. Eine auf Felsen gebaute Stadt, die Festung Avila – »Avila der Heiligen« genannt –, war ihre Vaterstadt. Von altem Adel waren ihre Eltern, Alfons von Cepeda und seine zweite Gemahlin, Beatrix von Ahumada. Nach der Sitte der Zeit und ihres Landes wurde sie mit dem Namen der Mutter: Teresia von Ahumada genannt. Als sie in der Morgenfrühe des 28. März 1515 das Licht der Welt erblickte, lud gerade die Glocke des neuerbauten Karmelitinnenklosters die Gläubigen zur Einweihung der Kapelle ein. Es war das Haus, das später für Jahrzehnte ihre Heimat werden sollte, in dem der

Herr das Gefäß seiner Auserwählung zu bilden gedachte. Teresia war das sechste Kind ihres Vaters, das dritte ihrer jungen Mutter, die eine Tochter und zwei Söhne aus der ersten Ehe ihres Gatten übernommen hatte. Zu diesen fünf älteren kamen später noch sechs jüngere Geschwister. Alfons von Cepeda war ein Mann von tiefer Frömmigkeit und strenger Tugend. Sorgfältig überwachte er die Erziehung seiner Kinder, suchte von ihnen jeden schädlichen Einfluß fernzuhalten, leitete sie zu allem Guten an und bot ihnen selbst das beste Vorbild eines ernsten Christenlebens. Die zarte Donna Beatrix, sanft und demütig, früh kränkelnd und in der Erziehung der großen Kinderschar auf die Hilfe ihrer Stieftochter angewiesen, war von inniger Frömmigkeit. In den Herzen der Kinder, die an ihrem Leben teilnahmen, erblühte wie von selbst die Gottesliebe und die Liebe zum Gebet.

Kindheit und Jugend

Mit glühender Liebe und Verehrung schloß sich das feurige Herz der kleinen Teresia an ihre edlen Eltern, mit herzlicher Vertraulichkeit an ihre Geschwister an. Ihre liebsten Gefährten mußten zunächst die Brüder sein. Die ernste Maria, mit den Pflichten der Ältesten belastet, kam als Kameradin weniger in Betracht, und Johanna, das Nesthäkchen, war um viele Jahre jünger. Der Vertraute ihrer Kinderjahre wurde Rodriguez, der um vier Jahre älter war als sie. Die frommen Erzählungen der Mutter und die erste Lektüre entzündeten in der kleinen Spanierin einen heiligen Eifer für alles Gute. Trotz ihrer Lebhaftigkeit und Freude an fröhlicher Gesellschaft zog sie sich gern in einen Winkel des Gartens zurück, um einsam zu beten. Es machte ihr Freude, den Armen Almosen zu geben. Und eines Tages weihte die Siebenjährige ihren Lieblingsbruder in einen geheimen Plan ein, den sie sich ausgedacht hatte. Sie selbst erzählt darüber in ihrer Lebensbeschreibung: »Wir lasen zusammen das Leben der Heiligen. Wenn ich sah, welche Qualen die Märtyrer für Gott erduldeten, fand ich, daß sie sich um nicht geringen Preis das Glück der Anschauung Gottes erworben, und ich brannte vor Verlangen, gleichen Todes zu sterben.« Vom Wunsch zum Entschluß und zur Tat war es bei ihr nicht weit, und auch ihr Bruder wurde von ihrer Begeisterung angesteckt. »Wir beschlossen, in das Land der Mauren zu reisen, um uns die Köpfe abschlagen zu lassen. Mir schien es, Gott gebe uns trotz unseres zarten Alters genügend Kraft, um unseren Plan auszuführen. Was uns am schwersten fiel, war die Trennung von den Eltern.« Aber der Gedanke an die ewige Freude siegte über den Trennungsschmerz. »Ewig! O Rodriguez, bedenke es wohl, die Märtyrer schauen Gott ewig; wir müssen Märtyrer werden.« Gleich am nächsten Morgen machen sie sich heimlich auf den Weg. Aber sie kommen nicht weit. Sie sind glücklich durch das Stadttor entschlüpft; doch bald darauf begegnet ihnen ein Oheim und führt die kleinen Flüchtlinge zu den Eltern zurück. Man hat sie bereits vermißt und empfängt sie mit Vorwürfen. »Ich ging fort«, entgegnete Teresia, »weil ich Gott sehen will und weil man, um ihn zu sehen, erst sterben muß.« Heftig schmerzt es sie, daß ihr schöner Plan gescheitert ist. Ihr Eifer läßt nicht nach. Sie baut mit Rodriguez Einsiedeleien im Garten, sie spielt mit Vorliebe mit ihren Freundinnen Klosterleben und setzt ihre ausgedehnten Andachtsübungen fort.

Einen tiefen und schmerzlichen Einschnitt in Teresias Jugendleben bedeutete der frühe Tod der Mutter. Sie war damals dreizehn Jahre alt[1]. Sie selbst berichtet darüber:

»Ich warf mich verzweifelnd vor einem Bild der Mutter Gottes nieder. Ich beschwor die heilige Jungfrau unter vielen Tränen, nun meine Mutter zu werden. Dieses mit der Einfalt eines Kindes verrichtete Gebet wurde erhört. Seit dieser Stunde betete ich zur heiligen Jungfrau niemals vergeblich.« Das junge Menschenkind ahnte wohl, daß es eines besonderen Schutzes bedurfte, da es die Mutter gerade zu einer Zeit verlor, in der sie ihm besonders nötig war. Teresia war zu einer jugendlichen Schönheit herangeblüht. Schwarze Locken umgaben ihre weiße Stirn; leuchtende dunkle Augen verrieten die Glut ihrer Seele; Gang und Haltung waren von natürlicher Anmut und Würde. Die Lebhaftigkeit ihres Geistes, ihre bezaubernde Liebenswürdigkeit gaben ihr im geselligen Verkehr einen Reiz, dem sich kaum jemand entziehen konnte. Die Gefahren, die an sich schon in diesen Naturgaben lagen, wurden verstärkt durch eine Neigung, die noch zu Lebzeiten der Mutter in dem jungen Mädchen erwacht war. Donna Beatrix, die durch ihre Leiden beständig ans Haus gefesselt war, hatte gern etwas Zerstreuung in Ritterromanen gesucht und war schwach genug, auch ihren Kindern die Lektüre zu gestatten, obwohl dies nicht den Absichten des Vaters entsprach. Nach dem Tode der Mutter überließ sich Teresia ungehemmt ihrer Leidenschaft und verschlang ein Buch nach dem andern, Tag und Nacht brachte sie damit zu. Die Romane jener Zeit sind heute vergessen; aber wir kennen ihren Charakter aus der großartigen Satire, die sie und ihre Wirkungen für alle Zeiten an den Pranger gestellt hat, aus Cervantes »Don Quichotte«. Der »Ritter von der traurigen Gestalt«, der Windmühlen für Riesen hält und die Bauernmagd für eine Prinzessin, ist das Opfer jener phantastischen Zerrbilder des wirklichen Lebens. Auch Teresias lebhafte Einbildungskraft wurde von jenen bezaubernden Schilderungen ritterlicher Heldentaten berauscht. Ihre Farbenpracht ließ den zarten Reiz der frommen Legenden aus der Kinderzeit verblassen. Mit bitterer Reue schaute sie selbst später auf diese jugendlichen Verirrungen zurück. »O wie ich jetzt leide, wenn ich bedenke, wie ich das Sehnen meiner Kindheit vergaß! Mein Gott, da Du anscheinend beschlossen hast, mich zu retten, so möge es Deiner Herrlichkeit gefallen, es zu tun... Weshalb mußte diese Seele, die Du zu Deiner Wohnung erwählen und mit Gnaden überhäufen solltest, sich also beflecken? Tief schmerzt es mich, es zu wiederholen, denn ich weiß wohl, an mir allein lag die Schuld. Du, o Herr, ließest seit meinem frühesten Alter nichts unversucht, mir die Augen zu öffnen.«

Es war nicht erstaunlich, daß das junge Mädchen begann, sich mit den Heldinnen ihrer geliebten Romane zu vergleichen. »Es kam die Stunde, da ich die natürlichen, mir vom Himmel verliehenen Gaben zu begreifen verstand... Bald fand ich Geschmack an schöner Kleidung; ich wollte schön aufgeputzt erscheinen; ich verwandte viel Sorgfalt auf meine Hände und meine Haare; ich nahm meine Zuflucht zu allen Wohlgerüchen und allen Schönheitsmitteln, die ich mir verschaffen konnte. Ich liebte peinliche Sauberkeit über alles. In meinem Herzen hatte ich zwar dabei gar keine unlautere Absicht, und um alles in der Welt wollte ich bei niemandem den Gedanken aufkommen lassen, Gott hierdurch zu beleidigen.«

An Bewunderern fehlte es der jungen Schönheit nicht. Fremden jungen Leuten gestattete allerdings der strenge Vater keinen Zutritt. Aber Vettern gleichen Alters durften im Hause verkehren. »Sie hatten mich gern, und wir verbrachten die Zeit miteinander. Ich ließ sie reden, was sie wollten. Ich belebte ihre Unterhaltung und fand, um

ihnen Freude zu machen, Gefallen an ihren Zukunftsträumen, an ihren kindlichen Verkehrtheiten und anderen nichtigen Dingen. Das Ärgste aber war, daß ich Gefühle und Neigungen kennenlernte, die in der Folge mein
Unglück werden sollten.« Besonders unheilvoll war der
Einfluß einer jungen Verwandten. »Sie war so leichtfertig, daß meine Mutter, als hätte sie die schlimmen Folgen geahnt, alles aufbot, sie von mir zu entfernen. Doch
es war vergeblich. Sie kam immer wieder unter diesem
oder jenem Vorwand. Bald wurden wir innig vertraut.
Wir unterhielten uns gerne. Sie machte mir Freude, soviel ich wünschte, ließ mich an den ihren teilnehmen
und vertraute mir ihre Geheimnisse und Eitelkeiten an.
Ich konnte mich an ihren Schilderungen nicht satt hören. Ich zählte, glaube ich, etwas über vierzehn Jahre, als
sich unsere unheilvolle Freundschaft anknüpfte. Mir
scheint, ich habe in dieser meiner ersten Lebensperiode
zwar keine einzige Todsünde begangen. Was mich rettete, war die Furcht Gottes und, ich muß sagen, die noch
größere Furcht, meine Ehre zu beflecken; denn sie ging
mir über alles, und nichts in der Welt, kein irdisches Gut,
hätte meinen Entschluß, sie rein zu bewahren, wankend
machen können.« Immerhin war die Wirkung tiefgehend
genug. »Diese Freundschaft veränderte mich so sehr, daß
von meiner guten Natur bald nichts mehr übrig blieb.
Meine Verwandte und eine ebenso leichtfertige Freundin
von ihr schienen mir den Leichtsinn ihres Charakters
eingeprägt zu haben.« Der Vater und die ältere Schwester, die mit mütterlicher Sorge die jüngeren Geschwister betreute, sahen mit ernster Besorgnis die Umwandlung und kamen zu einem entscheidenden Entschluß.
Als Maria das väterliche Haus verließ, um einem frommen Edelmann als Gattin in sein Haus zu folgen, übergab
Don Alfonso seinen Liebling dem Augustinerinnenkloster

zur Erziehung. Plötzlich und ohne Abschied verschwand sie aus dem frohen Kreis, dessen Mittelpunkt sie gewesen war.

Der Klosterzögling

Das Kloster »Unserer Lieben Frau zur Gnade« stand in Avila in hohem Ansehen. Die ersten Familien der Stadt vertrauten ihm ihre Töchter an. Teresia kam sich in den ersten Tagen hinter den Klostermauern wie im Gefängnis vor. Dazu erwachte in der Einsamkeit bald eine heftige Reue über die vergangenen Monate; sie wurde von Gewissensqualen gepeinigt. Aber dieser schmerzliche Zustand währte nicht lange; sie fand ihre Seelenruhe wieder und war auch bald in das Pensionatsleben eingewöhnt. Mit dankbarer Liebe schloß sie sich an die Pensionatsleiterin Maria Briceno an, eine heiligmäßige Klosterfrau und hervorragende Erzieherin. »Unter den Klosterfrauen befand sich eine, die bestimmt war, ganz besonders die Zöglinge zu beaufsichtigen. Ihr Bett stand in unserem Schlafsaal. Sie war es, die Gott dazu bestimmte, mir die Augen zu öffnen. Ihre Unterhaltung erschien mir wohltuend. Sie sprach so schön von Gott! Ich hörte sie gern. Sie erzählte mir, wie sie bei der Lesung der Worte des Evangeliums: Viele sind berufen, aber wenige auserwählt, den Entschluß faßte, die Welt zu verlassen. Sie schilderte mir auch die Freuden, die Gott jenen aufbewahrt, die aus Liebe zu ihm alles verlassen. Während ich sie anhörte, vergaß ich die letzten Erinnerungen an die Vergangenheit. Ich fühlte das Sehnen nach ewigen Dingen in mir erwachen. Meine so große Abneigung gegen das Klosterleben schwand mehr und mehr...«
»Ich blieb in diesem Kloster nur ein und ein halbes Jahr; doch hatte ich dort große Fortschritte im Guten ge-

macht. Ich beschwor die Klosterfrauen um ihr Gebet zu Gott: Er möchte mir jene Lebensweise zeigen, in der ich Ihm am besten dienen könnte. Im Herzen bangte es mir, es könnte der Klosterberuf sein; wiewohl ich auch vor dem Ehestand Furcht empfand. Dennoch wandten sich meine Neigungen gegen Ende des Aufenthalts im Kloster mehr und mehr dem Ordensleben zu. Da ich mich jedoch einigen Übungen in diesem Kloster nicht gewachsen glaubte, so konnte ich mich nicht für dieses Kloster entscheiden. Zudem hatte ich eine liebe Freundin in einer anderen Klostergemeinde. Ein Haus zu wählen, wo ich bei jener sein konnte, war für mich ein ausschlaggebender Gedanke. Ich erwog dabei weniger das Heil meiner Seele als die Neigungen meiner Natur. Diese guten Gedanken, Klosterfrau zu werden, tauchten ab und zu auf, schwanden aber wieder, ohne daß ich einen entschiedenen Entschluß faßte...«

Berufsentscheidung

Ohne über ihren künftigen Lebensweg Klarheit erlangt zu haben, kehrte Teresia in das Haus ihres Vaters zurück. Eine schwere Erkrankung gab den Anlaß dazu. In der Genesungszeit wurde sie zur Erholung in das Landhaus ihrer Schwester Maria geschickt, die sie mit zärtlicher Liebe umgab und am liebsten dauernd bei sich behalten hätte. Aber der Vater wollte ihre Gesellschaft nicht länger entbehren. Er holte sie selbst ab, ließ sie unterwegs für einige Wochen bei seinem Bruder Peter Sanchez in Hortigosa, da er selbst noch einige dringende Geschäfte zu erledigen hatte.

Der Aufenthalt bei ihrem Oheim sollte für Teresia von entscheidender Bedeutung sein. Sein Leben war ganz dem Gebet und der Beschäftigung mit geistlichen Büchern gewidmet. Er bat Teresia, ihm vorzulesen. »In Wahrheit«, schreibt sie, »langweilte mich dies ein wenig. Ich gab mir dennoch den Anschein, es gern zu tun; denn um anderen Freude zu machen, ging ich selbst zu meinem Nachteil in der Gefälligkeit bis zum Übermaß.« Diesmal war es nicht zu ihrem Nachteil. Bald wurde sie von den Büchern, die der Oheim ihr in die Hand gab, ganz gepackt. Die Briefe des heiligen Hieronymus, St. Gregors Moralia, die Schriften des heiligen Augustinus nehmen ihren lebhaften Geist gefangen und erwecken in ihr aufs neue die heilige Begeisterung ihrer Kinderjahre. Oft wird die Lektüre unterbrochen, und im Anschluß daran besprechen der fromme Greis und die jugendliche Vorleserin miteinander die Fragen des ewigen Lebens.

In dieser Umgebung reift Teresias Entschluß. Sie wirft einen Blick auf ihr vergangenes Leben. Was wäre aus ihr geworden, wenn der Herr sie mitten in der Zeit der Eitelkeit und Untreue aus dem Leben abberufen hätte? Dieser Gefahr will sie sich nicht wieder aussetzen. Das ewige Heil soll fortan ihr Ziel sein, und um es nicht mehr aus den Augen zu verlieren, will sie ihre Abneigung gegen das Klosterleben, ihre Freiheitsliebe und die zärtliche Anhänglichkeit an Vater und Geschwister heldenmütig überwinden. Dem inneren folgt ein harter äußerer Kampf.

Trotz aller Frömmigkeit will sich Don Alfonso von seiner Lieblingstochter nicht trennen. Alle ihre Bitten, die Fürsprache des Onkels und der Geschwister sind vergebens. Aber Teresia gibt ihrem Vater an Entschlossenheit nichts nach. Da seine Einwilligung nicht zu erhoffen ist, verläßt sie heimlich das Vaterhaus. Wie bei jenem kindlichen Abenteuer ist einer ihrer Brüder ihr Begleiter; nicht mehr Rodriguez – er weilt nicht mehr in der Heimat, sondern hat in den spanischen Besitzungen in Amerika Dienste angenommen –, an seine Stelle ist Antonius, um zwei Jahre jünger als Teresia, getreten. Sie selbst berichtet: »Während ich mich in meinen Vorsätzen befestigte, bewog ich einen meiner Brüder, die Welt zu verlassen, indem ich ihn auf ihre Eitelkeiten hinwies. Wir vereinbarten, daß wir am frühen Morgen aufbrechen wollten und daß mich mein Bruder selbst in das Kloster führen werde. Als ich aber die Schwelle meines Vaterhauses überschritt, erfaßte mich eine solche Angst, wie ich sie, so glaubte ich, kaum in der Todesstunde empfinden werde. Mir war, als ob sich meine Knochen voneinander trennten. Die Liebe zu Gott war in mir nicht stark genug, um über die Liebe zu meinen Angehörigen zu triumphieren. Meine natürlichen Gefühle empörten sich mit solcher Gewalt, daß ich ohne Gottes Beistand, trotz all meiner Erwägungen, auch nicht einen Schritt mehr gemacht hätte. Doch Gott gab mir Mut wider mich selbst, und ich ging fort.« Antonius brachte die Schwester bis an die Pforte des Karmelitinnenklosters. Dann ging er selbst in das Dominikanerkloster zum heiligen Thomas und bat um die Aufnahme. Es war am Allerseelentage des Jahres 1535[2].

Im Kloster der Menschwerdung – Noviziat

Jenes Haus, dem Teresia in ihren kindlichen Überlegungen vor dem Kloster der Augustinerinnen den Vorzug gab, weil eine liebe Freundin darin lebte – Johanna Suarez, die leibliche Schwester ihrer Erzieherin Maria Briceno –, war das Karmelitinnenkloster »zur Menschwerdung«. Es hatte noch manche andere natürliche Vorzüge, die ein empfängliches Gemüt bestechen konnten: seine

130

herrliche Lage, seine schönen, weitläufigen Gebäude, seine ausgedehnten Gärten, von klaren Bächen durchflossen. Aber es waren nicht mehr diese irdischen Beweggründe, die das entscheidende Wort sprachen. »Trotz meiner Vorliebe für das Kloster, in welchem meine Freundin lebte, fühlte ich mich zum Eintritt in jedes andere bereit, wenn ich die Hoffnung gehabt hätte, Gott dort besser zu dienen, oder wenn es der Wunsch meines Vaters gewesen wäre. Denn ich suchte ernstlich das Heil meiner Seele und schätzte die Ruhe des Lebens gering.« So war es offenbar Gottes geheimnisvolle Gnadenführung, die ihr die innere Gewißheit gab, wohin sie ihre Schritte lenken sollte.

Der Orden der Allerseligsten Jungfrau vom Berge Karmel, dem Teresia nun angehörte, sah schon auf eine lange und ruhmreiche Vergangenheit zurück. Er verehrte als seinen Gründer den Propheten Elias, der mit seinen Jüngern in den Höhlen des Karmelgebirges ein Einsiedlerleben in Gebet und Fasten geführt hatte. Als sein Gebet das Land Israel von jahrelanger Dürre befreite, da erkannte — nach der Ordenslegende — sein Seherblick in der kleinen Wolke, die den erlösenden Regen ankündete, das Bild der jungfräulichen Gottesgebärerin, der Bringerin der Gnade. Er soll der erste Muttergottesverehrer gewesen sein, und auf den lieblichen Höhen des Karmelgebirges soll das erste Marienheiligtum gestanden haben. Zur Zeit der Kreuzzüge erhielten die Einsiedlerbrüder vom Berge Karmel eine ordensmäßige Organisation, der Patriarch Albertus von Jerusalem gab ihnen um 1200 auf ihre Bitte eine Ordensregel: In Einsamkeit und Stillschweigen sollten sie im Gesetz des Herrn Tag und Nacht betrachten, wie von altersher strenges Fasten beobachten und sich den bescheidenen Lebensunterhalt, nach der Mahnung des Apostels Paulus, mit ihrer Hände Arbeit erwerben.

Die Verfolgung der Ordensleute durch die mohammeda-
nischen Eroberer des Heiligen Landes führte später zur
Verpflanzung des Ordens im Abendland.

Hier widerfuhr ihm das gleiche Schicksal wie den anderen Orden im Ausgang des Mittelalters: Die strenge
Zucht der alten Zeit wich einer gewissen Erschlaffung;
Papst Eugen IV. milderte die ursprüngliche Regel, und
nach diesen gemilderten Satzungen wurden im 15. Jahrhundert die ersten Frauenklöster des Ordens gegründet.
Sie galten auch im Kloster der Menschwerdung. Es bestand erst seit wenigen Jahrzehnten, als Teresia eintrat,
und man konnte ihm keine Mißbräuche vorwerfen. Die
bestehenden Satzungen wurden treu gehalten, unter seinen Bewohnerinnen waren Ordensfrauen von tiefer
Frömmigkeit und vorbildlichem Wandel, aber von dem
strengen Geist des ursprünglichen Karmel war kaum
noch etwas zu spüren. Die reiche Ausstattung des Klosters gestattete ein angenehmes Leben. Die alten Fasten-
und Bußübungen waren größtenteils abgeschafft, im Verkehr mit Weltleuten herrschte große Freiheit. Der Zu-
strom zu diesem anziehenden Ort war so groß, daß das
Kloster um 1560 hundertneunzig Ordensfrauen zählte.
Immerhin bot der Rahmen, den seine Satzungen gaben,
durchaus die Möglichkeit zu einem echten Gebetsleben:
Teresia durchlief hier die Schule des inneren Lebens bis
zur Vollendung.

Der letzte Schatten ihres jungen Novizenglücks
schwand, als Don Alfonso nachträglich seine Einwilligung zu ihrer Entscheidung gab und sich mit heiligem Eifer anschickte, mit seiner jungen Tochter um die Wette,
ja unter ihrer Leitung den Berg der Vollkommenheit hin-
aufzusteigen. Mit derselben Entschlossenheit, mit der
sie das Vaterhaus verlassen hatte, nahm sie das klöster-
liche Leben in Angriff, widmete sich mit Eifer dem Gebet,

den Übungen des Gehorsams und der schwesterlichen Liebe. Überreich war der Lohn. Hatte bei Teresias entscheidendem Entschluß vor allem die Furcht vor Gottes Gericht und die Sorge um ihr ewiges Heil mitgewirkt, traten diese ursprünglichen Beweggründe bald ganz zurück hinter der mächtig aufflammenden Gottesliebe.

»Als ich das heilige Gewand empfing, zeigte mir Gott sogleich seine Vorliebe für jene, die sich in seinem Dienste Gewalt antun. Zugleich fühlte ich mich in meinem neuen Stande so glücklich, daß dieses selige Gefühl noch andauert. Nichts konnte mir diese Wonne rauben. Gott verwandelte die Trockenheit, die mich zur Verzweiflung bringen konnte, in Liebe zu ihm.«

»Alle Klosterübungen waren mir angenehm. Oft mußte ich den Boden kehren zur Stunde, wo ich ehedem mich schmückte oder belustigte. Schon der Gedanke allein, von allen diesen törichten Dingen frei zu sein, gab mir erneute Freude. Ich verstand nicht, woher mir so viel des Glückes kam.«

»Denke ich daran, dann gibt es keine Schwierigkeit, die ich zu überwinden nicht den Mut hätte. Ich weiß es aus Erfahrung: sobald man gleich von Anfang zur Ehre Gottes fest entschlossen, ohne Rücksicht auf den Widerstand der Natur, sein Ziel verfolgt, ist man in kurzer Frist auch schon belohnt. Gott will, zur Vermehrung unserer Verdienste, daß die Seele eine nicht zu beschreibende Angst erfaßt, ehe man zum Werke schreitet. Je größer aber die Angst ist, um so größer ist die spätere Wonne.«

Mit heiliger Freude nahm die junge Novizin am Chorgebet teil.

Aber die vorgeschriebenen Gebetszeiten genügten ihrem Eifer nicht. Sie verbrachte auch die freien Stunden am liebsten in stiller Betrachtung vor dem Tabernakel. Es blieb nicht aus, daß ihr dies bei minder gebetsliebenden

Mitschwestern den Vorwurf der Übertriebenheit eintrug. Aber sie ließ sich durch nichts auf ihrem Wege aufhalten. Die Gottesliebe gab ihrer natürlichen Liebenswürdigkeit und Dienstbereitschaft im Umgang mit den Menschen einen neuen Ansporn und höhere Beweggründe. Ein Tag ohne ein Werk der Nächstenliebe wäre ihr als verloren erschienen. Die kleinste Gelegenheit dazu war ihr willkommen. Mit besonderer Freude widmete sie sich der Pflege der Kranken. Eine Ordensfrau, die von einem abscheuerregenden Leiden heimgesucht war und allen anderen Ekel einflößte, umgab sie mit zärtlichster Sorgfalt und suchte ihr auf jede Weise zu zeigen, daß sie sich durchaus nicht abgestoßen fühle. Die Geduld dieser Kranken erregte so sehr ihre Bewunderung, daß ein Verlangen nach ähnlichen Prüfungen in ihr erwachte. »...ich bat Gott, wenn Er mir gnädig diese Geduld verleihen würde, möchte er mir auch die gräßlichsten Krankheiten senden. Ich hatte das Gefühl, keine zu fürchten. Ich empfand ein so heftiges Verlangen, die ewigen Güter zu erwerben, daß ich sie durch jedes Mittel erlangen wollte. Jetzt wundere ich mich selbst darüber, denn ich hatte damals noch nicht jene Liebe zu Gott in mir, die ich später im betrachtenden Gebet fand. Es war ein inneres Licht, das mich den geringen Wert alles Vergänglichen und den unendlichen Wert des Ewigen erkennen ließ.« Bald sollten ihre Bitten erhört werden.

Leidensschule — Inneres Leben

Nicht lange nach ihrer Profeßablegung (3. Nov. 1537) warf ein Herzleiden sie aufs Krankenlager nieder. Sie ertrug die Schmerzen, die erzwungene Untätigkeit, die Unfähigkeit zu den klösterlichen Übungen mit nicht geringerer Geduld als die bewunderte Kranke und gewann dadurch die Liebe aller Mitschwestern, auch derer, die vorher manches an ihr auszusetzen fanden und mißdeuteten. Ihr zärtlicher Vater wollte kein Mittel unversucht lassen, und da die Ärzte nicht helfen konnten, beschloß er, mit seiner Tochter eine heilkundige Frau aufzusuchen, deren Kuren ihm gerühmt wurden. Da das Kloster der Menschwerdung keine Klausur hatte, bestand kein Bedenken, die junge Schwester der Fürsorge ihrer Familie zu überlassen.

Die weite Reise führte zuerst an Hortigosa vorbei. Peter Sanchez gab Teresia ein Buch von Pater Osuna über das Gebet der Sammlung mit, das bald ihr Führer werden sollte. Den Winter verbrachten die Reisenden im Landhaus Maria de Cepedas. Obgleich sie hier wie in früheren Jahren von der Liebe der Ihren umgeben war und sich ihnen mit aller Herzlichkeit widmete, wußte Teresia doch den Tag so einzuteilen, daß ihr genügend Zeit zu einsamem Gebet blieb und wahrte die Treue gegenüber ihrem Ordensberuf auch außerhalb der Klostergemeinde. Ihre Krankheit aber steigerte sich beständig, so daß man froh sein mußte, als das Frühjahr kam, das die Meisterin von Becedas für die Kur bestimmt hatte. Die weite Reise war eine Qual für die Kranke, noch schlimmer aber war die Kur, die statt der Heilung nur noch eine Steigerung der Leiden brachte. Trotz aller qualvollen Schmerzen setzte sie beharrlich das betrachtende Gebet nach der Anleitung ihres geistlichen Wegweisers fort, und Gott lohnte diese heldenmütige Treue, indem er sie damals schon zu einer hohen Stufe des inneren Lebens erhob.

Die Meisterin des Gebets hat später in ihren Schriften[3] in unvergleichlicher Klarheit das mystische Gnadenleben in all seinen Stufen dargestellt. Die Anfängerin, die sich im Gebet zu üben begann, wußte noch nicht, was in ihrer Seele vorging. Aber um ihren weiteren Werdegang verständlich zu machen, ist es nötig, an dieser Stelle schon einige Worte über das innerliche Leben zu sagen.

Das Gebet ist der Verkehr der Seele mit Gott. Gott ist die Liebe, und die Liebe ist sich selbst verschenkende Güte; eine Seinsfülle, die nicht in sich selbst beschlossen bleibt, sondern sich andern mitteilen, andere mit sich beschenken und beglücken will. Dieser sich selbst ausspendenden Gottesliebe verdankt die ganze Schöpfung ihr Dasein. Die höchsten aller Geschöpfe sind die geistbegabten Wesen, die Gottes Liebe verstehend empfangen und frei erwidern können: Die Engel und die Menschenseelen. Das Gebet ist die höchste Leistung, deren der Menschengeist fähig ist. Aber es ist nicht allein menschliche Leistung. Das Gebet ist eine Jakobsleiter, auf der des Menschen Geist zu Gott empor- und Gottes Gnade zum Menschen herniedersteigt. Die Stufen des Gebets unterscheiden sich nach dem Maß des Anteils, den die natürlichen Kräfte der Seele und Gottes Gnade daran haben. Wo die Seele nicht mehr mit ihren Kräften tätig ist, sondern nur noch ein Gefäß, das die Gnade in sich empfängt, spricht man von mystischem Gebetsleben.

Als niederste Stufe wird das sogenannte mündliche Gebet bezeichnet, das Gebet, das sich an bestimmt festgelegte sprachliche Formen hält: das Vaterunser, das Ave Maria, der Rosenkranz, das kirchliche Stundengebet. Das »mündliche« Gebet ist natürlich nicht so zu verstehen, als bestünde es nur im Hersagen der Worte. Wo nur Gebetsworte gesprochen werden, ohne daß der Geist sich zu Gott erhebt, da liegt nur dem äußeren Scheine nach, nicht in Wahrheit ein Gebet vor. Die bestimmten Worte sind aber eine Stütze für den Geist und schreiben ihm einen festen Weg vor.

Eine Stufe höher steht das betrachtende Gebet. Hier bewegt sich der Geist freier, ohne Bindung an bestimmte

Worte. Er versenkt sich z. B. in das Geheimnis der Geburt Jesu. Seine Phantasie versetzt ihn in die Höhle zu Bethlehem, zeigt ihm das Kind in der Krippe, die heiligen Eltern, die Hirten und Könige. Der Verstand erwägt die Größe des göttlichen Erbarmens, das Gemüt wird von Liebe und Dankbarkeit ergriffen, der Wille faßt Entschlüsse, sich der göttlichen Liebe würdiger zu machen. So nimmt das betrachtende Gebet alle Seelenkräfte in Anspruch, und, mit treuer Beharrlichkeit geübt, vermag es allmählich den ganzen Menschen umzugestalten. Es pflegt aber der Herr die Treue im betrachtenden Gebet noch auf eine andere Weise zu belohnen: durch Erhebung zu einer höheren Gebetsweise.

Die heilige Teresia bezeichnet diese nächste Stufe als das Gebet der Ruhe oder der Einfachheit. An Stelle der mannigfaltigen Tätigkeit tritt eine Sammlung der Geisteskräfte. Die Seele ist nicht mehr imstande, verstandesmäßige Überlegungen anzustellen oder bestimmte Entschlüsse zu fassen; sie ist ganz und gar gefangen von etwas, was sich ihr unwiderstehlich aufdrängt; das ist die Gegenwart ihres Gottes, der ihr nahe ist und sie bei sich ruhen läßt.

Während die niederen Gebetsstufen jedem Gläubigen zugänglich, durch menschliche Anstrengung, wenn auch mit der Gnade Gottes, erreichbar sind, stehen wir jetzt an der Grenze des mystischen Gnadenlebens, die nicht kraft menschlicher Energie zu überschreiten ist, über die nur Gottes besondere Huld hinweghebt.

Ist schon die Wahrnehmung der göttlichen Gegenwart etwas, was die Seele ganz gefangen nimmt und unvergleichlich mit allen irdischen Freuden beglückt, so wird sie noch weit übertroffen von der Vereinigung mit dem Herrn, die ihr — anfangs gewöhnlich nur für sehr kurze Zeit — gewährt wird.

An diese Stufe der mystischen Begnadung schließen sich vielfach Zustände, die auch nach außen hin als außerordentliche kenntlich sind: die Ekstasen und Visionen. Die Kraft der Seele wird durch die übernatürlichen Einwirkungen so angezogen, daß ihre niederen Vermögen, die Sinne, ihre Tätigkeit ganz einstellen: sie sieht und hört nichts mehr, der Leib empfindet bei Verletzungen keinen Schmerz mehr, wird in manchen Fällen starr wie der eines Toten. Die Seele aber führt – gleichsam außerhalb des Leibes – ein gesteigertes Leben: bald zeigt sich ihr der Herr selbst in leiblicher Gestalt, bald die Gottesmutter, ein Engel oder Heiliger. Sie schaut diese himmlischen Gestalten wie in leibhafter Wahrnehmung oder auch in der Einbildungskraft. Oder ihr Verstand wird übernatürlich erleuchtet und bekommt Einblick in verborgene Wahrheiten. Solche private Offenbarungen haben meist die Aufgabe, die Seelen über ihren eigenen Zustand oder auch den anderer zu unterrichten, sie mit den Absichten Gottes vertraut zu machen und sie für eine bestimmte Wirksamkeit, für die Gott sie ausersehen hat, heranzubilden. Sie fehlen selten im Leben der Heiligen, obwohl sie keineswegs zum Wesen der Heiligkeit gehören. Meistens treten sie nur in einem bestimmten Stadium auf und verschwinden später wieder.

Die Seelen, die durch öftere zeitweilige Vereinigung mit dem Herrn, durch außerordentliche Erleuchtungen und zugleich durch Leiden und Prüfungen mannigfacher Art genügend vorbereitet und erprobt sind, will Er schließlich dauernd an sich binden. Er geht ein Bündnis mit ihnen ein, das als mystische Verlobung bezeichnet wird. Er erwartet von ihnen, daß sie sich ganz seinem Dienste widmen, nimmt sich aber auch ihrer besonders an, sorgt für sie und ist stets bereit, ihren Bitten Erhörung zu gewähren.

Die höchste Stufe der Begnadung schließlich hat Teresia mystische Vermählung genannt. Die außerordentlichen Zustände haben jetzt aufgehört, aber die Seele ist dauernd mit dem Herrn vereinigt; sie genießt seine Gegenwart auch mitten in äußeren Geschäften, ohne darin im mindesten behindert zu sein.

Alle diese Stufen hat die Heilige in einer vieljährigen Entwicklung durchlaufen, ehe sie sich darüber Rechenschaft und anderen Aufschluß geben konnte. Die Anfänge aber fielen in jene Zeit der schwersten körperlichen Leiden: »Es gefiel dem göttlichen Meister, mich mit solcher Liebe zu behandeln, daß Er mir das Gebet der Ruhe verlieh; öfter aber erhob Er mich auch bis zu dem der Vereinigung. Ich kannte leider weder die eine noch die andere Art; es wäre mir ja nützlich gewesen, ihren Wert zu kennen. Es ist wahr, diese Vereinigung war nicht von langer Dauer, ich glaube, kaum die Zeit eines Ave Marias. Doch war sie für mich von großem Einfluß. Ich zählte noch nicht zwanzig Jahre und glaubte schon die Welt besiegt unter meinen Füßen zu sehen. Tief beklagte ich alle jene, die mit ihr, selbst durch erlaubte Bande, in Verbindung standen. Ich bemühte mich mit aller Kraft, mit Jesus, unsern Herrn, unser höchstes Gut, unsern Meister wahrhaft in meiner Seele zu vergegenwärtigen. Dieses war meine Art zu beten: Dachte ich an eines der Geheimnisse seines göttlichen Lebens, so machte ich mir im Geiste ein Bild davon.«

Die Wirkung des Gebetslebens war eine immer steigende Liebe zu Gott und den Seelen. Hatten früher schon ihre natürlichen Gaben ihr einen ungewöhnlichen Einfluß auf ihre menschliche Umgebung verliehen, so gewann sie nun durch die übernatürliche Liebeskraft eine fast unwiderstehliche Gewalt. Der erste, der es erfuhr, war der Priester, bei dem sie in Becedas beichtete. Der Einblick in diese reine Seele, die sich wegen unschuldiger kleiner Entgleisungen mit bitterster Reue anklagte, erschütterte ihn so sehr, daß er selbst seinem Beichtkind die schweren Sünden gestand, in denen er seit Jahren lebte. Nun hatte sie keine Ruhe, bis er sich aus diesen unwürdigen Fesseln gelöst hatte. Die Kraft ihrer Worte und ihrer Fürbitte verwandelten ihn in einen Büßer.

Nach der Rückkehr ins Vaterhaus zu Avila verschlimmerte sich der Zustand der Kranken so sehr, daß keine Hoffnung mehr für ihr Leben zu bestehen schien. Vier Tage lang war sie ohne Bewußtsein; in der Stadt verbreitete sich die Nachricht von ihrem Tode. Im Kloster der Menschwerdung wurde das Grab für sie ausgehoben. Die Karmeliten von Avila sangen ihr ein Seelenamt. Nur der Vater und die Geschwister hörten nicht auf, den Himmel zu bestürmen; und schließlich öffnete sie die Augen wieder. Im Moment des Erwachens sprach sie einige Worte, die ahnen ließen, daß sie während des Scheintodes große Dinge geschaut hatte. In ihren letzten Tagen gestand sie, Gott habe ihr damals Himmel und Hölle gezeigt, auch ihr späteres Wirken im Orden, den heiligmäßigen Tod ihres Vaters und ihrer Freundin Johanna Suarez sowie ihren eigenen.

Sobald eine leise Besserung eintrat, übersiedelte Teresia auf ihr dringendes Verlangen wieder in ihr Kloster. Aber noch mehrere Jahre war sie ans Bett gefesselt, schien für immer gelähmt und litt unsägliche Schmerzen. Ihren Seelenzustand während dieser Prüfungszeit schilderte sie selbst: »Ich ertrug dieses Leiden mit großer Fassung, ja selbst mit Freude; ausgenommen am Anfang, wo die Schmerzen zu qualvoll waren. Was nachfolgte, schien weniger schmerzlich. Ich war vollständig ergeben in den Willen Gottes, wenn Er mich auch für immer also belassen wollte. Ich wollte nur gesunden, so schien es mir, um mich in die Einsamkeit zurückzuziehen, wie es mir mein Buch vorgezeichnet. Dies war schwer in der Krankenstube ... Meine Mitschwestern bewunderten die mir von Gott verliehene Geduld; wahrlich, ohne Ihn hätte ich unmöglich so vieles mit so viel Freude ertragen können.«

»Jetzt begriff ich den Gnadenwert des Gebetes. Zuerst zeigte es mir, worin die wahre Liebe zu Gott besteht. Sodann fühlte ich neue Tugenden in mir sich entwickeln, die allerdings noch sehr schwach waren ... Über andere sagte ich nie etwas Böses. Im Gegenteil, ich entschuldigte jene, welche die Zielscheiben der üblichen Nachrede waren; denn ich erinnerte mich stets, daß ich weder sagen noch auch gern hören möchte, was ich nicht gern über mich hätte sagen hören. Treu bewahrte ich diesen Vorsatz. Einige Male, aber selten, fehlte ich dagegen. Den Mitschwestern und Leuten, die mich besuchten, riet ich, das gleiche zu tun. Sie nahmen diese Gewohnheiten an. Man bemerkte es bald. Man sagte, die Abwesenden hätten nichts von mir noch von meinen Verwandten und Freunden zu fürchten.«

Drei Jahre hatte Teresia gelitten, ohne um Genesung zu bitten. In der Hoffnung, im Besitz der Gesundheit Gott besser dienen zu können, entschloß sie sich, den Himmel um Beendigung ihrer Leiden anzuflehen. Sie ließ in dieser Meinung eine heilige Messe feiern und wandte sich an den, zu dem sie während ihres ganzen Lebens ein unbegrenztes Vertrauen hatte und der ihrem Eifer das Aufblühen seiner Verehrung verdankt. »Ich verstehe nicht, wie man an die Königin der Engel, an alle ihre Schmerzen und Sorgen um das kleine Jesuskind denken kann, ohne dem heiligen Josef zu danken für die Hingebung, mit der er beiden zu Hilfe kam.« Ihm schrieb sie ihre Heilung zu. »Er stand mir bald in ganz sichtbarer Weise bei. Dieser vielgeliebte Vater meiner Seele befreite

mich schnell von den Schwächen und Leiden, denen
mein Körper überantwortet war... Ich wüßte nicht, daß
er mir jemals etwas abgeschlagen hätte.«
»Der heilige Josef ließ seine Macht und Güte an mir offenbar werden. Durch ihn erhielt ich meine Kräfte wieder. Ich stand auf, ging und war frei von der Lähmung.«

Untreue

Teresias edelmütiges Herz war fest entschlossen, das
neugeschenkte Leben ganz dem Dienst ihres geliebten
Herrn zu widmen. Sie ahnte nicht, daß die Genesung ihr
Gefahren bringen und mit dem Verlassen der einsamen
Krankenzelle ihre Höhenwanderung für lange Zeit ein
Ende nehmen sollte, ja daß alles Gewonnene wieder ver-
lorengehen würde. »Mein größtes Unglück bestand dar-
in, daß ich mich in einem Kloster ohne Klausur befand.
Die lieben Ordensfrauen konnten sich ohne Zweifel in
unschuldiger Weise der Freiheit erfreuen... Ich aber, die
Schwachheit selber, würde darin den Weg zur Hölle gefunden haben, hätte mich Gott nicht durch besondere
Gnaden dieser Gefahr entrissen.«
Es war begreiflich, daß Verwandte und Freundinnen die
dem Leben Wiedergeschenkte mit Freuden begrüßten,
daß sie häufig ins Sprechzimmer gerufen wurde, daß ihre
Liebenswürdigkeit, ihr lebhafter Geist, ihre ungewöhnli-
che Unterhaltungsgabe die Besucher entzückten und immer wieder herbeilockten. Alle Nachforschungen haben
ergeben, daß Teresias Verkehr mit Weltleuten, auf den
sie selbst in ihrem späteren Leben mit bitterster Reue zu-
rückblickte, durchaus rein und keineswegs etwa ein
Rückfall in weltliche Eitelkeit war. Sie übte auf ihre Besucher einen heilsamen Einfluß aus und sprach auch in

dieser Zeit über nichts so gern wie über göttliche Dinge. Dennoch ist ihre Reue begreiflich: der Verkehr mit den Menschen lenkte sie vom Verkehr mit Gott ab. Sie verlor den Geschmack am Gebet, und nachdem sie einmal so weit war, hielt sie sich einer solchen Gnade auch gar nicht mehr für würdig. »Unter dem Vorwande der Demut fürchtete ich Gebet und Betrachtung. Ich sagte mir, als Unvollkommenste sei es für mich besser, dem allgemeinen Gebrauch zu folgen und mich auf die mündlichen Pflichtgebete zu beschränken. Ich wollte in meinem Zustand, der besser für die Gesellschaft der Teufel paßte, einen innigeren Verkehr mit Gott nicht anstreben. Ich fürchtete auch, die ganze Welt zu betrügen.«

Auf ihre Mitschwestern machte Teresia in jener Zeit durchaus den Eindruck einer vorzüglichen Ordensfrau. »Trotz meiner Jugend und vielen Beziehungen zur Welt sah man, wie ich die Einsamkeit suchte, um dort zu lesen und zu beten. Ich sprach oft von Gott. Ich ließ gern an verschiedene Orte das Bild des Erlösers hinmalen. Ich hatte einen besonderen Ort zum Beten und schmückte ihn sorglich mit allem, was zur Andacht stimmen konnte. Niemals führte ich üble Nachreden...« Und alles das geschah »ohne jeden Schein von Berechnung; denn ich haßte stets die Heuchelei, den eitlen Ruhm, und ich glaube – der Herr sei gepriesen! –, Ihn dadurch niemals beleidigt zu haben. Sobald sich Eigenliebe in meinem Herzen regte, war ich so reumütig, daß der Teufel verlor und ich gewann...«

Der Herr aber wollte mehr von ihr. »Als ich mich eines Tages mit einer Person unterhielt, mit der ich erst kürzlich bekannt geworden war, gab mir Gott zu verstehen, daß sich solche Bekanntschaften für mich nicht schickten und schenkte mir eine Erleuchtung in meine Finsternis. Unser Heiland Jesus Christus erschien mir traurig

und ernst und bezeugte, wie sehr ich ihn betrübe. Ich sah ihn nur mit den Augen der Seele, doch weit deutlicher, als ich ihn mit den Augen des Leibes hätte sehen können. Sein Bild prägte sich so tief meinem Geiste ein, daß es jetzt noch, nach mehr als sechsundzwanzig Jahren, nicht verwischt ist. Von Angst und Verwirrung erfaßt, wollte ich jene Person nicht mehr empfangen. Zu meinem Unheil aber wußte ich damals nicht, daß die Seele ohne die Vermittlung des körperlichen Auges sehen kann. Der Teufel bediente sich meiner Unwissenheit, um mir das als unmöglich zu beweisen. Er stellte mir das Gesicht als Trug, als Teufelskunst vor... Im Grunde meines Herzens aber hatte ich doch ein geheimes Gefühl, das von mir Geschaute käme von Gott. Da das aber meinen Neigungen nicht entsprach, so versuchte ich, mich selbst zu belügen. Ich wagte es nicht, mit jemand davon zu sprechen... Man sagte mir, es sei nicht unrecht, jene Person zu empfangen; der Verkehr mit ihr würde mir niemals schaden, sondern für mich ehrenvoll sein. Endlich gab ich nach.«
Eine ernste Mahnung war das Verhalten ihres Vaters, der sich von seinem Kind auf dem Weg des inneren Gebetes hatte leiten lassen und treu dabei beharrte. Teresias gerade Natur brachte es nicht über sich, ihn in der Täuschung zu belassen, daß auch sie getreu sei. »Ich gestand ihm, jedoch ohne Angabe des tieferen Grundes, daß ich vom Gebet abgelassen hatte. Ich schützte bloß meine Gesundheit vor. In Wahrheit mußte ich, wiewohl von der schweren Krankheit genesen, stets noch viel leiden. Dies genügte aber nicht, mich zu rechtfertigen. Man bedarf für das Gebet nicht der körperlichen Kräfte, sondern nur der Liebe und der Standhaftigkeit. Mein Vater, der mich zärtlich liebte und sich an mir selber täuschte, glaubte alles und beklagte mich. Da er in der Vollkommenheit schon weit vorgeschritten war, verweilte er nicht mehr so lange

bei mir. Nach kurzem Zwiegespräch verließ er mich mit dem Bemerken, längeres Verweilen sei verlorene Zeit. Ich aber, die in ganz anderer Weise Zeit verlor, sah nicht mit so scharfem Auge.«

Mindestens ein Jahr, vielleicht noch länger, hat Teresia so verbracht. Sie fühlte sich keineswegs wohl dabei, war beständig in großer seelischer Unruhe, ließ sich aber immer wieder von der vermeintlichen Demut zurückhalten. »Ich weiß nicht, wie ich einen solchen Zustand ertragen konnte. Was mich vielleicht aufrecht erhielt, war die Hoffnung, mein Gebet wieder aufzunehmen; denn ich bewahrte in meinem Herzen stets den Willen, wieder dahin zu kommen. Ich wartete nur, bis ich besser geworden wäre. Oh, auf welch einen schlechten Weg führte mich diese wahnwitzige Hoffnung!«

Rückkehr

Am Totenbett ihres Vaters sollte Teresia Rettung finden. Auf die Nachricht von seiner schweren Erkrankung durfte sie zu ihm gehen und ihm in den letzten Tagen beistehen. »Mit ihm verlor ich all mein Glück. Ich besaß indes noch die Kraft, ihm meinen Schmerz zu verbergen. Ich blieb ruhig bis zu seinem Tode, wiewohl ich bei dem langsamen Erlöschen eines so teuren Lebens das Gefühl hatte, man reiße mir ein Stück von meinem Herzen. Gott gab ihm aber einen so heiligen Tod, daß ich Ihm nicht genug danken kann. Es war tief ergreifend, die übernatürliche Freude dieses guten Vaters zu sehen, die Ratschläge zu hören, die er uns nach der Letzten Ölung erteilte. Er beschwor uns, ihn Gott zu empfehlen und für ihn um Barmherzigkeit zu flehen, treu unsere Pflichten zu erfüllen und stets vor Augen zu haben, wie rasch die Dinge dieser Welt vorüberziehen und vergehen. Mit tränenvollen Augen bekannte er uns seinen Schmerz, Gott dem Herrn nicht besser gedient zu haben, und bedauerte in diesem Augenblick, nicht in den strengsten Orden eingetreten zu sein.

Er litt viel; hauptsächlich an einem stechenden Schmerz in den Schultern, der ihm keinen Augenblick Ruhe ließ. Ich erinnerte mich seiner Andacht für das Geheimnis des kreuztragenden Heilands und sagte ihm, Gott wolle ihn gewiß etwas von den Schmerzen, die Er in dieser Leidensstunde selbst gelitten, fühlen lassen. Dieser Gedanke gab ihm so reichen Trost, daß nicht die geringste Klage mehr über seine Lippen kam. Drei Tage lag er bewußtlos. Am Tage seines Todes jedoch gab ihm Gott zu unserem größten Erstaunen das Bewußtsein wieder, und er behielt es bis zu seinem Ende.«

»Mitten im Credo, das er selbst mit deutlicher Stimme betete, gab er sanft seinen Geist auf. Sogleich nahmen seine Züge eine übernatürliche Schönheit an. Er schien im Frieden der Engel zu ruhen. Nach meiner Meinung war er wohl durch die Reinheit seiner Seele und seiner Gesinnung im Augenblick des Todes ihr Bruder. Sein Beichtvater – aus dem Orden des heiligen Dominikus – sagte uns, er glaube, unser Vater sei unmittelbar in die Seligkeit des Himmels eingegangen.«

Dieser Dominikaner – Pater Vinzenz Varron – hatte durch die Art, wie er dem Sterbenden beistand, auf Teresia einen tiefen Eindruck gemacht. Sie bat ihn, bei ihm beichten zu dürfen, und gewährte ihm vollen Einblick in den Zustand ihrer Seele. Im Gegensatz zu allen, vor denen sie sich bisher angeklagt hatte, erkannte er sofort, was ihr not tat, und befahl ihr, das Gebet wieder aufzunehmen. »Ich gehorchte, und seit der Zeit habe ich es nie mehr aufgegeben.«

Es folgte aber jetzt nicht etwa ein ungetrübter Friede, sondern es kamen Jahre heftigster Seelenkämpfe: »Das Leben, das ich führte, war sehr beschwerlich, weil ich im Lichte des Gebetes meine Fehler in einer neuen Verkettung sah. Einerseits schmeichelte mir die Welt. O mein Gott, wie könnte ich beschreiben, was Deine Barmherzigkeit alles in diesen Jahren für mich getan hat, sowie diesen Kampf, den deine Liebe wider meine Undankbarkeit führte. Wie soll ich Worte finden, um alle Gnaden, mit denen Du mich überhäuftest, aufzuzählen? Im Augenblick, da ich Dich am heftigsten beleidigte, führtest Du plötzlich meinen Geist durch tiefe Reue zum Genuß Deiner Gnaden und Deiner Tröstungen. O mein Erlöser! Es ist wohl wahr, daß Du mich kanntest. Du wußtest mich in der sanftesten und härtesten Weise zu strafen, indem Du mir meine Fehler mit Wohltaten vergaltest... Bei meinem Charakter litt ich viel mehr, wenn ich nach den Fehltritten Belohnungen statt Strafen empfing... In einer Heimsuchung hätte ich wenigstens eine gerechte Strafe erkannt; ich hätte darin ein Mittel, meine vielen Sünden abzubüßen, gesehen. Mich aber, nach dem schmählichen Mißbrauch so vieler schon empfangener Gnaden, mit neuen überschüttet zu sehen, war für mich eine weit stärkere Qual, die nur jene, wie ich sicher glaube, verstehen werden, die einige Kenntnis und Liebe zu Gott haben...«

Es ist der gewöhnliche Lauf des inneren Lebens, wie ihn die meisten begnadeten Seelen erfahren, daß Gott sie zunächst an sich zieht, indem Er sie die überirdische Freude seiner beglückenden Gegenwart genießen läßt, dann aber ihre Treue auf die Probe stellt, indem Er ihnen alle Freuden entzieht und sie in Trockenheit schmachten läßt. »Ach, so oft, drei Jahre hindurch, war ich weniger mit Gott und guten Gedanken beschäftigt als mit dem

Wunsch, das Ende der Gebetsstunde zu sehen. Ich lauschte, wann endlich die Glocke läuten werde. Die härteste Buße wäre mir lieber gewesen als die Qual, zu den Füßen des Heilands gesammelt zu sein. Unbeschreiblich ist der Kampf, den ich mit dem Teufel und meinen schlechten Neigungen bestehen mußte – um mich in den Betsaal zu begeben. Sobald ich eintrat, befiel mich eine tödliche Traurigkeit, und ich mußte meinen ganzen Mut zusammennehmen, um mich selbst zu besiegen und dem Gebet hinzugeben. Endlich sandte mir Gott Hilfe; und wenn ich mir also Gewalt angetan hatte, genoß ich oft mehr die Tröstungen als an den Tagen, wo ich besser aufgelegt war.«

Vierzehn Jahre hat die Heilige in diesen Kämpfen ausgehalten, ohne je in der Treue zu wanken. Die Karwoche des Jahres 1555 brachte die erlösende Stunde. »Als ich eines Tages einen Betsaal betrat, sah ich eine Statue des Heilands vor mir, die man für ein kommendes Fest aufgestellt hatte. Dieses Bild zeigte unseren göttlichen Meister, von Wunden bedeckt und mit einem so rührenden Ausdruck, daß ich davon ergriffen war. Mehr als je begriff ich, was der Heiland für uns gelitten hatte. Zugleich empfand ich meine Undankbarkeit so bitter, daß mein Herz zu zerreißen drohte. Ich fiel meinem göttlichen Meister zu Füßen; beschwor Ihn unter einem Strom von Tränen, mir die Kraft zu verleihen, Ihn nicht mehr zu beleidigen. Ich rief den Beistand der heiligen Magdalena an, die ich stets innig liebte und deren Bekehrung ich verehrte. Sie kam mir zu Hilfe. Ohne meinen guten Vorsätzen zu trauen, setzte ich mein ganzes Vertrauen auf Gott. Ich sagte ihm – wenn ich mich dessen noch recht entsinne –, ich würde nicht eher aufstehen, als bis Er mir meine Bitte gewährt habe, und ich halte es für gewiß, daß Er mich erhören wolle; denn an diesem Tag begann für mich ein wahres Leben, und ich hörte nicht mehr auf, wirkliche Fortschritte zu machen.«

Bald darauf wurde diese Gnadenwirkung durch eine zweite ähnliche noch verstärkt: »Man gab mir die ›Bekenntnisse‹ des heiligen Augustinus. Gott hat das zugelassen, denn ich dachte nie, sie zu verlangen, noch hatte ich sie je gelesen. Kaum hatte ich dieses Buch geöffnet, so glaubte ich, mich selbst darin zu sehen. Ich empfahl mich mit allen meinen Kräften diesem großen Heiligen... Ich hatte ihn stets sehr geliebt; erstens, weil jenes Kloster, in dem ich erzogen ward, seiner Regel folgte; zweitens, weil er lange ein armer Sünder war. Ich glaubte, weil ihm Gott alles verziehen hatte, könnte auch ich meine Verzeihung erhalten...

Ich kann nicht beschreiben, was in meinem Herzen vorging, als ich den Bericht seiner Bekehrung las und ihm in den Garten folgte, wo er die Stimme des Himmels gehört. Mir schien es, als wenn Gott zu mir sprechen würde. Von Reue zermalmt, blieb ich lange in meinen Tränen aufgelöst. Der Herr sei ewig gepriesen. Er führte mich vom Tode wieder zum Leben. An meinen erneuten Kräften mußte ich erkennen, daß Er mein Rufen gehört und meine Tränen bewirkt haben, daß Er sich meiner erbarmte!«

Gott allein

Teresia hatte das vierzigste Lebensjahr vollendet, als der Herr ihr treues Ausharren belohnte und sie aufs neue, diesmal für immer, an sich zog. Bisher hatte sie – nach einem Vergleich, den sie selbst in ihrem »Leben« verwendet, um die verschiedenen Gebetsweisen zu schildern – in ihren Betrachtungen gleich einem Gärtner gearbeitet, der aus einem tiefen Brunnen mit vieler Mühe das Wasser für seinen Garten heraufholt: Sie hatte sich am liebsten mit Hilfe der Phantasie dem Herrn vorgestellt – besonders gern suchte sie ihn am Ölberg auf – und hatte sich angestrengt, in seiner Nähe auszuharren. Nun kam ihr Gott entgegen. Sie konnte, gleich dem Gärtner, der genügend Vorrat an Wasser hat, um es nach Belieben zu verwenden, von ihrer Anstrengung ausruhen. Verstand und Gedächtnis konnten ihre Tätigkeit einstellen.

Sie wurde zum Gebet der Ruhe und bald zu dem der Vereinigung erhoben. Lang andauernde Ekstasen hoben sie über alles Irdische empor, verliehen ihr erstaunliche Fortschritte in allen Tugenden, entflammten sie zur höchsten Gottesliebe.

Ihre Bekenntnisse enthüllen uns ganz das Wesen der Heiligen: die Zartheit des Gewissens, das sich mit bitterer Reue anklagt, während niemand anders einen Flecken an ihr entdecken kann; die Glut der Liebe, die sie zu jedem Opfer für Gottes Ehre bereit macht; die Sorge um die Seelen, die sie mit aller Kraft dem Verderben entreißen und in den Frieden des Herrn führen möchte. Aber ehe es ihr vergönnt war, als Gottes auserlesenes Werkzeug Großes zu wirken, mußte sie noch die bittersten Leiden verkosten.

Neue Prüfungen

Die erste Schwierigkeit entsprang ihrer eigenen Unkenntnis der mystischen Theologie. In ihrer tiefen Demut konnte sie sich nicht denken, daß eine Unwürdige – wie sie nach ihrer Meinung war – mit so außerordentlichen Gnaden überhäuft werden sollte. Freilich, solange die Gebetsgnaden anhielten, konnte sie an der Echtheit nicht zweifeln. In der Zwischenzeit aber wurde sie von Befürchtungen gepeinigt, jene mystischen Zustände seien ein Blendwerk des Teufels. Teresia selbst hat aufgrund ihrer Erfahrung später immer wieder betont, wie notwendig für eine Seele, die den Weg des inneren Lebens geht, die Leitung durch einen gelehrten und erleuchteten Seelenführer sei. Pater Vinzenz Varron, der ihr nach dem Tode ihres Vaters so wohltätig beigestanden hatte, war seit einiger Zeit von Avila abberufen. In ihrer Not wandte sie sich auf den Rat und durch die Vermittlung eines treuen Freundes, des frommen Edelmannes Franz Salcedo, an einen Priester, der in der ganzen Stadt als ebenso heilig wie gelehrt angesehen wurde, Kaspar Daza. Sein Urteil war vernichtend: er erklärte alle ihre Gebetsgnaden als Teufelstrug und riet ihr, von dem bisherigen Weg ganz abzulassen. Die Heilige geriet in die äußerste Not: Obgleich vom Himmel mit Gnaden überschüttet, schwebte sie durch das Urteil des theologischen Sachverständigen in der größten Gefahr, sich den übernatürlichen Einwirkungen zu entziehen. In dieser Bedrängnis zeigte sich ihr noch ein Ausweg: Vor kurzem war ein Kollegium der Gesellschaft Jesu in Avila gegründet worden. Teresia, die für den neuen Orden die lebhafteste Bewunderung hegte, hatte dies mit Freude gehört, es bisher aber nicht gewagt, sich mit einem der vielgerühmten Patres zu unterreden. Nun nahm sie zu ihnen ihre Zuflucht, das war ihre Rettung. Pater Johann von Padranos beruhigte sie völlig über den Ursprung ihrer mystischen Zustände und riet ihr, auf dem Weg fortzuschreiten; nur fand er es nötig, sich der Gnaden durch strenge Abtötung würdig zu machen. »Abtötung« — das war, wie sie sagte, damals für sie ein fast unbekanntes Wort. Aber mit der ihr eigenen Entschlossenheit griff sie die Anregung auf und begann, sich an harte Bußübungen zu gewöhnen. Über das Bedenken, daß ihre schwache Gesundheit ein so strenges Leben nicht ertragen würde, half ihr Pater Padranos leicht hinweg. »Ohne Zweifel, meine Tochter«, sagte er, »sendet dir Gott so viele Krankheiten, um jene Kasteiungen zu ergänzen, die du nicht übst. Fürchte aber nichts. Deine Kasteiungen können dir nicht schaden.« Tatsächlich kräftigte sich Teresias Gesundheit bei der neuen Lebensweise.

Wenn der neue Seelenführer an dem himmlischen Ursprung ihrer Gebetsgnaden keinen Zweifel hatte, so hielt er es doch für gut, ihr einen gewissen Zwang in ihrer Art, zu betrachten, aufzuerlegen und sie zum Widerstand gegen den Ansturm der Gnade anzuleiten. Doch auch diese Einschränkung sollte bald wieder fallen. Das Jesuitenkolleg erhielt den Besuch des hl. Franz von Borgia, und Pater Padranos bat diesen, mit Teresia zu sprechen, um sein Urteil zu hören. Sie selbst berichtet darüber: »Ich ließ ihn ... meinen Seelenzustand erkennen. Nachdem er mich angehört, sagte er mir, alles, was in mir vorgehe, käme vom Geiste Gottes. Er hieß mein bisheriges Betragen gut; doch meinte er, ich solle in Zukunft keinen Widerstand mehr entgegensetzen. Er riet mir, das Gebet stets mit der Betrachtung eines Geheimnisses der Leidensgeschichte zu beginnen. Wenn alsdann der Herr ohne mein Zutun meinen Geist in einen übernatürlichen Zustand versetze, solle ich mich seiner Leitung überlassen... Er verließ mich ganz getröstet.«

War die Heilige selbst durch so gewichtige Zeugnisse beruhigt, so galt von ihrer Umgebung nicht dasselbe. Trotz des Zeugnisses des heiligen Franz Borgia, trotz der verständnisvollen Führung, die sie bald nach der Abberufung des Paters Padranos bei seinem noch sehr jungen aber heiligmäßigen Mitbruder, Pater Balthasar Alvarez, fand, hörten ihre frommen Freunde nicht auf, sich um sie zu sorgen. Sie zogen andere zu Rate, und bald sprach man in der ganzen Stadt von den außerordentlichen Erscheinungen im Kloster der Menschwerdung und warnte den jungen Jesuiten, er solle sich nicht von seinem Beichtkind täuschen lassen. Obwohl er diesen Stimmen keinen Glauben schenkte, hielt er es doch für angezeigt, Teresia auf harte Proben zu stellen: er untersagte ihr die Einsamkeit, entzog ihr einmal zwanzig Tage lang die heilige Kommunion. Sie unterwarf sich allen Anordnungen. Es war aber kein Wunder, daß in ihrem Herzen die Unruhe wieder erwachte, da alle anderen an ihr zweifelten oder zu zweifeln schienen.

Ihre Rettung war die Güte des Herrn, der sie immer wieder beruhigte, der sie mitten in den erzwungenen Gesprächen entrückte, da ihr das einsame Gebet genommen war. Vor allem bestärkte Er sie darin, treu auf dem Weg des Gehorsams auszuharren, wenn er auch noch so hart sei. Ihr Lohn waren neue, höhere Gnaden. Sie fühlte die Gegenwart des Heilands an ihrer Seite, oft ganze Tage lang; zunächst kam Er unsichtbar, später aber auch in sichtbarer Gestalt. Diese Erscheinungen steigerten Teresias Liebe und bestärkten sie in der Gewißheit, daß es niemand anders als der Herr sei, der sie mit seinen Gnaden heimsuchte. Um so schmerzlicher mußte es ihr sein, als in der Abwesenheit des Pater Alvarez ein anderer Beichtvater ihr den Befehl gab, den »bösen Geist« jedesmal, wenn er sich zeige, mit dem Kreuzzeichen und mit einer Gebärde der Verachtung zurückzuweisen. Sie gehorchte auch diesem Befehl. Aber zugleich fällt sie dem Herrn zu Füßen und bittet ihn um Verzeihung: »O Heiland, du weißt es ja, wenn ich dir gegenüber so handle, so geschieht es nur aus Liebe zu dir, um mich jenen gehorsam zu unterwerfen, die Du für Deine Kirche bestellt hast, um für mich Deine Stelle einzunehmen.« Und Jesus beruhigte sie: »Tröste dich, meine Tochter, du tust wohl daran zu gehorchen; Ich werde die Wahrheit offenbaren.« Im Gehorsam gegen die Kirche hat die Heilige selbst stets den sichersten Prüfstein darin gesehen, daß eine Seele auf dem rechten Wege sei: »Ich weiß gewiß, Gott wird nie erlauben, daß der Teufel eine Seele betrügt, die sich selbst mißtraut und die im Glauben so stark ist, daß sie für einen einzigen Glaubensartikel tausend Todesarten zu erdulden bereit wäre. Gott segnet diese edle Seelenverfassung, indem Er ihren Glauben stärkt und immer feuriger macht.

Diese Seele ist sorgsam bemüht, sich in allem nach den Lehren der Kirche umzuwandeln, und befragt zu diesem Zweck jene, die sie aufklären können. Sie hängt so fest an ihrem Glaubensbekenntnis, daß alle nur erdenklichen Offenbarungen − sähe sie auch den Himmel offen − sie niemals in ihrem Glauben auch nur in dem kleinsten von der Kirche gelehrten Artikel wankend machen könnten.« − »Findet eine Seele nicht in sich selbst diesen gewaltigen Glauben und tragen ihre Andachtentzückungen nicht dazu bei, ihre Anhänglichkeit an die heilige Kirche zu vermehren: dann sage ich, befindet sich die Seele auf einem Weg voller Gefahren. Der Geist Gottes flößt nur Dinge ein, die mit den heiligen Schriften in Einklang stehen. Käme die geringste Abweichung vor, so bin ich überzeugt, daß diese Dinge vom Urheber der Lüge kommen.«

In jener Zeit der außerordentlichen Gnadenerweisungen und der härtesten Prüfungen erhielt Teresia auch ein sichtbares Sinnbild der glühenden Liebe, die ihr Herz durchdrang: »Ich sah neben mir, an meiner linken Seite, einen Engel in körperlicher Gestalt... Nach seinen flammenden Gesichtszügen schien er jenen hohen Chören anzugehören, die nur Feuer und Liebe sind... Ich sah in seinen Händen einen langen goldenen Pfeil, dessen äußerste Spitze feurig erglänzte. Von Zeit zu Zeit durchbohrte der Engel damit mein Herz; zog er ihn wieder heraus, dann war ich ganz von Liebe zu Gott entbrannt.« Das Herz der Heiligen, das im Kloster von Avila aufbewahrt wird und noch heute unversehrt erhalten ist, zeigt wirklich eine lange, tiefe Wunde.

Wirken für den Herrn

Wer liebt, den drängt es, etwas für den Geliebten zu tun. Teresia, die sich schon als Kind so kühn entschlossen und tatenfroh gezeigt hatte, brannte von Verlangen, dem Herrn ihre Liebe und Dankbarkeit durch die Tat zu beweisen. Als Nonne in einem beschaulichen Kloster schien sie von aller äußeren Wirksamkeit abgeschnitten. So wollte sie wenigstens in der Selbstheiligung ihr möglichstes tun. Mit Erlaubnis ihres Beichtvaters (Pater Alvarez) und ihrer höchsten Vorgesetzten im Orden legte sie das Gelübde ab, in allen Dingen stets das zu tun, was Gott am wohlgefälligsten wäre. Um sie vor Unsicherheit und Gewissenszweifeln zu schützen, hat man den Text später dahin abgeändert, daß die Entscheidung darüber, was jeweils das Vollkommenste sei, ihrem Beichtvater zustehen sollte.

Aber einer so liebevollen Seele konnte es nicht genügen, für ihr eigenes Heil Sorge zu tragen und durch eigene Vollkommenheit dem Herrn Freude zu bereiten.

Eines Tages wurde sie durch eine furchtbare Vision in die Hölle versetzt. »Sogleich begriff ich, daß Gott mir den Platz zeigen wollte, den mir die Teufel bestimmt hatten und den ich für meine Sünden verdiente. Es dauerte kaum einen Augenblick. Würde ich aber noch viele Jahre leben, ich könnte es unmöglich vergessen.« Sie erkennt, wovor Gottes Güte sie bewahrt hat. »Die Überschrift meines Lebens sollte lauten: Die Erbarmung Gottes.« Aber den Gefahren, denen sie selbst entronnen ist, sind Ungezählte beständig ausgesetzt: »Wie könnte ich bei einem solchen Anblick auch nur einen Tag Ruhe finden? Wie könnte ich im Frieden leben, während so viele Seelen verlorengehen?« Es war zu jener Zeit, als Deutschland durch die Glaubensspaltung zerrissen wurde, Frankreich sich in Religionskriegen zerfleischte, ganz Europa durch die Irrlehren in Verwirrung geraten war. »Zerrissenen Herzens, wie wenn ich etwas hätte tun können oder selbst etwas gewesen wäre, umschlang ich die Füße des Herrn, vergoß bittere Tränen und bat Ihn, solches Unheil zu beschwören. Gern hätte ich tausend Leben hingegeben, um eine einzige dieser verirrten Seelen zu retten. Doch wie konnte eine arme Frau, wie ich, der Sache ihres göttlichen Meisters dienen?« In solchen Erwägungen kam ihr der Gedanken, sich von der gemilderten Regel ihres Klosters zu befreien, um nach dem Beispiel der heiligen, ihr vorausgegangenen Einsiedler ganz in Gott ruhen zu können. Da sie nicht, wie sie es gewollt hätte, durch die ganze Welt Gottes Erbarmung lobpreisen konnte, so wollte sie wenigstens einige auserwählte Seelen um sich versammeln, die der Armut, der Zurückgezogenheit, dem ständigen Gebet und der Strenge der ersten Satzungen sich weihen würden. Schon erfüllt von diesem Gedanken, der keine einfache Einbildung, sondern ein fester Entschluß war, stellte sie sich vor, wie sie eine kleine Schar edelmütiger Seelen um sich versammeln würde, die mit ihr bereit wären, das Vollkommenste zutun. Sie überlegte, in welcher Art sie Tag und Nacht beten könnte, um jenen ständig zu helfen, die für das Heil der Seelen bestellt sind ... Es war ihr, als befände sie sich schon in dem Zustand, der ihr als das Paradies erschien. Sie sah sich bereits in einem kleinen Hause wohnen, mit einem Sack angetan; zwischen den Mauern eingeschlossen, nur mit Beten beschäftigt und mit ihren Genossinnen zum Dienste des Vielgeliebten eilen[4]. Es sollte nicht mehr lange dauern, bis dieser schöne Traum Wirklichkeit wurde.

Sankt Joseph zu Avila, das erste Kloster der Reform

In einem kleinen Kreise von Klosterfrauen und Besucherinnen, die am Fest der Allerseligsten Jungfrau vom Berge Karmel, am 16. Juli 1560, sich zum Gottesdienst im Kloster der Menschwerdung eingefunden hatten, sprach man von den Hindernissen, die eine große Zahl von Klosterinsassen und häufige Besuche für das Gebetsleben bedeuteten. Da machte Maria von Ocampo, eine jugendliche Verwandte der Heiligen, eine gefeierte Schönheit, den Vorschlag, man solle doch ein Kloster gründen, in dem man das Leben der alten Einsiedler erneuern könnte. In allem Ernst bot sie ihre Mitgift dafür an. Am nächsten Tag erzählte Teresia ihrer vertrauten Freundin Donna Guiomar von Ulloa, einer jungen Witwe, die gleich ihr unter der strengen Leitung des Pater Alvarez ein Leben des Gebets führte, von diesem Gespräch. Donna Guiomar griff den Gedanken begeistert auf. Das Entscheidende aber war, daß der Herr selbst zu dem Unternehmen aufrief. »Er versicherte mir, daß Ihm, wenn ich ein Kloster gründe, dortselbst sehr gut gedient würde; daß dieses Haus ein im hellsten Licht strahlender Stern würde. Haben auch die Orden von ihrem früheren Eifer verloren, so leisten sie mir dennoch große Dienste,« fügte Gott bei. »Was wäre die Welt, gäbe es keine Klöster mehr?« Dem heiligen Joseph sollte nach dem Willen des Herrn das neue Haus geweiht werden.

Nun gab es für Teresia kein Zaudern mehr. Sie wandte sich zunächst an ihren Beichtvater. Er machte seine Erlaubnis von der Zustimmung des Karmeliten-Provinzials, Pater Gregor Fernandez, abhängig. Diese Zustimmung wurde leichter, als zu erwarten war, durch die Vermittlung von Donna Guiomar erlangt. Drei heiligmäßige Ordensleute, deren Rat Teresia einholte, gaben ermutigende Antworten: der Jesuit Franz Borgia, der Dominikaner Ludwig Bertrand und der Franziskaner Petrus von Alcantara. Die nächste Aufgabe war nun, ein Haus zu finden. Aber ehe das noch gelungen war, drang das Gerücht von Teresias Plänen in die Öffentlichkeit und erregte einen Sturm der Entrüstung gegen sie und ihre Freundin. Man begreift es wohl, daß es von den Klosterfrauen der Menschwerdung als frevelhafte Anmaßung empfunden wurde, wenn eine der ihren ihr Haus verlassen wollte, um in größerer Vollkommenheit zu leben als die Gemeinde, in der sie erzogen war. Und diese Stimmung griff auf die Bevölkerung der Stadt über. Die beiden Frauen fanden die erste kräftige Unterstützung bei dem gelehrten und hochangesehenen Dominikaner Peter Ibanez. Als der Pater Provinzial auf das Drängen der Mitschwestern Teresias seine Erlaubnis zurückzog und die Heilige zur Untätigkeit zwang, setzten ihre Freunde die Vorbereitungsarbeit fort: Donna Guiomar, von Pater Ibanez geleitet, Don Franz von Salcedo und Kaspar Daza (die beiden, die ihr einst durch ihre Zweifel so viele Seelenqualen verursacht hatten, nun aber ganz für sie gewonnen waren). Es wurde ein Häuschen ausfindig gemacht. Ihr Schwager Johann von Ovalle — der Gatte ihrer jüngsten Schwester Johanna, die im Kloster der Menschwerdung erzogen worden war und mit großer Liebe an Teresia hing — kaufte es und bezog es, um es zu hüten, bis es seinem eigentlichen Zweck übergeben werden konnte.

Ein großes Hindernis für ihre Pläne schien es, als die Heilige von ihrem Pater Provinzial den überraschenden Befehl erhielt, sich in den Palast der Herzogin Luise de la Cerda in Toledo zu begeben, da diese einflußreiche Dame im Schmerz über den Tod ihres Gatten nach dem Trost der Heiligen verlangte. Ungern ließen die Freunde sie von Avila fort; aber der Aufenthalt sollte reichlich gesegnet sein. Donna Luise wurde eine mächtige und treue Gönnerin der Reform. In dem Kreis von Frauen und Mädchen, die sich in ihrem Palast um Teresia versammelten und ihren Rat begehrten, war eine, die bald zu ihren kräftigsten Stützen gehören sollte: die junge Maria von Salazar, später Maria vom heiligen Joseph, Priorin von Sevilla. Vor allem fand Teresia hier die Muße, einen Auftrag auszuführen, den ihr Pater Ibanez im Jahre vorher gegeben hatte: die Geschichte ihres Lebens zu schreiben — jenes Buch, das ihren Namen in allen katholischen Ländern und durch alle Jahrhunderte bekanntmachen und Ungezählten ein Wegweiser werden sollte. Auch für ihre Gründung in Avila war die Zeit nicht nutzlos. Im Haus der Herzogin de la Cerda suchte Maria von Jesus sie auf, eine Karmelitin aus Granada, die ähnliche Reformgedanken hatte wie Teresia und sich mit ihr darüber aussprechen wollte. Auch zu einer Beratung mit dem hl. Petrus von Alcantara fand sie Gelegenheit, der schon früher ihren Seelenzustand geprüft und sie sehr getröstet hatte. Nun ermutigte er sie, das Kloster St. Joseph ohne Einkünfte zu gründen, wie es die ursprüngliche Regel vorschrieb.

Erst im Juni 1562 — nach sechsmonatiger Abwesenheit — durfte Teresia nach Avila zurückkehren. Eine glückliche Nachricht, die am Tag ihrer Ankunft eingetroffen

war, erwartete sie dort: das päpstliche Breve, das Donna
Guiomar und ihrer Mutter die Gründung eines Karmeli-
tinnen-Klosters nach der ursprünglichen Regel gestattete, es der Gerichtsbarkeit des Diözesanbischofs unter-
stellte, ihm dieselben Rechte erteilte wie den anderen
Klöstern desselben Ordens und jedermann untersagte, es
zu beunruhigen. Teresias Namen war in dem Schrift-
stück nicht genannt. Durch eine glückliche Fügung war
Petrus von Alcantara damals gerade in Avila – zum letz-
tenmal, denn bald darauf starb er. Seinem Bemühen gelang es, den Bischof von Avila, Don Alvaro de Mendoza,
für die Gründung zu gewinnen. Er war von nun an einer
der eifrigsten Förderer der Reform.
Durch die Erkrankung ihres Schwagers Johann von Ovalle erwirkte Teresia die Erlaubnis ihres Provinzials, in
sein Haus, ihr künftiges Kloster, überzusiedeln, um ihn
zu pflegen. Damit war ihr die Möglichkeit gegeben, die
Bauarbeiten persönlich zu überwachen. Als die Arbeiter
das Haus verließen, war auch der Kranke geheilt und
konnte das Kloster seiner Bestimmung übergeben. Das
Wichtigste war nun, die geeigneten lebendigen Bausteine
für die Neugründung zu finden. Es fanden sich vier
Postulantinnen, von denen die heilige Mutter selbst sagt:
»Meine ersten Töchter waren vier Waisen ohne Mitgift,
doch große Dienerinnen Gottes. Ich fand sie so, wie ich
sie mir gewünscht hatte. Denn mein heißestes Verlangen war, daß jene, die zuerst eintreten würden, durch ihr
Beispiel Grundsteine des geistigen Gebäudes seien, geeignet, unsere Absicht zu erfüllen und ein Leben der Betrachtung und Vollkommenheit zu führen.« Am 24. August, dem Fest des heiligen Bartholomäus, kamen die ersten vier Karmelitinnen der Reform in das Klösterchen,
in dem die Heilige sie erwartete. Auch die Freunde, die
zur Gründung geholfen hatten, fanden sich ein. Im Auf-

trag des Bischofs von Avila feierte Kaspar Daza die erste
heilige Messe und setzte das Allerheiligste in der Kapelle
aus. Damit war die Gründung vollzogen. Nun bekleidete
Teresia ihre Töchter mit dem Gewand der Unbeschuhten Karmelitinnen (»unbeschuht«, weil sie statt der
Schuhe die Fußbekleidung der Armen, Sandalen aus
Hanf, tragen[5]): Ordenskleid und Skapulier aus grobem,
braunem Tuch, einen Mantel aus weißem Tuch, eine
Kopfhülle aus Leinwand und darüber vorläufig der weiße
Novizenschleier. Überglücklich blieb die Mutter mit
ihren Töchtern in der Stille des Heiligtums zurück, als
die Besucher sie verließen.

Aber man ließ sie nicht lange in Frieden. Das Gerücht
von der vollzogenen Gründung verbreitete sich rasch in
der ganzen Stadt; die Gegner brachten die gesamte Bevölkerung in Aufruhr: ein Kloster ohne jede Einkünfte würde die Almosen der Armen aufzehren. Die Priorin der
»Menschwerdung«, von den empörten Schwestern gedrängt, sandte Teresia einen Befehl, sofort in ihr Kloster
zurückzukehren. Die Heilige gehorchte unverzüglich. Sie
ließ die vier Novizinnen unter der Leitung der ältesten,
Ursula von allen Heiligen, im Schutz des heiligen Joseph
zurück. Am 26. August rief der Stadtrichter Magistrat
und Kathedral-Kapitel zu einer Sitzung im Stadthause
zusammen; man beschloß die Zerstörung des Klosters,
und der Stadtrichter selbst begab sich dorthin. Aber Teresias junge Töchter ließen sich nicht einschüchtern. Sie
antworteten durch die Gitter, als man ihnen Gewalt an-
drohte: »...Sie können Gewalt anwenden. Doch ... solche Handlungen haben zum Richter hier auf Erden seine
königliche Majestät Philipp II. und im Himmel einen anderen Richter, den Sie weit mehr fürchten sollten, den
allmächtigen Gott, den Rächer der Unterdrückten.« Der
Stadtrichter zog unverrichteter Sache ab und berief für

den nächsten Tag eine neue, erweiterte Versammlung. Er hatte schon die große Mehrheit auf seiner Seite, als sich ein Dominikaner zu Wort meldete. Es war P. Dominikus Báñez, erst seit kurzer Zeit in Avila, aber bemüht durch seine Gelehrsamkeit. Er kannte Teresia nicht, doch die Liebe zur Gerechtigkeit zwang ihn, sich zum Wortführer ihrer Sache zu machen. Auf seine Rede hin löste sich die Versammlung auf, und das Klösterchen war gerettet. Es bedurfte aber noch monatelanger Verhandlungen und opfervoller Bemühungen aller Freunde, um alle Hindernisse zu überwinden. Erst am 5. Dezember 1562 erteilte der Pater Provinzial Teresia die Erlaubnis, sich zu ihren Töchtern zu begeben. Sie durfte sogar vier Nonnen aus dem Kloster der Menschwerdung mitnehmen. In überströmendem Dank gegen den Herrn weihte sie noch einmal sich und ihre kleine Ordensfamilie seinem Dienste. Nun legten sie und ihre Begleiterinnen das rauhe Gewand der Reform an und vertauschten ihre Schuhe mit den groben Sandalen. Zugleich legten sie, um alle Erinnerungen an Rang und Stand in der Welt zu begraben, ihre Familiennamen ab und wählten ein Adelsprädikat, das vom Himmel kam. Seit jenem Tag hieß Teresia von Ahumada Teresia von Jesus.

Der erste Beichtvater von Sankt Joseph und treue Gehilfe der Heiligen bei dem Werk der Reform, der Kaplan Julian von Avila, schrieb nach dem Tode der Heiligen die Gründungsgeschichte dieses Hauses. Er gibt uns ein Bild des paradiesischen Lebens in dieser Einsamkeit: »Gott wollte ... ein Haus zu seiner Erholung haben, eine Wohnung zu seinem Trost. Er wünschte einen Garten mit Blumen, nicht von jenen Blumen, die auf der Erde wachsen, sondern von jenen, die sich im Himmel entfalten ... einen Blumengarten mit diesen auserwählten Seelen, in deren Mitte Er ausruhen, denen Er seine Geheimnisse enthüllen und sein Herz eröffnen wollte.« — »Weil unser Herr und Heiland so viele Feinde und so wenig Freunde hat, so müssen wenigstens die letzteren recht gut sein,« sagte die Heilige selbst. Und zu solchen guten Freunden des Herrn bildete sie die jungen Seelen heran, die sich ihren Händen anvertrauten. Jugendlich schöne, reiche und glänzend begabte Mädchen eilten nach St. Joseph, um allen Schmuck abzuwerfen, um in unbegrenzter Opferbereitschaft und demütiger Unterwerfung sich dem Herrn zu weihen. Es kamen auch Postulantinnen ohne jede Mitgift und wurden ebenso freudig, ja noch lieber aufgenommen; denn es war der heiligen Mutter um den echten Ordensgeist in ihrem Hause, nicht um äußere Güter zu tun. Bald war die Zahl 13 erreicht, die Teresia ursprünglich nicht überschreiten wollte. (Später wurde sie auf 20 erhöht.) Mit höchster Weisheit regelte sie das Leben im Hause[6]. Jede Schwester erhielt ein Amt, worin sie den Bedürfnissen der kleinen Klosterfamilie diente. Der Tag wurde streng zwischen Gebet und Arbeit geteilt. Und diese Arbeiten, die zum Lebensunterhalt beitragen sollten, mußten einfach und bescheiden sein, um keinen Stolz aufkommen zu lassen und dabei die Sammlung in Gott bewahren zu können. In Einsamkeit und Stillschweigen werden die Arbeiten verrichtet. Nur in der Stunde der Erholung finden sich die Schwestern in herzlichem und ungezwungenem Gespräch zusammen. Teresia machte diese Stunde zu einer verpflichtenden Übung und legte den größten Wert darauf: um dem Geist die Entspannung zu gönnen, nach der die Natur verlangt, und um der schwesterlichen Liebe ausreichende Gelegenheit zu geben. Doch auch in der Stunde der Erholung gibt es keinen Müßiggang: bei munterem Gespräch oder fröhlichem Gesang arbeiten die fleißigen Hände um die Wette.

Der Geist ihrer kleinen Familie war Teresias schönster Lohn für alle Mühen und Opfer. Sie selbst steht mit Bewunderung vor ihren Töchtern: »Oh, wie erkenne ich alle Vorzüge meiner Mitschwestern mir gegenüber! Kaum gab ihnen Gott einige Erkenntnis, einige Liebe, so verachteten sie schon ihr Leben um Jenes willen, von welchem sie geliebt werden, und opfern sich Ihm auf. Sie finden ihre Wonne in der Einsamkeit. All ihr Glück liegt in dem Gedanken, im Dienste Gottes voranzuschreiten. Ihre Seligkeit ist, allein mit Ihm zu leben. Viele unter ihnen verbrachten ihre Jugend in der Eitelkeit der Welt; sie hätten hierin ihr Glück finden und nach den Gesichtspunkten der Welt urteilen können: gerade diese aber sind die fröhlichsten. Gott lohnt ihnen mit wahrem Glück die falschen Freuden, die sie für Ihn verlassen haben. Ich kann nicht sagen, welchen Trost ich empfinde, in Gemeinschaft solcher unschuldigen, allem entsagenden Seelen zu leben.« Die Heilige hatte auch kein anderes Verlangen, als in dieser Weltabgeschiedenheit mit ihrer kleinen Familie zu leben, sie immer tiefer in den Geist des Gebetes einzuführen, zu heroischer Übung der Tugenden – der Demut, des Gehorsams, der vollkommenen Selbsthingabe, der Armut, der innigsten Gottes- und Nächstenleibe – anzuleiten und mit ihnen dieses ganze Leben des Gebetes, des Opfers, der freiwilligen Bußübungen (bei denen sie aber auf weises Maß hielt und einem ungesunden Eifer wehrte) aufzuopfern für die Ehre Gottes und seiner Kirche, zum Heil der Seelen und als Unterstützung der Priester, die im Kampf gegen die großen Irrtümer der Zeit standen. Es war ihr aber nicht beschieden, in der Stille von Sankt Joseph ihr Leben zu beschließen.

Wieder war es der glühende Eifer für das Heil der Seelen, der Teresia zu neuen Taten führte. Eines Tages kam ein Franziskaner aus den Missionen zu Besuch und erzählte ihr von der traurigen seelischen und sittlichen Verfassung der Menschen in den Heidenländern. Erschüttert zog sie sich in ihre Einsiedelei im Garten zurück: »Ich rief zum Heiland, ich beschwor Ihn um die Mittel, Seelen für Ihn gewinnen zu können, weil Ihm der böse Feind so viele raubt. Ich bat Ihn, sich hierfür ein wenig meines Gebetes zu bedienen, weil ich Ihm eben nicht mehr bieten konnte.« Als sie viele Tage hintereinander in dieser Weise gefleht hatte, erschien ihr der Herr und sprach die tröstenden Worte: »Warte ein wenig, meine Tochter, und du wirst große Dinge sehen.« Sechs Monate später kam die Erfüllung dieser Verheißung.

Im Frühling des Jahres 1567 erhielt Teresia die Nachricht von einem bevorstehenden Besuch des Karmelitengenerals Johannes Baptista Rubeo in Spanien. »Das war etwas ganz Außergewöhnliches. Die Generäle unseres Ordens haben stets ihren Sitz in Rom; niemals noch war einer von ihnen nach Spanien gekommen.« Die Nonne, die ihr Kloster verlassen und ein neues gegründet hatte, durfte sich wohl vor der Ankunft ihres höchsten Vorgesetzten fürchten. Er hatte die Macht, ihr Werk zu vernichten. Mit Zustimmung des Bischofs von Avila, dem ihr Haus unterstand, lud Teresia den General in ihr Haus ein. Er kam, und Teresia gab ihm in aller Offenheit Bericht über die ganze Geschichte ihrer Gründung. Er überzeugte sich mit eigenen Augen von dem Geist, der in diesem Klösterchen herrschte, und vergoß Tränen der Rührung. Was er hier sah, war die vollkommenste Verwirklichung des Zieles, um dessentwillen er nach Spanien gekommen war. Er dachte an eine Reform des ganzen Ordens, an eine Rückkehr zu den alten Überlieferungen, ohne daß er es gewagt hätte, so radikal vorzugehen, wie es Teresia getan hatte. Um in den Klöstern seines Landes die Zucht zu erneuern, hatte ihn König Philipp II. nach Spanien berufen. Er hatte anderswo wenig freundlichen Empfang gefunden. Nun machte er Teresia zur Vertrauten seiner Sorgen. Sie aber brachte ihm die Liebe und das Vertrauen einer Tochter entgegen. Als er Avila verließ, ließ er ihr Freibriefe zurück, die ihr die Gründung weiterer Frauenklöster der Reform erlaubten. Alle diese Klöster sollten unmittelbar dem General unterstehen; kein Provinzial sollte das Recht haben, ihre Gründung zu hindern oder sich in ihre Angelegenheiten einzumischen. Bei seiner Rückkehr nach Madrid sprach Pater Rubeo dem König mit Begeisterung von Teresia und ihrem Werk. Philipp II. empfahl sich ihrem und ihrer Töchter Gebet und war seitdem der mächtigste Freund und Schutzherr der Reform.

Nach Rom zurückgekehrt, sandte der Pater General der Heiligen noch weitere Vollmacht: zwei Männerklöster nach der ursprünglichen Regel zu gründen, falls sie die Zustimmung des gegenwärtigen Provinzials und seines Vorgängers erlangen könne. Diese Zustimmung erwirkte ihr der Bischof von Avila, der selbst als erster den Wunsch nach Männerklöstern der Reform geäußert hatte. Es war eine außerordentliche Lage, in der sich Teresia nun befand: statt eines stillen Klösterchens, in das sie sich mit einigen auserwählten Seelen zurückzog, sollte sie nun einen ganzen Männer- und Frauenorden gründen. »Und um dieses zu vollbringen, war nur eine arme Unbeschuhte Karmelitin da, zwar versehen mit Patenten und den besten Wünschen, doch ohne die geringsten Mittel, das Werk in Gang zu bringen, und ohne eine andere Stütze als jene des Herrn[7].« Aber diese Stütze genügte. Das Wichtigste, was für ein Männerkloster nötig war — die ersten Ordensleute — fand sich bald. Bei der Gründung des ersten Tochterklosters in Medina del Campo stand Teresia der Prior des dortigen Karmelitenklosters der gemilderten Regel, Pater Antonius de Heredia, tatkräftig zur Seite. Als sie ihm ihren Plan mitteilte, erklärte er sich bereit, der erste »Unbeschuhte Karmelit« zu werden. Teresia war überrascht und nicht unbedingt erfreut, da sie ihm die Kraft, bei der ursprünglichen Regel auszuhalten, nicht recht zutraute. Er aber beharrte bei seinem Entschluß. Wenige Tage darauf fand sich ein Gefährte für ihn, der die Heilige vollauf befriedigte: ein junger Karmelit, damals Johannes vom heiligen Matthias genannt, der von früher Jugend an ein Leben des Gebetes und der strengsten Abtötung geführt hatte. Von seinem Obern hatte er die Erlaubnis erlangt, persönlich die ursprüngliche Regel zu befolgen. Damit nicht zufrieden, dachte er daran, in den Kartäuserorden überzutreten. Teresia bewog ihn, statt dessen der lebendige Grundstein des Karmelitenordens nach der ursprünglichen Regel zu werden.

Einige Zeit darauf wurde ihr in Durvelo, einem kleinen Weiler zwischen Avila und Medina del Campo, ein Häuschen für die geplante Gründung angeboten. Es war in erbärmlichem Zustand, aber weder Teresia noch die beiden Patres schreckten davor zurück. Pater Antonius brauchte noch einige Zeit, um sein Priorat niederzulegen und alle seine Angelegenheiten zu ordnen. Pater Johannes schloß sich indessen der heiligen Mutter an, um unter ihrer persönlichen Leitung den Geist und die Lebensordnung der Reform kennenzulernen. Am 20. September 1568 begab er sich nach Durvelo, von Teresia mit dem Gewande der Reform ausgerüstet, das sie selbst für ihn verfertigt hatte. Wie die heiligeMutter es vorgesehen hatte, verwandelte er das einzige Zimmer des elenden Hüttchens in zwei Zellen, eine Dachkammer in das Chor, den Vorhof in die Kapelle, in der er am nächsten Morgen die erste heilige Messe feierte. Bald wurde er von den Landleuten der Umgebung wie ein Heiliger verehrt. Am 27. November folgte ihm Pater Antonius. Gemeinsam verpflichteten sich nun beide auf die ursprüngliche Regel und änderten ihre Namen: Sie hießen fortan Antonius von Jesus und Johannes vom Kreuz.

Einige Monate später konnte die heilige Mutter sie besuchen und ihre Lebensweise kennenlernen. Sie berichtet darüber : »Zur Fastenzeit des Jahres 1569 kam ich dorthin. Es war am Morgen. Pater Antonius, mit seiner immer gleich heiteren Laune, kehrte vor der Kirchentür. ›Was soll das bedeuten, mein Vater‹, sagte ich, ›und wo bleibt Ihr Ehrgefühl?‹ ... ›Oh, verwünscht sei die Zeit, wo ich darauf achtete‹, antwortete er mir lachend. Ich trat in die Kapelle und war ergriffen, mit welchem Geist des Eifers und der Armut sie Gott erfüllt hatte. Nicht ich allein war gerührt. Zwei mir befreundete Kaufleute, die mich von Medina del Campo begleitet hatten, besahen mit mir das Haus; sie konnten nur weinen. Wir schauten überall nur Kreuze und Totenköpfe. Niemals werde ich ein kleines Holzkreuz über einem Weihbrunnkessel vergessen, auf das man ein Bild des Erlösers geklebt hatte. Dieses Bild war von einfachem Papier, doch flößte es mehr Andacht ein, als wenn es von hohem Wert und gut gearbeitet gewesen wäre. Das Chor, ein ehemaliger Dachraum, war in der Mitte erhöht, so daß die Väter das Offizium bequem betreten konnten; doch mußte man sich beim Eintritt tief bücken. An beiden Chorenden, auf der Kirchenseite, waren zwei kleine Einsiedeleien angebracht, wo sie nur sitzen oder liegen konnten, und im ersten Fall berührten sie mit dem Kopf das Dach. Der Boden war so feucht, daß man ihn mit Stroh bedecken mußte. Ich erfuhr, daß die Väter, statt nach der Mette schlafen zu gehen, sich in diese Einsiedeleien zurückzogen und bis zur Prim in Betrachtung dort weilten, und zwar einmal mit solcher Andacht, daß, als Schnee durch die Dachspalten auf sie fiel, sie es gar nicht bemerkten, ja nach dem Chor zurückkehrten, ohne daß es ihnen einfiel, ihre Gewandung nur zu schütteln.«

Durvelo war die Wiege des männlichen Zweiges des reformierten Karmel. Von hier aus hat er sich kraftvoll ausgebreitet, immer von dem Gebet und den erleuchteten Ratschlägen der heiligen Mutter begleitet, aber doch verhältnismäßig selbständig.

Teresia selbst war, seit sie zur Gründung des ersten Tochterklosters in Medina del Campo den Frieden von St. Joseph verlassen, kaum noch eine Zeit stillen Klosterlebens beschieden. Bald wurde sie hierhin, bald dorthin gerufen, um ein neues Haus der Reform zu errichten. Trotz ihrer stets schwachen Gesundheit und des zunehmenden Alters unternahm sie unermüdlich die beschwerlichsten Reisen sooft der Dienst des Herrn es verlangte. Überall waren harte Kämpfe zu bestehen: Bald Schwierigkeiten mit den geistlichen und weltlichen Behörden, bald Mangel an einem geeigneten Haus und dem Nötigsten für den täglichen Lebensbedarf, bald Auseinandersetzungen mit hochgeborenen Stiftern, die unerfüllbare Ansprüche an die Klöster stellten. Waren endlich alle Hindernisse überwunden, war alles so weit geregelt, daß das echte Karmelleben beginnen konnte, dann mußte die, die alles geschaffen hatte, rastlos weiterziehen zu neuen Aufgaben. Sie hatte nur den Trost, daß ein neuer Garten erblüht war, an dem der Herr seine Freude haben konnte.

Während die geistlichen Gärten der Mutter Teresia ihren Duft über ganz Spanien verbreiteten, war es ihrer einstigen Heimstätte, dem Kloster der Menschwerdung, traurig ergangen. Die Einkünfte wuchsen nicht entsprechend der Zahl der Nonnen, und da man gewohnt war, behaglich zu leben und nicht — wie im reformierten Karmel — in der heiligen Armut die größte Freude fand, rissen Unzufriedenheit und Geisteserschlaffung ein. Im Jahre 1570 kam, als Apostolischer Visitator von Papst Pius V. mit der Prüfung der Ordenszucht in den Klöstern Kastiliens betraut, Pater Hernandez aus dem Orden des heiligen Dominikus, in dieses Haus. Da er vorher einige Klöster der Reform gründlich kennengelernt hatte, mußte sich ihm der Gegensatz erschreckend aufdrängen. Er verfiel auf ein radikales Heilmittel: Kraft seines Amtes ernannte er Mutter Teresia zur Priorin des Klosters der Menschwerdung und forderte sie auf, sofort nach Avila zurückzukehren, um ihr Amt anzutreten. Mitten aus ihren Arbeiten für die Reform mußte sie die allem Anscheine nach unlösbare Aufgabe übernehmen.

Den empörten Widerstand der Klosterinsassen überwand sie schon im ersten Konventkapitel. Wie groß war ihr Erstaunen, als sie auf das Glockenzeichen hin den Kapitelsaal betraten und auf dem Stuhl der Priorin die Statue unserer lieben Frau, der Königin des Karmel, erblickten, in ihren Händen die Schlüssel des Klosters, zu ihren Füßen die neue Priorin. Die Herzen waren überwunden, ehe noch Teresia das Wort ergriff und ihnen in ihrer unwiderstehlich liebenswürdigen Weise auseinanderlegte, wie sie ihr Amt auffaßte und zu führen gedachte. Unter ihrer weisen und maßvollen Leitung, vor allem durch den Einfluß ihres Wesens und Wandels, wurde in kurzer

Zeit der Geist des Hauses erneuert. Ihre beste Stütze war dabei Pater Johannes vom Kreuz, den sie als Beichtvater des Klosters nach Avila rief. Die Jahre höchster Kraftanspannung, in denen Teresia neben dem Priorat im Kloster der Menschwerdung die geistige Leitung ihrer acht reformierten Klöster in der Hand behielt, waren zugleich eine Zeit größter Gnadenbezeigungen.

Von jener Zeit an befand sie sich in der beseligenden Vereinigung mit dem Herrn, die ihr während des ganzen letzten Jahrzehnts erhalten blieb, dem eigenen Leben abgestorben, »voll der unaussprechlichen Freude, ihre wahre Ruhe gefunden zu haben, im Gefühl, daß Jesus Christus in ihr lebe[8].«

Kampf um ihr Lebenswerk – Lebensende

Die höchste Gnade, die einer Seele zuteil werden kann, war erforderlich, um die Heilige für den Sturm zu stärken, der bald über die Reform hereinbrechen sollte. Angriffe der »Beschuhten« gegen die reformierten Klöster drohten ihrem ganzen Lebenswerk den Untergang zu bereiten. In diesem Sturm, in dem schließlich allen der Mut versagte, stand die heilige Mutter allein aufrecht. Mit ihren Töchtern vereint bestürmte sie den Himmel, unermüdlich war sie, in Briefen ihre Söhne zu ermutigen und zu beraten, ihre Freunde um Hilfe anzurufen, den Pater General, der ihr einst so gut gewogen war, über die wahren Verhältnisse aufzuklären, sich den Schutz ihres mächtigsten Gönners, des Königs, zu sichern. Und schließlich erreichte sie die Lösung, die sie als die allein mögliche durchwegs empfohlen hatte: Die vollkommene Trennung der Beschuhten und Unbeschuhten Karmeliten in zwei Provinzen.

171

Sie selbst opferte ihre letzte Kraft auf neuen Gründungs-
reisen. Auf der Rückreise von Burgos kam sie am 20. September 1582 völlig erschöpft in Alba an. Am 3. Oktober
verlangte sie nach der heiligen Wegzehrung. Über den
letzten Tag, den 4. Oktober, haben wir den Augenzeu-
genbericht der Schwester Maria vom heiligen Franziskus: »Am Morgen, gegen sieben Uhr, legte sich unsere
heilige Mutter auf die Seite, ein Kreuz in der Hand, das
Antlitz so schön und flammend, wie ich es noch nie in
solcher Schönheit zur Zeit ihres Lebens gesehen hatte,
den Nonnen zugewandt. In diesem Zustand verweilte sie
im Gebet voll tiefen Friedens und großer Ruhe... Es
schien, als vernehme sie eine Stimme, der sie antwortete. Ihr Antlitz war so wunderbar verändert, daß es uns
wie ein leuchtendes Gestirn erschien. So ging sie, im Gebet versunken, freudig und lächelnd aus dieser Welt in
das ewige Leben ein.«

Anmerkungen

[1] So nach Angabe der Heiligen; nach den neuesten Forschungen 14.
[2] Nach der Angabe der Heiligen. Jetzt wird das Jahr 1536 angenommen.
[3] Vor allem: »Leben«, »Weg der Vollkommenheit«, »Seelenburg«.
(In der Pustetschen Ausgabe der Werke der hl. Teresia von Avila
Bd. I, III und IV. Von dem I. Band ist 1933 eine kritische Neuausgabe erschienen.) Dem »Leben« sind alle bisher angeführten Zi-
tate entnommen. Dem Leser, der sich noch nicht mit mystischen Schriften beschäftigt hat, ist aber zur Einführung als erstes
der »Weg zur Vollkommenheit« zu empfehlen. Die Auslegung
des Vaterunsers, die darin enthalten ist, ist ein Musterbeispiel
des betrachtenden Gebetes.
[4] Oettingen-Spielberg, Geschichte der hl. Teresia, Band I, Seite
313 f. (Habbel, Regensburg).
[5] Es wird berichtet, daß unsere heilige Mutter anfangs, wie unsere
Patres noch heute, Sandalen getragen habe, die die Füße unbe-
deckt ließen. Erst als einmal auf einer Reise ihr zierlicher Fuß bewundert wurde, führte sie die »Alpargatas«, die Hanfschuhe, ein.

[6] Nachdem sie im Leben mit ihren Töchtern die geeignete Lebensordnung herausgefunden und erprobt hatte, schrieb sie ihre »Konstitutionen«, die — bis auf einige geringe Änderungen — noch heute geltenden Satzungen ihres Ordens. Sie sind im III. Band ihrer Schriften (in der Pustetschen Ausgabe) abgedruckt.

[7] »Klostergründungen« (II. Band der Schriften in der Pustetschen Ausgabe), Kapitel 2.

[8] »Seelenburg«, VII. Wohnung, Kapitel 3.

Elisabeth von Thüringen

Natur und Übernatur in der Formung einer Heiligengestalt

Mitten im Herzen der deutschen Lande, in echt deutsche Landschaft hineingebettet, liegen die Stätten, an die sich für das deutsche Volk bis heute die Erinnerung an die heilige Elisabeth knüpft: die Wartburg, Eisenach, Marburg. Wenn man auf dem schmalen Rennsteig zwischen hochragenden Tannen über die Höhen des Thüringer Waldes geht oder von einer der freien Bergkuppen über die lieblichen Hügel und weiten grünen Wälder hinschaut, dann wacht die ganze deutsche Märchenromantik in einem auf: man meint, die vertrauten Gestalten aus den Märchen unserer Kindertage müßten nun zwischen den Bäumen hervortreten und zu uns reden oder ein Hochzeitszug, wie ihn Ludwig Richter gemalt hat, am Waldrand auftauchen und über die Lichtung dahinschreiten. Und steht man oben auf den Mauern und Türmen der Wartburg, so glaubt man die Heilige selbst zum Tor hinaus und ins Tal hinabsteigen zu sehen, etwa so, wie Moritz von Schwind sie auf den Wänden der Wartburg dargestellt hat oder wie man sich eine deutsche Edelfrau des Mittelalters denkt: sanft und blond und blauäugig, zart und sittsam. Sie schlägt den Mantel zurück und enthüllt vor dem »hartherzigen« Gemahl das Rosenwunder. Viel mehr wußte man bis vor kurzem ja durchschnittlich nicht von ihr: dies und daß der unheimliche Konrad von Marburg sie in unbegreiflicher Weise gepeinigt habe. Die heilige Elisabeth ist eine der wenigen Heiligen, deren Erinnerung sich auch außerhalb der Kirche erhalten hat.

Aber was weiß das arme deutsche Volk von seiner wirklichen Geschichte und was weiß es von Heiligkeit?
Der Reisende wendet sich in das Innere der Burg. Er schaut in die Halle, in der der Sängerkrieg stattfand, und denkt an Richard Wagner. Und dann sucht er als größte Sehenswürdigkeit die Lutherstube auf und bestaunt den Tintenfleck an der Wand, der an den Kampf des Reformators mit dem bösen Feind erinnert. Mitten durch die Wartburg hindurch geht der Riß, der seit vier Jahrhunderten das deutsche Volk spaltet. Was weiß er von der wirklichen heiligen Elisabeth, und was weiß er von dem geheimen Wirken Gottes in einer Menschenseele?

Die nüchterne Geschichtsforschung unserer Tage hat die Ritter- und Märchenromantik zerstört. Sie schob die deklamierende Jungfrau von Orléans Schillers beiseite und zeigte uns das bezaubernde Naturkind Jeanne d'Arc mit seinem gallischen Mutterwitz, natürlich und urwüchsig und dabei bezwungen von der Kraft seiner himmlischen Sendung. Sie enthüllte uns auch ein neues Bild der heiligen Elisabeth. Schwarzhaarig und dunkeläugig und bräunlich von Angesicht war das Kind, das in silberner Wiege und königlichem Prunkwagen von der ungarischen Königsburg in das ferne Thüringerland geleitet wurde. Fremdartig stand es unter den deutschen Gespielinnen, fremdartig durch seine äußere Erscheinung, noch fremdartiger durch die ungezähmte Glut seines Herzens, die alle Dämme durchbrach. Stolz und heißblütig müssen wir uns den Vater denken, König Andreas, der in mehreren Aufständen seinen Bruder vom Thron zu stoßen suchte und nach dessen Tode die Herrschaft an sich riß. Stolz und heißblütig waren auch das Geschlecht der Herzöge von Meranien und Königin Gertrud, die ihm entstammte. Solche Sinnesart war das natürliche Erbteil des Königskindes und frei und ungehindert konnte es wohl den Regungen seines Herzens folgen – hier im Osten, wo man freie und ungehemmte Bewegung liebte und sich noch nicht einschnüren ließ in den beengenden Idealtypus von höfischer Zucht und »mâze« wie in den westlichen Ländern Europas. Stürmisch durfte es seine Liebe zeigen zu Vater und Mutter und Gespielinnen, zu Pferden und Hunden, jubelnd sich freuen an Spiel und wildem Tanz; mit vollen Händen austeilen an die Armen, für die schon das Kinderherz in heißem Mitleid schlug. Wie wird sich dieses Kinderherz empört haben in wildem Schmerz, als es auf einmal losgerissen wurde von allem, womit es verwachsen war und woran es mit allen Fasern hing! Wir wissen nichts von den Tränen und Qualen dieser weiten Reise. Gewiß hat die kleine Prinzessin sich damals innig angeschlossen an die Gefährtin Guda, die ihr aus der Heimat mitgegeben wurde und sie durchs Leben begleitete. Dankbar und vertrauensvoll wird sie auch die treue Hand des Ritters Walter von Varila umklammert haben, der ihr Schützer sein wollte auf dieser Fahrt und für alle Zukunft. Zärtliche Kindesliebe erfüllte sie bald zu dem Landgrafen Hermann, der ihr als ein zweiter Vater entgegenkam. Aller Reichtum ihres Herzens aber floß dem zu, um dessentwillen sie alles hatte verlassen müssen, was ihr lieb war: dem blonden Knaben, in dessen Hand der Bischof die ihre zu feierlichem Verlöbnis legte. Es war ja nicht anders möglich: entweder sie bäumte sich auf gegen das Geschick, das in ihr Leben eingriff – dann hätte wohl ein wilder Haß sie erfüllen können gegen alles Neue und vor allem gegen den, an den sie gefesselt werden sollte. Aber das lag dem reinen, liebevollen Kinderherzen fern. Dann blieb nur das andere übrig: Ludwig, der »liebe Bruder«, der ihr im fremden Land entgegentrat, mußte ihr alles werden, was sie ver-

176

lassen hatte, Vater und Mutter und liebe Heimat. Und so wurde es. Fest konnte sie sich an ihn anschließen und ihm alles sagen, was sie bewegte und was die anderen nicht verstanden. Enger wurde das Band als der zweite große Schmerz sie traf, die Kunde von dem gewaltsamen Tod ihrer Mutter. Der große Bruder gab ihr Halt und Trost. Er war älter und wohl unterrichtet und konnte ihr sagen, wo sie die tote Mutter zu suchen hatte und was sie für sie tun mußte. Bald brauchte sie auch Schutz und Trost gegenüber ihrer Umgebung. Immer zahlreicher und lauter wurden die Stimmen, die sich gegen die Fremde erklärten und sie zur Landgräfin nicht tauglich fanden. Sie entsprach nicht dem Schönheitsideal, das die deutschen Sänger priesen. Sie nahm keine höfische Zucht an, wollte Wort und Blick und Schritt nicht zügeln lassen durch die Regeln der Sitte. Sie liebte noch die wilden Kinderspiele, und ungezwungene Gespielinnen aus dem Volke waren ihr lieber als die kleinen Ritterfräulein, die von der Hofmeisterin abgerichtet waren. Sie zeigte eine ganz unfürstliche Hinneigung zu zerlumptem Bettlervolk. Und, was schlimmer war als alles, sie war eine Betschwester, und wenn sie die Herrin im Land wurde, dann mußte man fürchten, daß es aus war mit den glänzenden Hoffesten auf der Wartburg. Solange Landgraf Hermann lebte, hielt er seine schützende Hand über sie. Der ehrgeizige Machtpolitiker, dessen Gewissen von mancher Gewalttat befleckt war, der schließlich im Kirchenbann einen dunklen Tod starb, mochte auf die Fürbitte des heiligen Kindes vertrauen.

Als er starb, mehrte sich der Widerstand und die Landgräfin gehörte zu denen, die die unwürdige Verbindung zu
lösen, die Fremde ins Ungarland heimzuschicken oder in
ein Kloster zu stecken wünschten. Das war wohl die bit-
terste Prüfung für Elisabeth, als ihre Schwägerin Agnes
es ihr als feste und ganz bekannte Tatsache sagte, daß
Ludwig nicht mehr daran denke, sie zur Frau zu nehmen.
Eine Weile mußte sie harren in der Qual der Ungewiß-
heit. Dann brach der junge Landgraf sein Schweigen. Er
hatte die Menschen reden lassen, aber er war unbeirrt geblieben. Was wußten sie von den geheimen Schätzen dieses reinen und glühenden Herzens, die er allein kannte?
Was wogen gegen diesen inneren Reichtum landläufige
Schönheit und Sitte, Freude an Putz und Glanz und äußerer Prachtentfaltung? Mit einem raschen Entschluß
machte Ludwig allen Intrigen ein Ende. Er vollzog die
Vermählung. Das volle Glück eines Lebens in ehelicher
Liebe und Treue, bald auch in jungen Mutterfreuden erfüllte Elisabeth und entschädigte sie im Übermaß für
Jahre der Entbehrungen, der Einsamkeit und Demütigung. Noch einmal konnte sie, im Vertrauen auf das Vertrauen ihres Gatten, gestärkt durch seine Liebe, frei dem
Zuge ihres Herzens folgen: gegen den Landesbrauch an
seiner Seite an der Tafel sitzen, hoch zu Roß auf seinen
Fahrten ihn begleiten, seine Schätze austeilen und ihre
Lieblinge, die Armen, in sein Haus führen, sie zu speisen,
zu kleiden und zu pflegen. Zu reichster Blüte entfaltete
sich in diesen Jahren des Glücks ihre Natur; die helle
Fröhlichkeit, die herzbezwingende Güte und Liebenswürdigkeit ihres Wesens beglückte alles um sie her und
brachten allen Widerspruch zum Verstummen, machte
sie mehr noch als ihre fürstliche Stellung zur Herrsche-

rin. Freilich entsprach sie jetzt auch mehr dem, was ihre Umgebung von der Landesfürstin erwartete: sie liebte es, sich für ihren Gatten und nach seinen Wünschen zu schmücken und bei glänzenden Festen wie in den Tagen des Landgrafen Hermann durch Pracht und Schönheit die Gäste zu überraschen und zu entzücken. Doch vermochte der Wirbelsturm des Hoflebens Güte und Barmherzigkeit nicht zu ersticken. Noch immer erquickte sie die Armen am Burgtor mit Speise und Trank und liebreichen Worten; ihre Gebefreudigkeit kannte keine Grenzen, und in Zeiten der Not und des Hungers verteilte sie ohne Rücksicht auf den Widerspruch aller Hofbeamten und Hausgenossen kraft ihres Herrscherrechts in Abwesenheit ihres Gemahls alle Vorräte aus den landgräflichen Kammern. Sie brauchte Murren und Widerstand der andern nicht zu fürchten. Einmal mußte ja Ludwig von seinen Kriegszügen heimkehren, und seiner Zustimmung war sie sicher. Aber schwere Schatten auf ihren sonnenhellen Weg warfen diese Zerwürfnisse mit den Menschen in ihrer Nähe, denen sie doch allen mit Liebe entgegenkam; mit tiefem Schmerz empfand sie Not und Elend der Armen und nicht minder die Hartherzigkeit und Selbstsucht der Besitzenden; Leid brachten auch die immer länger werdenden Zeiten der Trennung von dem geliebten Gemahl, den Krieg und Politik in die Ferne zogen. Um ihn bewegte sich ja ihr Sinnen und Trachten, mit ihm stand und fiel ihr ganzes irdisches Glück. Das leidenschaftliche Übermaß ihrer Gattenliebe zeigte sich, als sie die Entdeckung machte, daß Ludwig die Kreuzfahrt gelobt hatte: ohnmächtig vor Schmerz sinkt sie nieder.

Sie fügt sich wohl dann in das Unvermeidliche, aber soweit es irgend statthaft ist, geleitet sie den Scheidenden über die Landesgrenze hinaus, trotzdem sie der Geburt ihres dritten Kindes entgegensieht. Wie sinnlos von Schmerz stürmt sie laut klagend durch Hallen und Gemächer der Burg, als die Todesnachricht zu ihr gelangt ist. Und nun? Fällt nun der schwarze Witwenschleier für immer über ihr junges Lebensglück? Ist ihr Leben fortan öder Trauer geweiht? Keineswegs! Die junge Witwe mit ihren drei Kindern — das jüngste eben erst geboren — verläßt die Wartburg, von den Brüdern des Toten in unbegreiflicher Hartherzigkeit vertrieben, oder, wie man heute annimmt, so behandelt, daß sie es vorzog, freiwillig zu gehen. Vergeblich pocht sie in Eisenach an die Türen derer, denen sie oft Gutes erwiesen hat. Aber keine Trauernde ist es, die durch die Straßen irrt und schließlich erschöpft in der Scheune eines Gastwirts niedersinkt. Mit strahlendem Antlitz singt sie in der Franziskanerkirche das Tedeum. Elisabeth, die Landgräfin, ist tot. Elisabeth, die Tertiarin vom Orden des heiligen Franziskus, die Schwester des Armen von Assisi, beginnt das fröhliche Leben der heiligen Armut.

Es ist keine plötzliche Verwandlung, was sich hier vollzogen hat. Still und stetig ist es gewachsen, was jetzt rasch der Vollendung entgegengeht. Wundersam war der sichtbare Lebensweg dieses Menschenkindes, der in einem ungarischen Königsschloß begann und in einer Lehmhütte in Marburg endete; wundersames Gotteswalten, das sie geleitete und ihre Seele formte, bis sie der Himmelskrone würdig war. Ein Wagnis ist es, von den Geheimnissen Gottes den Schleier lüften zu wollen. Doch der Finger des Allerhöchsten schreibt das Leben seiner Heiligen, damit wir es lesen und seine Wunderwerke preisen.

Wunderbares berichten die alten Legenden von den Tagen, da in Ungarn die Königstochter Elisabeth geboren

wurde. Kriege und Fehden hörten auf, die Ernten gedie-
hen wie noch nie. Der Magier Klingsor las im fernen Thüringerland ihre Geburt und ihr künftiges Geschick in den
Sternen. Die Hände des dreijährigen Kindes, die im Übermaß barmherziger Liebe einem blinden Pilgermönch die
eigenen Augen schenken wollten, sollen seinen blinden
Augen die Sehkraft gegeben haben. Es steht uns frei, den
alten Berichten zu glauben oder nicht. Aber andere Tatsachen werden berichtet, einfache, nüchterne, mit denen
man nicht so leicht fertig werden kann. Das vierjährige
Kind begehrte gewiß heftig auf, als es hörte, daß es Heimat und Eltern verlassen und in ein fernes Land ziehen
sollte. Wenn man dann sieht, wie leicht und gutwillig es
sich in die neuen Verhältnisse fügt, so muß man schließen, daß eine Kraft in ihm lebt, die den stolzen Willen be-
zwingt und heißer brennt als die glühende Liebe zu Eltern und Heimat. Das Kind hat gehört, daß der Heiland in
Brotgestalt im Tabernakel der Burgkapelle wohnt. Nun
ist ihm die Kapelle der liebste Ort. Mitten aus den wilden
Kinderspielen, die es so liebt, wird es dorthin gezogen. Es
ordnet ein Wetthüpfen zur Kirchentür an. So kann es un-
bemerkt wenigstens die Mauern streicheln, hinter denen
der Herr sich verbirgt. Eine treue und sehnsüchtige, eine
zarte und schamhafte Liebe ist in dem Kinderherzen auf-
geblüht, die niemals wieder verschwinden wird.
Königin Gertrud ist ermordet worden. Die Nachricht
von ihrem Tode kommt auf die Wartburg. Wo ist nun die
Mutter? Man belehrt die Kleine. Die Seelen der Verstorbenen kommen zu Gott in den Himmel. Aber fleckenlos
rein müssen sie sein, damit sie eingelassen werden.
Wenn wir für sie beten, helfen wir ihnen, daß sie rein
werden und Einlaß finden. Seitdem kann das Kind die
Toten nicht mehr vergessen. Es kniet in der Kapelle
wenn man es ihm nicht verwehrt. Es führt die Gespielin-

nen auf den Friedhof. »Hier sind die Gebeine der Toten. Diese Menschen waren lebend wie wir und sind nun tot, wie auch wir einst sein werden. Lasset uns Gott lieben!« Sie kniet mit ihnen nieder und betet: »Herr, durch Deinen grausamen Tod und durch Deine geliebte Mutter Maria erlöse diese arme Seele von ihrer Pein. Herr, durch Deine heiligen fünf Wunden mache uns selig.« − Landgräfin Sophie steigt mit ihrer Tochter Agnes und Elisabeth am Feste Maria Himmelfahrt nach Eisenach hinab, um in der Kirche der Deutschherren dem Hochamt beizuwohnen. Alle drei sind in festlichem Staat, in prächtigen Gewändern und wallenden Mänteln, die Kronen auf dem Haupt. Vor allem Volk knien sie am Altar. Da blickt Elisabeth auf zum Bild des Gekreuzigten. Sein Haupt ist geneigt unter der Dornenkrone, die Wunden strömen über vom Blut. Zum erstenmal durchdringt es sie mit ganzer Gewalt, daß er um ihretwillen nackt und bloß am Kreuz hängt, um ihretwillen Marter und Tod ertragen hat. Wie kann sie vor diesem Bilde fürstlichen Schmuck tragen? Sie nimmt die Krone vom Kopf und legt sie auf den Boden. Sie verbirgt die stürzenden Tränen, indem sie die Augen mit dem Zipfel des Mantels bedeckt. Mit heftigen Worten verweist ihr die Landgräfin das unfürstliche Benehmen. Aber das kann an dem Geschehen nichts ändern. Das Geheimnis des Leidens hat sich Elisabeth enthüllt. Von nun an wird sie den Herrn vornehmlich als den Mann der Schmerzen, den Kreuztragenden und Gekreuzigten sehen. Sie ist nicht die erste, der es so ergeht, aber es ist in ihrer Zeit noch etwas Ungewöhnliches. In der Geschichte des christlichen Glaubenslebens wie in dem des einzelnen Menschen treten die Glaubensgeheimnisse eins nach dem andern in den Mittelpunkt. In der Frühzeit und noch im romanischen Zeitalter sah man in Christus vornehmlich den Auferstandenen, den Sieger über Tod und Hölle, den König der Herrlichkeit. Erst die gotische Zeit, die Blütezeit der deutschen Mystik, bringt den engen Anschluß an den Menschensohn, zugleich die Erkenntnis, daß nur durch Leiden und Kreuz der Weg zur Herrlichkeit der Auferstehung führt. Elisabeth sieht den Heiland leiden nicht nur in rückgewandter Betrachtung seines Erdenlebens, sie sieht den mystischen Christus leiden in seinen Gliedern. Wenn von früher Kindheit an ein natürliches Verlangen in ihr war, den Armen und Bedrängten zu helfen, so hat es nun diesen übernatürlichen Charakter angenommen.

»Was ihr dem Geringsten unter den Meinen getan habt, das habt ihr mir getan.« In jedem Hungernden, jedem Notleidenden und Kranken sieht Elisabeth den leidenden Heiland. Sie kann nicht anders, als zu ihnen hingehen, ihnen Brot und Kleider reichen, ihre Schmerzen lindern — mögen auch alle sie schelten und verspotten. »Da Jesus die Seinen liebte, liebte er sie bis ans Ende.« Es war ihm nicht genug, ihnen Brot zu geben: er gab ihnen sein Herz, er nahm von ihrem Herzen die Last der Sünde, die Qual der Einsamkeit und Verlassenheit. Auch Elisabeth will mehr schenken als äußere Gaben. Sie küßt die eiternden Wunden, sie schließt die Kinder in die Arme und spielt fröhlich mit ihnen, bis sie alle Not vergessen, in den Seelen der Trostlosen weiß sie Himmelshoffnung zu entzünden.

Das alles sind einfache Tatsachen. Elisabeth tut eigentlich nichts anderes, als daß sie Ernst macht mit dem Glauben. Es sind die schlichten Worte des Evangeliums, die in ihr so wunderbare Wirkungen hervorrufen. Die Menschen in ihrer Umgebung kennen all diese Worte auch. Aber sie haben Augen und sehen nicht. Es fällt ihnen nicht ein, die göttliche Wahrheit in Lebenswirklichkeit umzusetzen. Und die eine, die tut, was die praktische Folgerung aus den Lehren und dem Leben des Heilands, aus den Glaubenswahrheiten der Kirche ist, wird ihnen zum Stein des Anstoßes und Ärgernisses. Was gibt dem jungen Kinde die Kraft, bitteren Tadel und Spott, Einsamkeit und Verlassenheit zu tragen ohne Widerspruch und Klage, fest zu beharren gegenüber allen Widerständen und bei allem Weh, das ihrem weichen, liebevollen und liebebedürftigen Herzen geschieht, frei von Bitterkeit zu bleiben, heiter und überströmend von Liebe, so daß sie wie aus unerschöpflichem Born Liebe und Freude spenden kann? Sie weiß, daß sie in Schmach und Demütigung und Einsamkeit mit dem Dornengekrönten und Kreuzbeladenen vereint ist. Und sie weiß das nicht nur mit einem toten Wissen. Wir können nicht daran zweifeln: der Herr hat das Kind, das er hinwegnahm aus seinem Volk und aus seiner Verwandtschaft, an sein Herz genommen. Aus den nie versiegenden Quellen des göttlichen Herzens füllt sich das Herz seiner Getreuen immer aufs neue mit Trost und Freude und himmlischem Frieden.

Eine starke himmlische Stütze hat Elisabeth auf dem Weg zum Himmel gegenüber allen Anfeindungen. Das ist Ludwig, ihr Gemahl, den der Volksmund nach seinem Tode den Heiligen nannte. Er will ihr kein Hindernis in den Weg legen, er will ihr helfen, den Weg bergan zu gehen. In den Kinderjahren ist seine Belehrung und sein Rat ausreichend. Aber allmählich wird der Weg steiler und ist nicht immer deutlich zu erkennen. Elisabeth läßt sich nachts wecken zum Gebet und kniet auf dem kalten Steinboden nieder. Sie verläßt das Gemach und eine ihrer treuen Gefährtinnen muß sie geißeln. Entspricht das noch Gottes Willen oder ist es schädliches Übermaß? – Die ersten Minderbrüder sind nach Deutschland gekommen und haben die Lehren des Armen von Assisi ins

Land getragen. Nirgends konnte die Botschaft von der heiligen Armut fruchtbareren Boden finden als im Herzen der jungen Landgräfin. Aber wie war mit ihrer fürstlichen Stellung die Armut zu vereinen? War es recht, wenn sie den Bettler mit ihrem kostbaren neuen Mantel bedeckte? Und konnte man so ohne weiteres die allgemeine Klage abweisen, daß sie das fürstliche Gut sinnlos verschleudere? Die Stimme des Herzens gab nicht immer untrügliche, nicht immer unzweideutige Antwort auf alle Zweifel und Fragen. Man mußte sich nach einem wegekundigen Führer umsehen. Landgraf Ludwig schrieb an den Heiligen Vater und bat um einen Seelenleiter für seine Gemahlin. Papst Honorius sandte ihr den Meister Konrad von Marburg. Es war keine Franziskusseele, der Elisabeths Leitung anvertraut wurde, kein fröhlicher Liebhaber Gottes. Streng und finster war er anzusehen. Aber heilig ernst nahm er es mit seiner Aufgabe, diese Seele ans Ziel der Vollkommenheit zu führen. Und als einen Gottgesandten nahm ihn Elisabeth auf, demütig bat sie um seine Führung, deren sie sich gar nicht würdig fühlte. Eine feste Hand führte sie nun auf einem gebahnten Weg. Oft wurde dem Ungestüm des liebenden Herzens gewehrt und die Maßlosigkeit eingedämmt. Auf der anderen Seite wurde sie auf vieles hingewiesen, was ihr selbst entgangen war. Ihr Streben bekam feste Form und Richtung. Der Bund der liebenden Seele mit dem Herrn wurde feierlich geschlossen und versiegelt, als Elisabeth und ihre Gespielinnen aus den Kindertagen, Guda und Isentrud, die Gelübde als Tertiarinnen des Franziskusordens ablegten: Gehorsam gegenüber Meister Konrad, Armut wie Meister Konrad sie lehrte, gelobten sie; als Drittes die beiden Mädchen Ehelosigkeit, Elisabeth Verzicht auf Wiederverheiratung, wenn der Gemahl stürbe. Armut, wie Meister Konrad sie lehrte: er hat Elisa-

beth niemals gestattet, sich allen Gutes zu entäußern. Er wollte sie lehren, es als anvertrautes Gut für die Armen getreu zu verwalten; als ersten Schritt aber: von keinem unrechten Gut Gebrauch zu machen. Und das war schon viel schwerer durchzuführen, als es sich aussprach und anhörte. Woher stammten Speisen und Getränke auf den landgräflichen Tafeln? Waren sie nicht darbenden Bauern gewaltsam entrissen? Kamen sie nicht von widerrechtlich erworbenem Besitz? Elisabeth sollte nichts mehr zu sich nehmen, wenn nicht geprüft und erwiesen war, daß es ihr rechtmäßig gehörte. Und das war manchmal schwer, ja unmöglich nachzuweisen. Oft genug mußte sie mit ihren Gefährtinnen hungrig von der reich besetzten Tafel aufstehen. (Gerade dieser stumme Protest gegen die soziale Ungerechtigkeit soll der Anlaß zum Verlassen der Wartburg gewesen sein. Ludwig hat sie auch darin unterstützt. Sein Bruder Heinrich Raspe sperrte der Witwe die eigenen Einkünfte und suchte sie dadurch zu zwingen, an der landgräflichen Tafel zu essen.)
Sie sollte nicht mit vollen Händen ausstreuen, um die Gebefreudigkeit ihres Herzens zu befriedigen, sondern so, wie es sachgemäß und zweckentsprechend war, wie der abwägende Verstand des Meisters es vorschrieb. Das gab harte Kämpfe. Immer wieder riß sie ihr Ungestüm hin – wo blieb da der Gehorsam, den sie gelobt hatte? Sie mußte es lernen, daß es galt, den Willen des Herrn zu erfüllen und nicht der Neigung des Herzens zu folgen. In ernster Sorge um die anvertraute Seele schreckte Meister Konrad vor dem Mittel der körperlichen Züchtigung nicht zurück. Körperlichen Schmerz hatte Elisabeth längst freiwillig gesucht, um den Leib in Zucht zu nehmen. Ihren Stolz zu beugen, war sie von den Kindertagen her gewöhnt. Wir wissen, daß es zu ihren dringlichsten Anliegen gehörte, Demütigungen freudig er-

tragen zu können. Aber hart und schwer war es ihr zweifellos, auf die Eingebungen ihres liebenden Herzens zu verzichten.

Doch Meister Konrad war der von Gott gegebene Führer. Es ist der Heiligen wohl nie in den Sinn gekommen, einen anderen zu wählen. Ein weichlicheres Zeitalter mag sich über seine Methoden entsetzen; die Auffassung von Aszese mag auch bei erfahrenen Seelenführern heute eine andere sein als er sie hatte. Wenn wir von der göttlichen Führung fest überzeugt sind, können wir nicht daran zweifeln, daß dieser strenge und finstere Mann das erwählte Werkzeug des Himmels war, um Elisabeth zur Vollkommenheit zu führen; daß sie seiner, so wie er war, bedurfte, um von den Hemmnissen, die in ihrer eigenen Natur lagen, frei zu werden.

Der Gegensatz zu ihrer Umgebung bedeutete sicher lebenslangen Kampf und lebenslanges Leid für das liebevolle Herz der jungen Landgräfin. Härter werden die Kämpfe gewesen sein, die durch das schroffe Eingreifen Meister Konrads hervorgerufen waren. Aber wir können uns denken, daß es einen Konflikt in ihrer Seele gab, der alle andern übertraf. Seit ihrem vierten Lebensjahr stand Landgraf Ludwig an ihrer Seite, als ihr »lieber Bruder« zuerst, dann als ihr Gatte. Wir haben gesehen, wie sie sich von ganzem Herzen an ihn anschloß, und bei der tiefen Leidenschaftlichkeit ihrer Natur ist es selbstverständlich, daß die Liebe zu ihrem Gatten ihr Herz und ihr Leben ganz ausfüllen wollte. Auf der andern Seite hatte von den frühesten Kindertagen an Gott seine Hand auf sie gelegt und ständig wuchs in ihr das Verlangen, ihm ganz anzugehören. So fern es Ludwig lag, sie auf ihrem Weg aufzuhalten, so sehr er vielmehr bemüht war, ihr in jeder Weise zu helfen und mit ihr voranzugehen – der Zwiespalt zwischen irdischer und himmlischer Liebe konnte nicht ausbleiben und mußte ein ständiger Pfahl im Fleisch sein.

Das eheliche Band war ein heiliges, und wenn sie auch zeitweise bitter über diese Bindung klagte, die sie hinderte, ganz dem Drange ihres Herzens zu folgen, so dachte doch ihr Führer nicht daran, das Band zu lockern, als sie die Gelübde des 3. Ordens ablegte. Darum können wir verstehen, daß ihr trotz aller Kämpfe auf dem Grunde der Seele der Friede erhalten blieb. Trotzdem hat sie die Bindung als eine Fessel empfunden, und der härteste Schlag ihres Lebens, der Tod ihres Gemahls, der noch einmal in einem leidenschaftlichen Ausbruch ihre ganze Gattenliebe enthüllt, erweist sich in der Tat sehr bald als innere Befreiung. Wenn sie nach der Vertreibung von der Wartburg und der unfaßlichen Härte und Undankbarkeit der Eisenacher Bürger in die Franziskanerkirche zur Mette eilt und in strahlender Freude das Tedeum singt, so ist das gewiß keine heroische Geste, sondern der natürliche und ungezwungene Ausdruck der »vollkommenen Freude«, wie sie der hl. Franz dem Bruder Leo erklärt hat: der Seligkeit der christusliebenden Seele, die sich in Not und Elend und vollkommener Verlassenheit von allen Menschen ihrem Herrn so restlos verbunden fühlt wie noch nie in ihrem Leben. Diese innigste Vereinigung ist es zweifellos gewesen, die ihr die Kraft gab, in der Folge jede neue natürliche Bindung abzuwehren. Die äußere Not und Verlassenheit dauerte nicht lange. Sie fand mit ihren Kindern gastliche Aufnahme bei ihrer Tante in der Abtei zu Kitzingen, später bei ihrem Oheim, dem Bischof von Bamberg.

Und in diesem Asyl erreichte sie (nach unverbürgter Überlieferung) das Angebot der höchsten irdischen Ehre: Kaiser Friedrich II. warb um ihre Hand. Es ist nicht anzunehmen, daß es sie einen Kampf gekostet hat, diese Werbung auszuschlagen. Die Frage war durch ihr Gelübde längst entschieden, und auch ohne dieses Gelübde hätte wohl die Liebe zu dem Toten genügt, ihr eine zweite Ehe unmöglich zu machen. Schwerer war es, nach der Aussöhnung mit den Verwandten, nach der Rückkehr auf die Wartburg, diese Heimat und ihre Kinder zu verlassen und dem Ruf Gottes zu folgen. Sicherlich war es nicht Mangel an Mutterliebe, was sie zur Trennung veranlaßte, sondern die klare Erkenntnis, daß auch die Mutterliebe in ihr übermäßig stark und darum ein Hemmnis war. Sie wählte Marburg als Witwensitz, weil Meister Konrad dahin zurückberufen war. Die letzten Jahre sind ein Leben dienender Liebe, zugleich aber fortschreitender Selbstentäußerung, denn der strenge Führer macht unnachsichtig Jagd auf alles, was ihm noch als Trügung der heiligen Seele erscheint. Das braune Ordenskleid darf sie nun tragen; aber ihr Witwengut zu verschenken wird ihr nicht gestattet. Konrad baut davon ein Spital, in dem sie Pförtnerinnendienste tun darf. Ein Häuschen daneben, aus Holz und Lehm erbaut, ist ihre Wohnung und die ihrer beiden treuen Gefährtinnen, Guda und Isentrud.

Zwei Dinge sind für Elisabeth tief beglückend: die Kranken selbst zu pflegen und den Armen Almosen zu reichen. Beides schränkt Konrad mehr und mehr ein und untersagt es schließlich ganz; streng bestraft er jede Übertretung. Es scheint nun, daß in ihrem Leben nichts mehr ist, woran eine natürliche Neigung Befriedigung finden könnte. Der scharfe Blick des Meisters findet noch etwas: die Gespielinnen ihrer Kindheit, die den ganzen Lebensweg mit ihr gegangen sind, trennt er von ihr, und gibt ihr stattdessen eine sehr häßliche Magd und eine schwerhörige, zänkische Witwe als Hausgenossinnen. So ist ihr jede irdische Freude genommen, als die kurze letzte Krankheit kommt. Bei diesen letzten Anstrengungen des Seelenführers hat man doch ein wenig den Eindruck, daß sie offene Türen einrennen. Nicht übermäßig hart, aber überflüssig dünken sie uns. Die unzerstörbare himmlische Heiterkeit ihres Wesens während der letzten Tage weist darauf hin, daß es solches Eingreifens nicht mehr bedurfte. Der göttliche Meister hatte sein Kunstwerk vollendet, diese Seele völlig vom Irdischen losgelöst und zum Überfließen mit seiner Liebe erfüllt, als er sie durch immlische Botschaft zu sich rief. Viele Menschen, Hohe und Niedrige, drängten sich an das Lager der Sterbenden, um noch ein Wort von ihr, einen Blick, ein Lächeln und damit einen Abglanz himmlischen Lichtes zu erhaschen.

Eine Kostbarkeit besaß sie noch zum Verschenken: den Mantel des Armen von Assisi, den er der geistverwandten Landgräfin von Thüringen einst auf Verlangen des Kardinals Hugolino von Ostia geschickt hatte. Gregor IX., dem ehemaligen Kardinal Hugolino, der mit scharfem Blick die innere Zusammengehörigkeit dieser heiligen Seelen erkannte, war es vergönnt, beide auf die Altäre zu erheben. Die ihr im Leben nahegestanden hatten, die Zeugen ihres Wandels waren, durften sie noch als Heilige verehren. 24 Lebensjahre hatten genügt, diese Seele auf den Gipfel der Vollkommenheit zu führen, dreieinhalb Jahre nach ihrem Tode, dem Rufe ihrer Heiligkeit die kirchliche Bestätigung zu sichern. Sieben Jahrhunderte haben die Kraft ihrer Fürbitte und ihres Beispiels erfahren, und gerade in unserer Zeit bitterster äußerer und innerer Not ist sie berufen, als ein lichter Engel der Barmherzigkeit Trost und Hilfe zu spenden, trösten und helfen zu lehren.

Ihr Leben aber zeigt den Schwankenden und Irrenden eindringlich, wo die festen und ewigen Leitsterne sind. Sie, die ihr Leben lang in fremdem Lande fremd und unverstanden lebte, mahnt uns daran, daß wir alle in dieser Welt als Fremdlinge leben und daß es keine andere wahre Heimat gibt als das Reich des himmlischen Vaters; daß es keinen anderen Führer im Vaterland gibt als den, der herabgestiegen ist in unser Elend, um es zu überwinden und uns mit sich hinaufzuführen über alle Sterne; daß wir in der Zeit unserer Pilgerschaft keinen anderen wahren Trost und Beistand haben als den Tröstergeist, den Paraklet. Der Weg, den sie unbeirrt und unaufhaltsam gegangen ist, ruft uns auf zur Nachfolge: von der Unnatur zurück zur Natur – über die Natur hinauf zur Übernatur, in den Schoß der allerheiligsten Dreifaltigkeit.

Über Geschichte und Geist des Karmel

Bis vor einigen Jahren drang wenig aus unseren stillen Klöstern in die Welt hinaus. Heute ist das anders geworden. Es wird viel vom Karmel gesprochen, und es besteht der Wunsch, etwas von dem Leben hinter den hohen Mauern zu erfahren. Hauptsächlich ist das wohl der großen Heiligen unserer Zeit zuzuschreiben, die sich mit erstaunlicher Schnelligkeit die ganze katholische Welt erobert hat: der hl. *Theresia vom Kinde Jesu.* Die intellektuellen Kreise Deutschlands hat *Gertrud von le Fort's* Karmelnovelle (Die Letzte am Schafott, Kösel 1931) nachdrücklich auf unseren Orden hingewiesen, sodann ihr schönes Vorwort zu den Briefen Marie Antoinette de Geusers (Briefe in den Karmel, Pustet 1934).

Was weiß der Durchschnittskatholik vom Karmel? Daß es ein sehr strenger, vielleicht der strengste Bußorden ist, und daß aus ihm das heilige Kleid der Gottesmutter, das braune Skapulier, stammt, das viele Gläubige in der Welt mit uns verbindet. Das Hochfest unseres Ordens, das Skapulierfest am 16. Juli, wird von der ganzen Kirche mitgefeiert. Die meisten kennen auch, wenigstens dem Namen nach, den der »kleinen« Theresia und die »große« Theresia, die wir unsere hl. Mutter nennen. Sie wird im allgemeinen als die Gründerin der Unbeschuhten Karmeliten angesehen. Wer mit der Kirchen- und Ordensgeschichte etwas näher vertraut ist, weiß allerdings, daß wir als unseren Führer und Vater den Propheten Elias verehren. Aber das betrachtet man als eine »Legende«, die nicht viel zu bedeuten hat. Wir, die wir im Karmel leben und unseren hl. Vater Elias in unseren täglichen Gebeten anrufen, wissen, daß er für uns keine schattenhafte Gestalt aus grauer Vorzeit ist. Sein Geist ist durch eine lebendige Überlieferung unter uns wirksam und bestimmt unser Leben. Unsere hl. Mutter hat die Behauptung, sie habe einen neuen Orden gegründet, mit aller Entschiedenheit zurückgewiesen. Sie wollte nichts als den ursprünglichen Geist der alten Regel wieder zum Leben erwecken.

In dem ersten Wort, das uns die Hl. Schrift von unserem hl. Vater Elias berichtet, ist in aller kürze das Wesentlichste ausgesprochen. Er sagt zum götzendienerischen König Achab (III. Buch der Könige 17,2): »So wahr der Herr, der Gott Israels, lebt, vor dessen Angesicht ich stehe, es soll diese Jahre weder Tau noch Regen fallen außer auf mein Wort hin.«

Vor dem Angesicht des lebendigen Gottes stehen — das ist unser Beruf. Der heilige Prophet hat ihn uns vorgelebt. Er stand vor Gottes Angesicht, weil dies der unendliche Schatz war, um dessentwillen er alle irdischen Güter preisgab. Er hatte kein Haus; er wohnte, wo ihm jeweils der Herr seinen Platz anwies: in der Einsamkeit am Bach Karith, im Häuschen der armen Witwe zu Sarepta Sidonia oder in den Höhlen des Karmel. Sein Gewand war — wie das des anderen großen Büßers und Propheten, des Täufers — ein Tierfell: das Fell des toten Tieres mahnt daran, daß auch des Menschen Leib dem Tod verfallen ist. (Vgl. Erik Peterson, Theologie des Kleides, Benediktinische Monatsschrift 1934, H. 9/10, S. 354). Elias kennt keine Sorge um das tägliche Brot. Er lebt im Vertrauen auf die Fürsorge des himmlischen Vaters und wird wunderbar erhalten: ein Rabe bringt ihm in der Einöde die tägliche Mahlzeit; in Sarepta ernährt ihn der wunderbar vermehrte Speisevorrat der frommen Witwe; vor der langen Wanderung zum heiligen Berg, wo ihm der Herr erscheinen sollte, stärkt ihn ein Engel mit Himmelsbrot. So ist er uns ein Muster der evangelischen Armut, die wir gelobt haben, ein echtes Vorbild des Heilandes.

Elias steht vor Gottes Angesicht, weil dem Herrn seine ganze Liebe gehört. Er lebt außerhalb aller natürlich-menschlichen Beziehungen. Wir hören nichts von Vater und Mutter, nichts von Weib und Kind. Seine »Angehörigen« sind die, die gleich ihm den Willen des Vaters tun: Elisäus, den ihm Gott zum Nachfolger bestimmt hat, und die »Prophetensöhne«, die ihm als ihrem Führer folgen. Die Ehre seines Gottes ist seine Freude; der Eifer für seinen Dienst verzehrt ihn: »Von Eifer entbrannte ich für den Herrn, den Gott der Heerscharen.« (3 Kön. 19.10,14. Diese Worte wurden als Wahlspruch in das Wappen des Ordens aufgenommen.) Durch sein Bußleben sühnt er die Sünden seiner Zeit. Die Schmach, die dem Herrn durch den Götzendienst des irregeführten Volkes angetan wird, schmerzt ihn so sehr, daß er sich den Tod wünscht. Und der Herr tröstet ihn so, wie er nur seine auserwählten Lieblinge tröstet: Er selbst erscheint ihm auf einem einsamen Berge, offenbart sich ihm im sanften Säuseln nach dem Gewittersturm und gibt ihm in klaren Worten seinen Willen kund.

Der Prophet, der in vollkommener Herzensreinheit und Entblößung von allem Irdischen dem Herrn dient, ist auch ein Muster des Gehorsams. Er steht vor Gottes Angesicht wie die Engel vor dem ewigen Thron, seines Winkes gegenwärtig, stehts zum Dienst bereit. Er hat keinen anderen Willen als den seines Herrn. Wenn Gott gebietet, dann tritt er vor den König hin, wagt es unerschrocken, ihm schlimme Botschaft zu melden, die seinen Haß wecken muß. Wenn Gott es will, dann weicht er vor der Gewalt aus dem Lande; er kehrt aber auch, ohne daß die Gefahr geschwunden wäre, zurück auf Gottes Geheiß.

Wer Gott so unbedingt die Treue wahrt, der kann aber auch der göttlichen Treue gewiß sein. Er darf sprechen »wie einer, der Macht hat«, darf den Himmel schließen und öffnen, den Wogen gebieten, daß sie ihn trocken hindurchschreiten lassen, Feuer vom Himmel herabrufen, um sein Opfer zu verzehren, das Strafgericht an den Feinden Gottes zu vollziehen und einem Toten neues Leben einhauchen. Mit allen Gnadengaben, die der Heiland den Seinen verheißen hat, sehen wir seinen Vorläufer ausgerüstet. Und die höchste Krone ist ihm noch vorbehalten: vor den Augen seines treuen Jüngers Elisäus ward er in einem feurigen Wagen entrückt an einen geheimen Ort, fern aller Stätten der Menschen. Nach dem Zeugnis der Geheimen Offenbarung wird er wiederkehren, wenn das Ende der Welt naht, um im Kampf gegen den Antichrist für seinen Herrn den Märtyrertod zu erleiden. An seinem Fest, das wir am 20. Juli feiern, geht der Priester in rotem Gewand zum Altar. An diesem Tage ist das Kloster unserer Patres auf dem Berge Karmel, das die Eliashöhle birgt, das Ziel gewaltiger Pilgerscharen: Juden, Mohammedaner und Christen aller Konfessionen wetteifern in der Verehrung des großen Propheten. Wir gedenken seiner noch in der Liturgie eines anderen Tages: in der Epistel und Präfation des »Berg-Karmel-Festes«, wie wir das Skapulierfest zu nennen pflegen. Wir danken an diesem Tag dafür, daß Unsere Liebe Frau uns mit dem »Gewande des Heils« bekleidet hat. Das geschah erst in viel späterer Zeit im Abendlande. Im Jahre 1251 erschien die Allerseligste Jungfrau dem Ordensgeneral Simon Stock, einem Engländer, und überreichte ihm das Skapulier. (Für die liturgischen Texte vgl. »Die Eigenmessen der Unbeschuhten Karmeliten«, Verlag Skapulier Linz a. D.) Aber die Präfation erinnert uns daran, daß es Unsere Liebe Frau vom Berge Karmel war, die ihren Kindern fern von der ursprünglichen Ordensheimat dieses sichtbare Zeichen ihres mütterlichen Schutzes verlieh: Sie, die dem Propheten Elias im Bilde der regenverkündenden kleinen Wolke offenbar wurde und der die Prophetensöhne auf dem Berge Karmel das erste Heiligtum erbauten. Die Ordenslegende berichtet, daß die Gottesmutter gern bei den Einsiedlerbrüdern auf dem Karmel geweilt habe. Wir verstehen wohl, daß sie sich an den Ort hingezogen fühlte, wo ihr von altersher Verehrung gezollt wurde und wo der heilige Prophet in demselben Geist gelebt hatte, der auch sie erfüllte, seit sie auf der Erde weilte: losgelöst von allem Irdischen anbetend vor Gott zu stehen, ihn aus ganzem Herzen zu lieben, seine Gnade auf das sündige Volk herabzuflehen und genugtuend für dieses Volk einzustehen, als Magd des Herrn seines Wirkens gewärtig zu sein – das war ihr Leben.

Als Söhne des großen Propheten und »Brüder der Allerseligsten Jungfrau« lebten die Einsiedler des Karmel. Der hl. Bertholdus organisierte sie als Zönobiten, und auf Veranlassung des hl. Brocardus wurde der Geist, den sie von ihren Vorfahren empfangen hatten, niedergelegt in unserer *hl. Regel*. Sie wurde dem Orden vom hl. Albertus, Patriarchen von Jerusalem, um 1200 gegeben und von Papst Innozenz IV. 1247 bestätigt. (Regel und Satzungen der unbeschuhten Nonnen des Ordens der Allerseligsten Jungfrau Maria vom Berge Karmel, Rita-Verlag Würzburg 1928). Auch faßt sie in einem kurzen Satz den ganzen Sinn unseres Lebens zusammen: »Es bleibe ein jeder in seiner eigenen Zelle…, Tag und Nacht im Gesetz des Herrn betrachtend und im Gebete wachend, sofern er daran nicht durch andere Arbeiten rechtmäßig verhindert ist.« »Im Gebete wachend« – das besagt dasselbe, was Elias mit den Worten ausdrückte: »Vor dem Angesicht des Herrn stehen.« Das Gebet ist das Aufschauen zum Antlitz des Ewigen. Wir können es nur, wenn der Geist bis in die letzten Tiefen wach ist, herausgelöst aus allen irdischen Geschäften und Genüssen, die ihn betäuben. Körperliches Wachsein verbürgt dieses Wachsein nicht, und die Ruhe, nach der die Natur verlangt, hindert es nicht. »Im Gesetz des Herrn betrachten« – das kann eine Form des Gebetes sein, wenn wir Gebet in dem üblichen weiten Sinn nehmen. Denken wir aber beim »Wachen im Gebet« an das Versinken in Gott, wie es der Beschauung eigen ist, dann ist die Betrachtung nur ein Weg dazu. – Was ist mit dem »Gesetz des Herrn« gemeint? Der 118. Psalm, den wir an allen Sonntagen und hohen Festen in der Prim beten, ist ganz erfüllt vom Verlangen, das Gesetz zu erkennen und sich von ihm durchs Leben leiten zu lassen. Der Psalmist mag wohl dabei an das Gesetz des Alten Bundes gedacht haben. Seine Kenntnis verlangte ja tatsächlich ein lebenslanges Studium und seine Erfüllung eine lebenslange Willensanstrengung. Von dem Joch dieses Gesetzes aber hat der Herr uns frei gemacht. Als das Gesetz des Neuen Bundes können wir das große Liebesgebot des Heilandes betrachten, von dem er sagt, daß es das ganze Gesetz und die Propheten in sich schließe: die vollkommene Gottes- und Nächstenliebe wäre wohl ein würdiger Gegenstand für die Betrachtung eines ganzen Lebens. Noch besser aber verstehen wir unter dem Gesetz des Neuen Bundes den Herrn selbst, da er uns ja das Leben, das wir leben sollen, vorgelebt hat. Dann erfüllen wir unsere Regel, wenn wir das Bild des Herrn stets vor Augen haben, um uns ihm nachzugestalten. Das Evangelium ist das Buch, das wir niemals ausstudieren können.

Wir haben den Heiland aber nicht nur in den Zeugenberichten über sein Leben. Er ist uns gegenwärtig im Allerheiligsten Sakrament, und die Stunden der Anbetung vor dem Höchsten Gut, das Lauschen auf die Stimme des eucharistischen Gottes sind: »Betrachtend im Gesetz des Herrn« und »Wachen im Gebet« zugleich. Die höchste Stufe aber ist erreicht, wenn »das Gesetz mitten in unserem Herzen wohnt« (Ps. 39,11): wenn wir so vereint sind mit dem Dreifaltigen Gott, dessen Tempel wir sind, daß sein Geist all unser Tun und Lassen regelt. Dann bedeutet es kein Verlassen des Herrn, wenn wir die Arbeiten verrichten, die der Gehorsam uns aufträgt. Arbeiten werden unvermeidlich sein, solange wir dem Gesetz der Natur und des Lebens Notdurft unterworfen sind. Und unsere hl. Regel befiehlt uns, nach dem Wort und Beispiel des Apostels Paulus durch unserer Hände Arbeit unser Brot zu verdienen. Aber diese Arbeiten haben für uns nur dienenden Charakter, dürfen niemals Selbstzweck sein. Unser eigentlicher Lebensinhalt bleibt das Stehen vor Gottes Angesicht. Die Eroberung des Heiligen Landes durch den Islam vertrieb die Einsiedlerbrüder vom Karmel. Erst seit 300 Jahren steht wieder ein Muttergottesheiligtum unseres Ordens auf dem Heiligen Berg. Der Übergang aus der Einsamkeit in das bewegte Leben des abendländischen Kulturkreises brachte dem Orden eine Verfälschung seines ursprünglichen Geistes. Die schützenden Mauern der Abgeschiedenheit, der Bußstrenge, des Stillschweigens fielen, und durch die geöffneten Tore drangen die Freuden und die Sorgen der Welt herein. Ein solches Ordenshaus nach der gemilderten Regel war das Kloster der Menschwerdung in Avila, in das unsere hl. Mutter im Jahre 1536 eintrat. Jahrzehnte hindurch litt sie unter dem Zwiespalt der Verstrickung in weltliche Beziehungen und des Zuges zur ungeteilten Hingabe an Gott. Aber der Herr ließ ihr keine Ruhe, bis sie alle hemmenden Fesseln gelöst hatte und praktisch Ernst machte mit der Erkenntnis: *Gott allein genügt.* Die große Glau-

bensspaltung, die zu ihrer Zeit Europa zerriß, der Verlust
so vieler Seelen erweckte in ihr das glühende Verlangen,
dem Unheil zu wehren und dem Herrn Ersatz zu bieten.
Da gab ihr Gott den Gedanken ein, mit einer kleinen
Schar auserwählter Seelen ein Kloster nach der ursprünglichen Regel zu gründen und ihm dort mit der größten
Vollkommenheit zu dienen. Nach unsäglichen Kämpfen
und Schwierigkeiten gelang ihr die Gründung des Klosters zum hl. Joseph in Avila. Von da aus erwuchs ihr großes Reformwerk: bei ihrem Tode hinterließ sie 36 Frau-
en- und Männerklöster der strengen Observanz, den neu-
en Ordenszweig der »Unbeschuhten« Karmeliten. Die
Klöster der Reform sollten Stätten sein, an denen der
Geist des alten Karmel wieder auflebte. Die wiederherge-
stellte ursprüngliche Regel und die von der Heiligen
selbst ausgearbeiteten Satzungen bilden den Zaun, mit
dem sie ihre Weinberge gegen Gefahren von außen schützen wollte. Ihre Schriften über das Gebet, die vollkommenste und lebensvollste Darstellung des inneren Lebens, sind das kostbare Vermächtnis, durch das ihr Geist
unter uns fortwirkt. (Sämtliche Schriften der hl. Theresia
von Jesus sind bei Pustet in Regensburg 1912 bis 1922 erschienen. Vom 1. Band, ihrem *Leben* ist eine neue, kritische Ausgabe 1933 bei Kösel und Pustet in München her-
ausgekommen. Eine ganz knappe Darstellung ihres Lebens habe ich in der Sammlung »Kleine Lebensbilder«
des Kanisiuswerkes, Freiburg [Schweiz] 1934 veröffent-
licht.) Es ist der alte Geist des Karmel, nur unterstrich
sie, unter dem Eindruck der Glaubenskämpfe ihrer Zeit
den Gedanken der Sühne und der Hilfeleistung gegenüber den Dienern der Kirche, die in der fordersten Linie
gegen den Feind stehen, stärker, als es dem ursprünglichen Karmel eigen war...
Als unseren zweiten Vater und Führer verehren wir den

ersten Unbeschuhten Karmeliten der Reform, den hl. *Johannes vom Kreuz*. In ihm finden wir den alten Einsiedlergeist in reinster Ausprägung. Sein Leben macht den Eindruck, als hätte er keine inneren Kämpfe gekannt. Wie er von frühester Kindheit an unter dem besonderen Schutz der Gottesmutter stand, so zog es ihn vom Erwachen der Vernunft an zur Bußstrenge, zur Einsamkeit, zur Loslassung von allem Irdischen und zur Vereinigung mit Gott. Er war das auserwählte Werkzeug, um in dem neuerstandenen Karmel den Geist des hl. Vaters Elias vorzuleben und zu lehren. Er hat die erste Generation der Unbeschuhten Karmeliten und Karmelitinnen zusammen mit der hl. Mutter Theresia geistig geformt, und durch seine Schriften (des hl. Johannes vom Kreuz sämtliche Werke in deutscher Übersetzung sind in fünf Bänden bei Kösel und Pustet erschienen) leuchtet er auch uns voraus beim »Aufstieg zum Berge Karmel«.

Töchter der hl. Theresia, von ihr und Vater Johannes persönlich herangebildet, haben die ersten Klöster der Reform in Frankreich und Belgien gegründet; von dort ist der Orden bald auch ins Rheinland vorgedrungen. Die große Französische Revolution und der Kulturkampf in Deutschland haben ihn mit Gewalt unterdrücken wollen; aber sobald der Druck nachließ, erstand er zu neuem Leben. In diesem Garten ist die »kleine weiße Blume« erblüht, die so schnell — weit über die Grenzen des Ordens hinaus — die Herzen erobert hat, nicht nur als wundertätige Nothelferin, sondern auch als Führerin der »kleinen Seelen« auf dem Weg der »geistigen Kindheit«. Viele haben diesen Weg durch sie kennengelernt, aber wenige wissen, daß er nicht eigentlich eine neue Erfindung, sondern der Weg ist, zu dem die Lebensbedingungen des Karmel hindrängen. Die Größe der jungen Heiligen war es, daß sie ihn mit genialer Folgerichtigkeit erkannte und mit heldenmütiger Entschlossenheit bis zu Ende ging. Die Mauern unserer Klöster umschließen einen engen Raum. Wer darin das Gebäude der Heiligkeit errichten will, muß tief graben und hoch aufbauen: tief hinabsteigen in die dunkle Nacht des eigenen Nichts, um hoch erhoben zu werden ins Sonnenlicht der göttlichen Liebe und Barmherzigkeit. Nicht jedes Jahrhundert erfordert ein gewaltiges Reformwerk wie das unserer hl. Mutter. Nicht in jedem Zeitalter gibt uns eine Schreckensherrschaft Gelegenheit, das Haupt für unseren Glauben und unser Ordensideal auf den Richtblock zu legen wie die 16 Karmelitinnen von Compiègne. Aber jede, die in den Karmel eintritt, muß sich dem Herrn gänzlich ausliefern. Nur wer sein Plätzchen im Chor vor dem Tabernakel höher schätzt als alle Herrlichkeit der Welt, kann hier leben, findet freilich dann ein Glück, wie es keine Herrlichkeit der Welt zu bieten vermag. Unsere Tagesordnung sichert uns Stunden einsamer Zwiesprache mit dem Herrn und sie sind es, auf die sich unser Leben aufbaut. Wir beten mit den Priestern und den andern alten Orden der Kirche das große Brevier, und dieses Offizium Divinum gilt uns wie ihnen als unsere erste und heiligste Pflicht. Aber es ist für uns nicht der tragende Grund. Was Gott in den Stunden des inneren Gebets in der Seele wirkt, das entzieht sich jedem menschlichen Blick. Es ist Gnade um Gnade. Und alle anderen Stunden des Lebens sind der Dank dafür. Es gibt für die Karmelitin in ihren durchschnittlichen Lebensbedingungen keine andere Möglichkeit, Gottes Liebe zu vergelten, als daß sie ihre täglichen Pflichten bis ins kleinste treu erfüllt; all die kleinen Opfer, die eine bis in alle Einzelheiten ausgebaute Tages- und Lebensordnung von einem lebhaften Geist fordert, Tag um Tag und Jahr um Jahr freudig bringt; alle Überwindungen, die das nahe Zusammenleben mit andersgearteten Menschen beständig verlangt, mit dem Lächeln der Liebe leistet; keine Gelegenheit, andern in Liebe zu dienen, vorbeigehen läßt. Dazu kommt schließlich, was der Herr der einzelnen Seele an persönlichen Opfern auferlegen mag. Das ist der »kleine Weg«; ein Strauß von unscheinbaren kleinen Blüten, der täglich vor dem Allerheiligsten niedergelegt wird — vielleicht ein stilles, lebenslanges Martyrium, von dem niemand etwas ahnt, zugleich eine Quelle tiefen Friedens und herzlicher Fröhlichkeit und ein Born der Gnade, der ins Land hinaussprudelt — wir wissen nicht wohin, und die Menschen, zu denen er gelangt, wissen nicht, woher er kommt.

III.
Gespräche von
Sr. Adelgundis
Jaegerschmid OSB
mit Edmund Husserl

Edmund Husserl mit Jan Patočka (links) und Eugen Fink (rechts),
Freiburg 1934.

Gespräche mit Edmund Husserl (1931–1936)

In den letzten Lebensjahren Edmund Husserls[1], als schon die ersten Anzeichen der nationalsozialistischen Tragödie sich zeigten, notierte ich tagebuchartig auf losen Blättern sofort nach jeder Begegnung unsere Gespräche, in Freiburg sogar noch in der Straßenbahn während der Rückfahrt nach dem Kloster St. Lioba in Günterstal. Als alte Historikerin erkannte ich nüchtern, daß ich selbst nur Kontaktperson und »traditor« dessen war, was Husserl in schönem menschlichen Vertrauen aus seinem persönlichen Innenleben mir mitteilte. Ich wollte seine Worte bewahren für eine neue Zeit.

Im September 1938, fünf Monate nach Husserls Tod, schickte seine Witwe, Frau Malwine, den belgischen Franziskanerpater H. L. van Breda (Begründer des Husserl-Archivs in Löwen) zu mir, der Informationen für seine Dissertation über Husserls menschliche Persönlichkeit suchte. In Anbetracht der bedrohlichen weltpolitischen Konstellation damals zwang Pater van Breda mich kategorisch, noch in der folgenden Nacht meine Erinnerungen in Maschinenschrift niederzulegen. Diese Erinnerungen sind ein historisches Dokument, eine kleine Quelle, ohne literarische Überarbeitung – und wollen auch nichts anderes sein.

28. April 1931. Besuch gegen Abend, fast zwei Stunden. Ich versuche sehr schnell, Husserl zur Führung des Gesprächs zu bringen. Manchmal mache ich Einwände und zwinge ihn so zu Erklärungen schwieriger Probleme.

205

»Das *Mönchsleben*, überhaupt das christlich-religiöse Leben, bewegt sich immer auf des Messers Schneide. Es fällt leicht, steht aber immer wieder auf. Es hat ein Ziel: Es sieht die Welt in Gott, es negiert nicht die Welt. Das hat natürlich die Gefahr, daß man hierbei zu weltselig wird oder Liebestätigkeit und ebenso Frömmigkeit in Betriebsamkeit setzt.«

Er spricht sodann von *indischer Religion*. Warm empfiehlt er mir Romain Rollands Buch über Gandhi, das er gerade gelesen hat. »Die indische Religion hat im Gegensatz zum Christentum das Nirwana; sie verneint die Welt. Jede Aktivität löst Passivität aus und läuft so Gefahr, zu stagnieren. Jede Passivität – als Ausgang Ruhe in Gott – hat aber wieder das Verlangen nach Aktivität: Liebestätigkeit.« Ich: »Ganz wie Thomas sagt.« Husserl: »Ja, so werden alle Großen der Erde sagen. Jeder Entschluß ist schon Willensaktivität. Alles Erworbene als Ergebnis der Aktivität bringt Passivität und somit Gefahr. Es heißt daher immer, alles Erworbene wieder aktivieren.«

Wir sprechen über *religiöses Leben* und Berufung zum Ordensleben. Ich: »Um das religiöse Leben zu leben, muß man berufen sein.« Husserl: »Besser: gerufen werden. Das ist reine Gnade. Ich habe keinen Zugang zu dieser Sphäre, obwohl ich stets zu den eifrigsten Gottsuchern gehört habe von Jugend auf. Echte *Wissenschaft* ist ehrlich und rein; sie hat den Vorteil wirklicher Bescheidenheit und besitzt doch gleichzeitig die Fähigkeit zu Kritik und Unterscheidung. Die Welt heute kennt nicht mehr die wahre Wissenschaft; sie ist in engstes Spezialistentum geraten. Das war anders zu unserer Zeit. Der Hörsaal war uns die Kirche, und die Professoren waren die Prediger.«

Ich erzählte ihm, wie wir in unserer Jugend auf der Universität echte Wissenschaft jenseits von Examen und Brotkorb gesucht und ihr in reiner Begeisterung gedient hatten. Allerdings seien es immer nur ganz wenige gewesen, die höhere Gesichtspunkte als Examina kannten. Dann schloß ich: »Auch wir brannten einst für die Wissenschaft. Aber wie denken Sie, kann die Wissenschaft unsere Welt retten und höher führen? Sie ist doch immer nur für die wenigen da.«

Husserl: »Die echte Wissenschaft macht selbstlos und gut. Auch ganz materialistische oder naturalistische Gelehrte (Naturforscher) heute können ihr Leben für ihre Wissenschaft hingeben, auch Mathematiker, bei denen doch jedes Bekenntnis fehlt. Da ist die Wissenschaft gut, auch ohne zur Religion zu führen. Andererseits jedoch ist es eine Unmöglichkeit zu behaupten, Wissenschaft, die letzten Endes zu Religion und Gott führt, sei keine echte Wissenschaft. Die Pädagogik in jeder Form (nicht nur in der Schule) muß die Ergebnisse der echten Wissenschaft weiterführen und praktisch umsetzen, damit die Welt dadurch erneuert wird. Das müssen Sie tun, Schwester Adelgundis; die Seelennot ist groß. Das Beste wird immer die Liebe sein — echte, praktische Nächstenliebe, die ihren Grund in der Gottesliebe hat. Diese ist nicht immer innerhalb der Bekenntnisse zu finden. Oft gerät die Religion in Mißkredit, weil die religiösen Menschen gar nicht innerlich religiös sind. Wie oft ist es der Schein nur, wie oft Konvention und Aberglaube!

Die echte Wissenschaft muß Universalwissenschaft sein, welche die Totalität aller Evidenzen aufgrund der Autonomie umfaßt, in welche auch die Religion einbezogen ist. In dieser Sphäre hat das Christentum seinen Platz. Schließlich gelangt man aus dieser Universalwissenschaft, wie sie die Phänomenologie erarbeitet hat, zu einer teleologischen Entwicklung, die endlich zu Gott, dem Absoluten, führt.«

Auf meine Frage, ob er denn wirklich an das Absolute glaube (früher hatte er das verneint), meinte er: »Relativitäten sind das, und wir müssen den Mut haben, den Relativitäten ins Auge zu schauen. Auch sie können Evidenzen sein; z.B. bei primitiven Völkern hat die Logik ganz andere Evidenzen als bei uns. Schließlich können wir uns so eng machen und dies verstehen; wir können uns hineindenken. So erlebe ich ja auch den Schmerz eines anderen mit im Bewußtsein, ohne ihn am eigenen Leib zu erfahren. Die Phänomenologie als Wissenschaft ist da für die, die nicht den Zugang zum Glauben haben wie Sie. Was wollen die vielen machen, denen Religion erst später im Leben begegnet? Sie finden keine persönliche Beziehung mehr dazu.«

Mich interessierte die Fragestellung *Liturgie und Phänomenologie*, weil ja die Liturgie »opus operatum« ist und so etwas wie eine phänomenologische Reduktion darstellen kann. Husserl vermag dies nicht zu beantworten; für ihn ist religiöse Wirksamkeit nur denkbar durch Individuen und das Nacherleben durch deren Heiligkeit. Er kennt einigermaßen Theresia von Avila, die er etwas studiert hat, als Edith Stein[2] aufgrund von Theresias Schriften zur katholischen Kirche übertrat. Husserl versteht Thomas und die Mystiker als Ausdruck und Niederschlag der Religion immer als subjektive Äußerungen religiösen Lebens. Auf meinen Einwand, gerade die Liturgie in ihrer Objektivität (Sakramente) komme der Phänomenologie entgegen, erwidert Husserl:

»Es ist der gefährlichste Irrtum zu glauben, subjektive Irrtümer seien am besten durch objektive Wahrheit zu überwinden. Nein, nur krasser Subjektivismus kann

Subjektivismus überwinden, indem wir ihn ganz ernst nehmen und uns nicht darüber hinwegtäuschen.«

Er spricht dann von *Karl Barth* und zeigt mir eine Nummer der Zeitschrift »Zwischen den Zeiten«. Dann sprechen wir von *Dietrich v. Hildebrand* und *Edith Stein*, deren Werdegang ihn besonders bewegt: »Man kann doch sich persönlich weiterhin gut leiden, auch wenn man sich weltanschaulich getrennt hat. Wie Edith nach ihrer Konversion bewiesen hat. Hildebrand dagegen hat sich nach seiner Konversion zurückgezogen. Eine Anzahl meiner Schüler hat sich merkwürdigerweise radikal religiös entschieden, und zwar sind die einen tiefgläubige evangelische Christen gewesen oder geworden, andere haben zur katholischen Kirche konvertiert. In ihrem Verhältnis zu mir hat sich dadurch nichts geändert; es ist weiterhin von gegenseitigem Vertrauen getragen. Außerdem stehe ich immer zur Verfügung, um die Wahrheit durchzustreiten. Ich bin stets bereit, meine Irrtümer einzusehen und mich so preiszugeben.«

Beim Hinausgehen sprachen wir über das *Alte und Neue Testament*. Er deutete auf seinen Schreibtisch, wo die Bibel liegt, und sagte: »Wer kann noch das Alte Testament fassen? Meine Lieblinge sind heute die Propheten Jeremias und Isaias. In der Jugend habe ich einmal das Alte Testament gar nicht mehr verstehen wollen. Es kam mir so sinnlos vor, aber es ist doch anders, nicht wahr?«

5. Dezember 1933. Husserl: »Martyrium ist das Prinzip der *Kirche*. Das ist meiner Anschauung nach ihr einziges, auf das sie sich wieder besinnen muß. Hat sie aber das Volk heute noch hinter sich, so, daß sie es in einen neuen Kulturkampf zu führen vermag? Oder wagt sie es nicht mehr, einen solchen Kampf auf sich zu nehmen? Hätte die Kirche nicht vielleicht besser das größere von zwei Übeln wählen und das Konkordat mit Deutschland nicht schließen sollen? Auch für die *Wissenschaft* wird das Martyrium der einzige gangbare Weg der Rettung werden. Nur Helden des Geistes, radikale Menschen, können vielleicht noch einmal die Wissenschaft retten. Die Kirche vertrat das Rationale immer durch die Synthese von Vernunft und Glaube. Aber gar zu viele Menschen waren nur äußerlich religiös; sie glaubten zwar, innerlich zu sein und in ihrem katholischen Glauben fest zu stehen, doch heute haben sie falliert! Ebenso war die Wissenschaft den Menschen keine innere Angelegenheit mehr; sonst hätten sie sie jetzt nicht so leichten Herzens über Bord geworfen! Auch in der Wissenschaft wird es Märtyrer geben. Denn wenn sich heute jemand für die reine Wissenschaft einsetzen will, so muß er den Mut zum Martyrium haben.

Sehen Sie, *Kirche und Wissenschaft* haben das gleiche Ziel: Gott. Die einen kommen auf dem Weg der Gottesverehrung und Caritas, die anderen auf dem Weg der geistigen Forschung und eines sittlichen Lebens dazu. Beide aber sind bedroht von der Skepsis und Sophistik in irgendeiner Form. Die Kirche ist dadurch zu politisch, diesseitig geworden, die Wissenschaft ist in den Materialismus und in einen bodenlosen Rationalismus abgesunken. Die Folgen werden heute sichtbar in der Verdrehung und Täuschung aller und jeder Ordnung.«

23. Februar 1934. Husserl: »Der *Wert eines Christen* wird sich immer dann entscheiden, wenn er Märtyrer werden kann. Viele von Ihnen (Katholiken) betrachten aber das geistige Leben als ein Freibillett für eine Loge im Himmel zu einer Premiere mit Lobgesängen und Weihrauch. Die Reformation, dieser größte Segen für die reformbedürftige katholische Kirche, ist so leicht und schnell geglückt wegen der großen Unbildung des Klerus. Heute hat der Klerus zwar zuviel studiert, ist sehr gebildet in Latein und Griechisch und anderem, aber es ist zuviel Betrieb in den Priesterkonvikten und zuwenig verantwortungsvolles persönliches Leben und Erleben des Göttlichen beim einzelnen. — Eine Frage: Edith Stein hat doch die klar ausgewogene Geistesgebundenheit der Scholastik zur Genüge kennengelernt. Woher kommt es, daß davon bei der hl. Theresia von Avila eigentlich nichts zu spüren ist?« Ich: »Es ist wohl für den Außenstehenden ein Geheimnis: Jeder echte Scholastiker wird in etwa auch Mystiker sein, und jeder echte Mystiker Scholastiker.«

Husserl: »Merkwürdig, sie (Edith Stein) schaut also von einem Berg die Klarheit und Weite des Horizonts in seiner wunderbaren Durchsichtigkeit und Aufgelockertheit, gleichzeitig hat sie aber die andere Kehr, die Kehr nach innen, und die Perspektive ihres Ichs.« Ich: »Ja, in Gott ist das möglich, aber nur in ihm.« Husserl: »Bei ihr (Edith) ist alles durchaus echt; sonst würde ich sagen, das muß ja gemacht und gekünstelt sein. Aber schließlich — im Juden liegt der Radikalismus und die Liebe zum Martyrium.« Dies sagte er in bezug auf das Karmel-Leben von Edith Stein und dessen Mentalität.

Später fragte er: »Kann ich nicht auch einmal nach Beuron kommen?« Ich: »Natürlich, ja.« Husserl: »Ach, ich bin wohl zu alt. Ich kann mich ja doch nicht mehr bekehren.« Ich: »Das sollen Sie auch gar nicht; niemand wird etwas derartiges erwarten oder den Versuch machen, Sie zu einer Konversion zu bewegen. Sie sind doch, wie Sie selbst mir einmal gesagt haben, in der Gnade. Das ist das Wesentliche und genügt vollkommen.« Er hatte nämlich einmal mit großem Ernst die merkwürdige Frage an mich gestellt (es war ihm wirklich ein Herzensanliegen): »Schw. Adelgundis, bin ich nicht *auch* in der Gnade?« *3. Mai 1934. Besuch Husserls im Kloster St. Lioba* (Günterstal). Es war ihm ein Anliegen, mit seiner Frau einen Dankbesuch abzustatten für einen Brief zum 75. Geburtstag. Er brachte Blumen. Vor allem aber wollte er über die Einkleidung von Edith Stein im Kölner Karmel (Ende April 1934) Näheres hören. Ich las den Bericht vor, der mir von einer Teilnehmerin geschickt worden war. Husserl lauschte mit Aufmerksamkeit und Hingabe. Ab und zu unterbrach er mich mit Fragen nach kirchlichen Einrichtungen und Gebräuchen. Es bereitete ihm eine richtige Genugtuung, daß man Edith Stein schätzt, auch von der Kirche und vom Orden aus. Er kam mir vor wie ein besorgter Vater, dessen Tochter in eine neue Familie hineingeheiratet hat. Nicht ohne Vaterstolz fügte er hinzu: »Ich glaube nicht, daß die Kirche einen Neuscholastiker von der Qualität Edith Steins hat – Gott sei Dank, daß sie weiter arbeiten darf im Kölner Karmel.«

Ich bemerkte sein Bedauern, daß er bei der Einkleidungsfeier im Kölner Karmel nicht zugegen war. Treuherzig sagte er: »Und ich hätte doch Brautvater sein dürfen. Wie schade, Schw. Adelgundis, daß wenigstens Sie nicht dabei waren!« Auf meine Entgegnung, ich hätte eben kein Geld für die Fahrkarte gehabt, sagte er sofort: »Das hätte ich Ihnen gerne gegeben.« Ich mußte dann Bilder von der hl. Theresia zeigen wegen des Ordensgewands. Er nahm ein Bildchen mit und außerdem den Ritus unserer benediktinischen Einkleidung und Profeß von St. Lioba. Dann sagte er: »Das will ich aber ganz genau studieren.«

Wir sprachen dann über die Gegenwart, vor allem über den geistigen Tiefstand unserer Zeit. Da unterbrach er sich schnell mit den Worten: »Aber nein, wie können wir nur hier im Kloster von solchen Dingen sprechen. Hier ist eine andere Welt, eine Welt für sich, die außerhalb dieser bösen Zeit steht. Hier ist es wie im Himmel.«

Dann mußte ich ihm die Bibliotheksschränke öffnen.

Vor allem für die Kirchenväter zeigte er das größte Interesse und zog gleich einen Band Augustinus heraus. In sichtlicher Freude und innerer Bewegung besuchte er die Sakramentskapelle und den Chor. Danach gingen wir in den Garten. Husserl war wie in tiefem Sinnen, trennte sich sogar von uns und kam erst nach einer kleinen Weile wieder. Plötzlich nahm er meine Hand und fragte mit Dringlichkeit: »Haben Sie auch Seelsorge?« Ich: »Ja.« Er: »Oh, das ist gut. Nun weiß ich doch, Schw. Adelgundis, wohin ich gehen kann, wenn ich Sorgen und Kummer auf der Seele habe. Ich komme nach St. Lioba, und Sie trösten mich. Dann setze ich mich irgendwo hier im Garten hin in einen stillen Winkel mit einem Kirchenvater. Die kenne ich nämlich noch gar nicht.«

31. Dezember 1934: Husserl: »Ein guter Jahresabschluß, daß Sie kommen.« Er sprach von Schw. Benediktas (Edith Steins) Brief, die über Duns Scotus geschrieben hatte, und sagte: »Nun, er ist Mystiker, mehr als Thomas von Aquin Mystiker. Heute wächst die Kirche und wächst der Klerus aus Säkularisierung und Politisierung heraus zu echter Innerlichkeit. Den Kulturkampf hat sie bis jetzt vermieden, weil sie zuerst den Entsäkularisierungsprozeß durchführen wollte, um ihrer Herde sicher zu sein. Was die Kirchen wollen, will ich auch: die Menschheit hinführen zur Aeternitas. Meine Aufgabe ist es, dies durch die Philosophie zu versuchen. Alles, was ich bis jetzt geschrieben habe, sind nur Vorarbeiten; es ist nur ein Aufstellen von Methoden. Leider kommt man im Verlauf eines Lebens gar nicht zum Kern, zum Wesentlichen. Es ist so wichtig, daß die Philosophie aus dem Liberalismus und Rationalismus wieder zum Wesentlichen geführt wird, zur *Wahrheit.* Die Frage nach dem letzten Sein, nach Wahrheit, muß der Gegenstand jeder wahren Philosophie sein. *Das ist mein Lebenswerk.*

Ich werde ein Ketzer bleiben. Wenn ich 40 Jahre jünger wäre, dann möchte ich mich wohl von Ihrer Hand zur Kirche führen lassen. Aber sehen Sie, ich bin nun schon so alt geworden, und da ich alles immer sehr gründlich gemacht habe, würde ich zu jedem einzelnen Dogma wenigstens fünf Jahre brauchen. Da können Sie sich ausrechnen, wie alt ich werden müßte, um zu Ende zu kommen. Werden Sie mir trotzdem Ihre Freundschaft bewahren?

Sie sehen, ich habe immer verschiedene Ausgaben des Neuen Testaments auf meinem Schreibtisch und Arbeitstisch liegen. Und als ich vor vielen Jahren sehr krank war, hat Schwester Benedikta, an meinem Krankenbett sitzend, mir daraus vorgelesen.«

Ich: »Ja, Sie dürfen auch mich rufen lassen, wenn Sie einmal krank sind, oder wenn es Ihre letzte Krankheit ist.«

Husserl: »Oh, das kann ich mir gut denken, daß Sie bei meinem Sterben dabei sind und mir aus dem Neuen Testament vorlesen, wenn es in die Ewigkeit geht.«

8. April 1935. Gratulationsbesuch zu Husserls *76. Geburtstag.* Er war so gerührt, daß ihm Tränen in die Augen traten und er kaum sprechen konnte. Um diese Zeit hatten sich schon manche Freunde und Schüler von ihm zurückgezogen – eine Auswirkung der judenfeindlichen Haltung im Dritten Reich. Er war voll Interesse und Eifer für meine bevorstehende Profeß am 1. Mai und sagte, als ich ihn feierlich einlud: »Vor acht Tagen hätten Sie mich nicht so freudig gesehen. Ich war nämlich voller Aufregung, ob ich wegen der bevorstehenden Vorträge in Wien und Prag zu Ihrem Festtag hätte dasein können oder nicht, und es liegt mir doch sehr viel daran. Nein, ich hätte die Vorträge verlegt, ich muß unter allen Umständen zu Ihrer Feier kommen. Aber nun ist alles gut. Ich gehe erst im Herbst hin.« Er bat um eine Erklärung des Profeßritus. Auf seinen Wunsch überließ ich ihm ein Exemplar davon, das er behalten wollte, um es genau zu studieren. *1. Mai 1935.* Rechtzeitig kam Husserl mit seiner Frau zur Feier der ewigen *Profeß* in St. Lioba. Auf ihren bevorzugten Plätzen konnten sie alles gut sehen und verfolgten, wie mir gesagt wurde, die heilige Handlung mit größtem Interesse und tiefster Andacht. Nach Beendigung der etwa zweieinhalb Stunden dauernden Feier wurde ich in die Bibliothek gerufen, wo beide – in Bewegung und Ergriffenheit, Husserl bis zu Tränen gerührt – mich begrüßten und mir Glück wünschten. Er schenkte mir seine große Photographie mit Unterschrift, seine Frau eine herrliche, blühende Kalla. Plötzlich griff er sich ans Herz, Schwindel überfiel ihn, und wir hatten unsere liebe Not, ihm mit einem Glas Wein wieder aufzuhelfen. Mit seinem feinen Lächeln flüsterte er nur: »Ich habe mich überfreut, es war zu schön.«

4. September 1935. Husserl: »Was die Redlichkeit des Gemütes in der Religion ist, das ist in der Philosophie die *Ehrlichkeit des Intellekts.* Mein Leben lang habe ich um diese Ehrlichkeit gekämpft, ja, gerungen, und wenn andere längst zufrieden waren, habe ich mich immer wieder aufs neue gefragt und geprüft, ob im Hintergrund nicht doch irgendein Schein einer Unehrlichkeit ist. Meine ganze Arbeit, auch heute, ist nur: immer wieder prüfen und sichten, denn alles, was ich aufstelle, ist ja relativ. Man muß den Mut haben, etwas, was man gestern noch als wahr erkannt hat, aber heute als Irrtum einsieht, nun auch als einen solchen zuzugeben und auszusprechen. Es gibt hier nichts Absolutes. Ich habe das meinem Schüler, dem Franziskanerpater P., einmal gesagt vor vielen Jahren. Er war sehr klug, und er ging philosophisch auch mit mir, aber nur bis zu einem gewissen Punkt. Dann fand er nicht den Mut, umzukehren und etwas als Irrtum zu erklären. Für ihn gilt eben auch in der Philosophie nur das Absolute. Hier scheiden sich unsere Wege.

Es erfüllt mich mit tiefem Bedauern (hier wurde Husserl sehr ernst und eindringlich, fast erregt), daß man mich so schlecht versteht. Niemand kommt mit seit dem großen Umschwung in meiner Philosophie, seit meiner inneren Wende. Als die ›Logischen Untersuchungen‹ 1901 erschienen, war das eine ganz kleine Anfängerarbeit — und heute beurteilt man den Husserl nach diesen ›Logischen Untersuchungen‹. Ich habe aber nach ihrem Erscheinen jahrelang nicht recht gewußt, wohin es gehen würde. Ich war mir selbst nicht klar, und nun will es das Unglück, daß an diesem Buch alle Menschen hängenbleiben. Es war doch nur ein Weg, der notwendig war. Auch Edith Stein ist nur bis 1917 mitgegangen... Man behauptet sogar, ich hätte mich auf Kant zurückgezogen. So mißversteht man mich! Weil man gemerkt hat, daß meine *Phänomenologie* die einzige Philosophie ist, die auch zur Scholastik Beziehungen hat. Weil viele Theologen meine ›Logischen Untersuchungen‹ studiert haben — aber leider nicht auch die späteren Werke —, hat man behauptet, ich habe eine Wendung zuerst zum Religiösen gemacht und sei dann wieder in den Unglauben zurückgefallen!

Trotz allem habe ich einstens geglaubt — heute ist es mehr als glauben, heute ist es wissen —, daß gerade meine Phänomenologie, und nur sie *die* Philosophie ist, die die *Kirche* brauchen kann, weil sie mit dem Thomismus zusammenführt und die thomistische Philosophie weiterführt. Warum hält die Kirche starr am Thomismus fest? Wenn die Kirche lebendig ist, muß sie sich auch in der Phänomenologie weiterentwickeln. Das Wort Gottes ist immer dasselbe, ewige. Aber die philosophische Interpretation ist abhängig von den jeweiligen lebendigen

216

Menschen einer Zeit. Sie ist also relativ. Bedenken Sie doch, Thomas hatte den großen Heiden Aristoteles hinter sich, auf ihm baute er auf. Thomas selbst war ein so sehr kluger und produktiver Kopf und hat selbständig weitergearbeitet. Der Neuthomismus (Husserl war vor allem nicht gut zu sprechen auf die französischen Neuthomisten) aber ist das Unproduktivste, was es gibt. Er hat nur Thomas hinter sich, und so erstarrt er. Die katholische Philosophie muß einmal darüber hinauswachsen. Ich habe eine von Gott mir übertragene Aufgabe, eine *Mission*. Ich muß sie erfüllen, dafür lebe ich. Ständig und täglich arbeite ich weiter und Neues, seit 35 Jahren. Ich habe keine Zeit gehabt, die Manuskripte druckfertig zu machen. Bis auf Fink habe ich seit vier Jahren keinen Schüler gehabt, bei dem ich mich aussprechen konnte. Die Aussprache war mir einfach unmöglich damals. Ich habe darunter gelitten, aber es ging nicht. Und nun, da ich mit 70 Jahren, jetzt 76, keinen Schülerkreis und die Möglichkeit zu dozieren habe, fehlt mir die Schule, die meine Gedanken weiterführen und publizieren wollte. Der Prophet ist Gottes Mund. Ganz direkt. Er ist nicht Lehrer, er arbeitet nicht. Er hat keine Aufgabe in dem eigentlichen gewöhnlichen Sinn.«

Ich erwiderte: »Und doch ist auch der Prophet ein Mensch, und der Auftrag Gottes geht durch ihn hindurch. Erschrocken fühlt er seine menschliche Schwäche (Jeremias) und wird gereinigt (Isaias); denn in ihm wirkt auch Natur, nicht Ruf und nicht Gnade allein. Er kann die Aufgabe annehmen oder sich ihr versagen. Sie sind Prophet, Herr Geheimrat, denn Sie haben der Zeit etwas zu sagen. Sie haben eine Mission an die Menschen!«

Husserl: »Meine Mission ist nur die *Wissenschaft*. Mit ihr will ich beiden christlichen Bekenntnissen dienen.

Vielleicht wird man das später einmal einsehen, daß ich einst umdenken mußte, daß ich mir so treu geblieben bin.

Meine *Schüler* zerfallen in zwei Gruppen — die einen, das sind die Böcke, die anderen, das sind die Schafe. Die Böcke, das sind die, die mich so sehen wollen — religiös, konfessionell —, wie sie selber sind, aber nicht letztlich frei, gelöst, objektiv, wahrhaftig, ehrlich. Die Schafe — und ich verstehe mich ausgezeichnet mit ihnen, ob sie nun streng katholisch oder protestantisch sind — sind diejenigen, die mir in religiöser Hinsicht das Recht der freien Persönlichkeit zugestehen und mich so nehmen und achten, wie ich bin. Darum vertrage ich mich mit ihnen immer und schon so lange ausgezeichnet. Unsere Freundschaft, Schwester Adelgundis, hat in den vielen Jahren seit 1916 nie einen Riß bekommen, weil Sie nie einen Angriff auf mich unternommen haben in religiöser Hinsicht.«

Im Verlauf des weiteren Gesprächs sagte er über *Wilhelm von Humboldt* und den späteren *Goethe:* »Sie hatten damals eine so wundervolle Art gewählt, über die Dinge zu reden, nämlich tief und klug, aber nicht zu tief und wissenschaftlich. Es war eine feine Art zu philosophieren, aber nicht Philosophie im strengen Sinn. Letzten Endes Expressionismus im schönsten Sinn. Heute hat man gar keine geistige Art und Methode mehr, alles baut sich auf Gefühlen, Trieben und Eindrücken auf, ohne Gründe der Vernunft.« Ich: »*Pascal* hat noch etwas, das zwischen dem Gefühl und der Ratio steht, was er ›logique du cœur‹ nennt.« Husserl: »Ja, das ist etwas sehr Gutes, die Dinge nicht mit der kalten Vernunft, sondern aus einer ruhigen, klaren, mit dem Gemüt verwandten Art zu betrachten und zu beurteilen (was übrigens nicht Gefühl ist).«

Dezember 1935. Ich war eine Stunde bei Husserls. Sie sprachen sehr lebhaft und freudig bewegt von der Gastfreundschaft und dem großen Verständnis, die sie in Prag bei den Vorträgen gefunden hatten. Dann war ich allein mit dem Meister. Als ich aufbrechen wollte, fing er an, zu philosophieren und redete — während wir dabei die ganze Zeit standen — über seine Philosophie, mindestens 45 Minuten. Dabei formulierte er zuletzt kurz und scharf: »Das Leben des Menschen ist nichts anderes als ein *Weg zu Gott*. Ich versuche, dieses Ziel ohne theologische Beweise, Methoden und Stützpunkte zu erreichen, nämlich *zu Gott ohne Gott* zu gelangen. Ich muß Gott gleichsam aus meinem wissenschaftlichen Dasein eliminieren, um den Menschen einen Weg zu Gott zu bahnen, die nicht wie Sie die Sicherheit des Glaubens durch die Kirche haben. Ich weiß, daß dieses mein Vorgehen für mich selbst gefährlich sein könnte, wenn ich nicht selbst ein tief gottverbundener und christusgläubiger Mensch wäre.« In den Wintermonaten des Jahres 1936 wurde Husserl schwer krank. Er bekam eine nicht ungefährliche Rippenfellentzündung. Nur langsam erholte er sich. Da ich den ganzen Winter auf Vortragsreisen war, sah ich ihn erst wieder an seinem 77. Geburtstag, am 8. April 1936.

8. April 1936. Sehr leidend aussehend, aber lebhaft und strahlend, nahm er meine Glückwünsche entgegen und rief, eigentlich noch ehe ich zu Wort kommen konnte, mit beinahe jugendlicher Begeisterung, wie sie die Vorfreude einzugeben pflegt: »Sie müssen mit nach Rapallo, wir fahren in acht Tagen, der Arzt hat mir den Süden als Erholung zur Bedingung gemacht. Bitten Sie Ihre Frau Priorin, daß sie die Erlaubnis zu der Reise gibt. Ich brauche eine Krankenpflegerin und eine Schülerin, mit der ich mich aussprechen kann. Es soll eine wunderschöne Zeit werden, und ich freue mich unendlich auf diese

Wochen. Aber Sie müssen mit.« Am *15. April 1936*
reiste ich zusammen mit Husserls Tochter Elly über den
Gotthard nach Mailand. Am 17. abends trafen wir in
Rapallo ein.

20. April 1936. Regentag. Gespräch über *Scheler* und *Heidegger.* Husserl: »Ich bin nur der *Vater der Phänomenologie.* Man (die Neuscholastik) meint, ich sei steckenge-
blieben. Dabei kenne ich von den Neuscholastikern im
Original – Sie dürfen es niemandem sagen – nur die von
Edith Stein übersetzte Arbeit ›De veritate‹, aber ich habe
sie wieder weggelegt, weil ich nicht einen anderen Weg
gehen darf als nur den meinen. Jahrelang habe ich gebraucht, um einzusehen, daß ich geführt wurde. Ich habe
ja auch eigentlich nie Philosophie studiert, sondern Mathematik und Naturwissenschaft. Vor dem Absoluten
und der Offenbarung bleibe ich ebensowenig stehen wie
die Scholastik.«

Beim Tee sprach er über seine Arbeit, d. h. über das, was
er augenblicklich mit sich herumträgt. Er nannte es
»Vorstufe zu meinem Lebenswerk«. Ohne Unterlaß habe er daran gearbeitet, von früh bis spät, ohne je einen
Sonntag oder Feiertag zu halten. Wir wurden uns darüber
einig, daß das Unrecht sei.

Nach dem Tee Spaziergang mit Husserl, der unsicher auf
den Füßen war und sich führen ließ. Traurig sagte er:
»Ich habe mein Vaterland verloren, ich bin ausgestoßen.
Echte Philosophie ist das gleiche wie religiöse Selbstbe-
sinnung.«

Wir sprachen dann über *Guardini*, dessen Dostojewski-
Buch er sehr schätzt. Guardini gehört zu den christlichen
Schriftstellern, die er verehrt und zu denen er eine innere
Beziehung besitzt. Sein Buch »Der Herr« hat er mit gro-
ßer Anteilnahme gelesen. Dagegen lehnt er *Theodor
Haecker* scharf ab. Nach dem Abendessen Auseinander-

setzung über den Begriff Genie. Husserl will auch den zerstörenden Geist als Genie gelten lassen, doch spricht er in den meisten Heiligen das Genie ab. Es war wie eine Auflehnung in ihm, die mich um so mehr verwunderte, als er nachmittags erklärt hatte, sehr gerne einmal ein gutgeschriebenes Heiligenleben zu lesen. Auf seine Bitten gab ich ihm Hugo Balls »Byzantinisches Christentum«, das weit über dem Niveau vieler Hagiographien steht.

21. April 1936. Als ich morgens, wie immer, aus der Kirche zurückkehrte, kam mir Husserl im Garten entgegen und sagte: »Ich bin in der Sonne gesessen und habe das Neue Testament gelesen.« Dabei zeigte er mir das Exemplar von seinem gefallenen Sohn Wolfgang. Lächelnd fügte er hinzu: »Also habe ich doppelte Sonne gehabt.« Beim Abendtisch Gespräch über Inquisition, über Orden, über Ignatius von Loyola. Debatte über Hugo Balls Buch. Husserl, dessen Lebensideal die weise Maßhaltung des Stoikers ist, lehnt aufs schärfste die maßlose Schroffheit und den glühenden, schonungslosen Rigorismus byzantinischer Märtyrer ab.

26. April 1936. Beim Abendtisch, wo Husserl zu unser aller großer Freude vorzüglich aß, wurde er sehr angeregt. Wahrscheinlich hatte der Einkauf einer dunklen Brille ihn seelisch und physisch umgestimmt. Ausführlich erzählte er über seinen Lehrer *Franz Brentano.* Dieser habe zwar als Priester geheiratet, sei aber doch in seinem Innersten so katholisch und priesterlich geblieben, daß er eines Tages tätlich auf Husserl losging, als dieser behauptete, Heiligenkult sei Götzendienst. Mit Einwilligung von Brentano habe Husserl Kolleg über Lotzes Gottesbeweise gehalten. Aristoteles und Thomas seien die einzigen Philosophen gewesen, die Brentano außer sich habe gelten lassen.

Husserl versicherte immer wieder aufs neue, daß er *Guardini* so schätze. Heute behauptete er, in dem Buch »Spiegel und Gleichnis«, das ich ihm gegeben, habe Guardini sich wörtlich an Hedwig Conrad Martius angeschlossen. *Theodor Haecker* lehnte er wiederum als unschöpferisch ab, er interessiert ihn jedenfalls nicht so wie Guardini.

Wir sprachen an jenem Abend noch länger über Symbolismus und historische und genetische Bibelauslegung. Husserl erklärte uns dann lange (bis 11 Uhr) einiges von der statischen Eschatologie unserer Erde, wie er es nannte: »Endlichkeit, getrennt von Gott (Unendlichkeit), strebt zur Unendlichkeit zurück. Gnade ist Freiheit Gottes.« Husserl tritt für die Auffassung ein, daß der Mensch nur durch ständiges Ringen sich seinem Gott, dem Unendlichen, nähert. Praktisch geschieht das ohne Gnade. Also braucht zwar der Mensch Gott, aber auch Gott braucht die Welt und den Menschen. Ich widersprach. Ohne Lösung und Einigung trennten wir uns zu vorgerückter Stunde an diesem Abend – etwas bedrückt und bekümmert, daß wir nicht hatten zusammenfinden können.

Anmerkungen

[1] Edmund Husserl (1859–1938), 1887 Privatdozent in Halle, 1901 Professor in Göttingen, 1916 in Freiburg, 1928 emeritiert. 1933 wurde ihm wegen seiner jüdischen Abstammung (seit 1886 war er evangelisch-lutherisch) der Professorentitel aberkannt. Als Begründer der phänomenologischen Methode hatte Husserl einen außerordentlich starken Einfluß auf das philosophische Denken unseres Jahrhunderts (M. Scheler, N. Hartmann, M. Heidegger, M. Merlau-Ponty u.a.). Hauptwerke: Logische Untersuchungen, 3 Bd. (1900/01), Ideen zu einer reinen Phänomenologie (1913).

[2] Die Philosophin Edith Stein (geb. 1891, 1922 katholisch, 1933 Karmelitin, 1942 im KZ Auschwitz ermordet) war Schülerin und zeitweise Assistentin Husserls.

Die letzten Jahre von Edmund Husserl (1936—1938)

Sommer 1936. Das Ehepaar Husserl verbrachte nach der Rückkehr von Rapollo den ganzen Sommer bis spät in den Herbst hinein in Kappel bei Neustadt (Schwarzwald). Die Atmosphäre hier war von Frieden und großem Wohlwollen gegen Husserl erfüllt. In seiner Feinfühligkeit reagierte Husserl sehr stark auf alles, was sich damals an Feindseligkeit gegen die Juden anbahnte. Er arbeitete sehr intensiv in diesem Sommer an dem Anfang eines neuen Werkes, zu dem die kürzlich vollendeten Prolegomena in Belgrad erschienen waren. (Ein deutscher Verlag durfte Husserls Werke nicht annehmen.) Sein Befinden war wechselnd. Die ländliche Abgeschiedenheit des hoch gelegenen Dorfes, die weite Schwarzwaldlandschaft, die hier vor allem den Charakter der Hochebene trägt, mit großen Ausblicken und einem Horizont, der an Föhntagen die Alpenketten silbern aufleuchten läßt, das alles tat seiner sehr empfindsam gewordenen Seele wohl. Ich glaube, die mährische Landschaft seiner Jugend stieg vor ihm auf. Immer wieder betonte er die stammesmäßige Verbundenheit mit Adalbert Stifter und Rainer Maria Rilke. Die frische, starke Bergluft (Kappel liegt 900 bis 1000 m hoch) regte ihn zum Schaffen an. Manchmal schien eine wahre Angst über ihn zu kommen, er könne sein Werk nicht mehr vollenden. Dann arbeitete er fieberhaft, pausenlos im Zimmer bei geschlossenen Fenstern und war nicht zu bewegen, einen Spaziergang zu machen. Frau Husserl lud mich für ein paar Tage ein, um ihm eine kleine Abspannung zu ermöglichen; denn durch meine Anwesenheit wurde er doch in etwa abgelenkt und gezwungen, mit mir hinauszuwandern, und dabei brach er das tiefe Schweigen und fing wieder an zu reden. Bei den gemeinsamen Mahlzeiten aber war er meist geistig abwesend und sehr viel stiller als sonst; einerseits schien er bedrückt von schweren Gedanken und Sorgen, andererseits aber wieder von inneren Bildern stark bewegt.

Ich erinnere mich an zwei lange, einsame Spaziergänge. Lange sprach er über sein geliebtes Deutschland und den unverdienten Haß, der sich über die deutschen Juden gleich einer häßlichen Schmutzflut ergoß. Husserl schmerzte das tief, denn er war deutsch bis ins Innerste. Alles war ihm unbegreiflich. Wir waren zusammen auf dem Friedhof von Kappel, und er erzählte, daß er sich hier ein Grab zur letzten Ruhestätte ausersehen habe. Hier hoffe er doch in Frieden der Auferstehung entgegenschlafen zu können. Auf einem Spaziergang sagte Husserl:

»In diesen Tagen ist mir eine Zeitschrift aus Amerika zugeschickt worden, in der ein Jesuit − also einer von Ihren Leuten, Schwester Adelgundis − über mich als christlichen Philosophen geschrieben hat. Ich bin entsetzt über das übereifrige, vorschnelle Unternehmen, von dem ich keine Ahnung hatte. Wie kann man nur so etwas tun, ohne mich zu fragen! Ich bin kein christlicher Philosoph. Bitte, sorgen Sie dafür, daß ich nach meinem Tod nicht als ein solcher ausgegeben werde. Ich habe Ihnen schon öfter gesagt, daß meine Philosophie, die Phänomenologie, nichts anderes als ein Weg, eine Methode sein will, um Menschen, die eben gerade vom Christentum und von den christlichen Kirchen abgerückt sind, wieder den Rückweg zu Gott zu zeigen.«

23. März 1937. Husserl: »Was macht das Christentum als Wissenschaft zur Begründung? Es trägt die Evidenz in

224

sich — sicher nicht immer und überall absolute Evidenz. Aber wir müssen uns auch zu den relativen Evidenzen bekennen. Sonst lösen wir das Leben auf, sonst zersetzen wir das christliche Leben, das doch die Evidenz für seine Glaubwürdigkeit in sich trägt. Gewiß können wir auch mit der Wissenschaft an das Christentum herantreten, und das hat die Scholastik, das Kirchenrecht und die kirchliche Verwaltung getan — aber wichtiger als dies alles ist doch das lebendige Leben, und da nimmt man die relative Evidenz gern mit in Kauf. Gibt es eine sicherere und echtere Evidenz im religiösen Leben als das Gebet? Natürlich nicht das Geplapper! Und doch fällt das Gebet nicht unter die letzte absolute Evidenz. Das gleiche gilt von der Wissenschaft. Das war ja gerade ihre Fehlerquelle in den letzten drei Jahrhunderten — aber auch die Scholastik ist nicht frei davon —, daß sie vor lauter Skeptizismus den Boden des Alleinwahrhaftseienden verloren hat.«

8. April 1937. Mittlerweile war es um Husserl doch sehr einsam geworden. Denn der Nationalsozialismus hatte dafür gesorgt, daß der Freundeskreis sich mehr und mehr lichtete und sich auch die offizielle Wissenschaft von ihm zurückzog. Als ich zu seinem 78. Geburtstag zum Gratulieren kam, war er allein. Wir kamen in ein gutes Gespräch:

»Als das Christentum, d.h. die Kirche, die griechische Philosophie übernahm (Aristoteles), gab sie sich selbst damit in einen unheilvollen, nie zu lösenden Konflikt. Denn damit traten sich gegenüber die ›philosophia perennis et relevata‹ und autonome Philosophie. Als der liebe Gott die Welt erschuf, hat er die Philosophie mitgeschaffen (ein feines, humorvolles Lächeln begleitet Husserls Worte), und sie war sicher nicht böse, sondern gut. Wenn man in gläubig-religiöser Weise — und jeder Philo-

225

soph ist religiös — forscht und denkt, und nicht so ohne weiteres die geoffenbarte Wahrheit annimmt, sondern auch diese zum Gegenstand der Forschung macht, ja, wenn man sich in die ›Hölle der völligen Skepsis‹ begibt, um die Wahrheit teleologisch zu begründen, da wollen dann die Scholastiker nicht mitgehen, und erst die Neuscholastiker spüren, daß sie eigentlich über Thomas hinaus müssen (ja, Thomas freilich, war etwas ganz Großes, ein ungeheures Phänomen).

Aber die Neuscholastiker haben Angst davor, alle Offenbarung, die Dogmen, selbst Gott hintanzusetzen, und wenn es auch nur in ihrem Denken wäre (hypothetisch). Ich möchte nur in meiner phänomenologischen Reduktion alle Philosophien und Religionen durch eine allgemeingültige Methode der Erkenntnis sammeln. Der Ontologismus ist eine ganz gefährliche Irrlehre. Die Neuscholastik hat mir damals zugestimmt, als ich soweit war. Aber sie konnte später nicht begreifen, daß es nur eine Station auf meinem Weg war. Man abstrahiert das Sein schlechthin und schaltet das Bewußtsein aus, in dem doch erst das Sein lebendig wird und lebendig bleibt. Auch die Materie ist etwas Geistiges, sie steht eben nur auf der untersten Stufe der geistigen Ordnung.«

Im Sommer wurden Husserls aus »rassischen Gründen« gezwungen, ihre geliebte Wohnung in der Lorettostraße 40, 2. Stock, zu verlassen, wo sie so viele glückliche Jahre verlebt hatten, und wo das große, herrliche Arbeitszimmer des Meisters uns immer wie eine Art Heiligtum erschien, das eben gerade an diesen Ort gebunden war. Zwanzig Jahre genau hatten sie dort gewohnt. Vorher wohnten sie in der Bayernstraße. Die Rückseiten der beiden Häuser liegen sich gegenüber. Hier hatte ich Husserl im Jahre 1916 kennengelernt. Und das kam so: Eines Tages erhielt ich eine handgeschriebene Postkarte von ihm, ich möge ihn in seiner Wohnung aufsuchen, um einige philosophische Bücher in Empfang zu nehmen, die eine seiner Schülerinnen testamentarisch aus ihrem Nachlaß bestimmt hatte. Husserl hatte mir, der Studentin im ersten Semester, aus der großen Bibliothek seiner verstorbenen Schülerin selber ausgewählt: Windelbands Einleitung in die Philosophie, Paulsens Grundriß und ein Kompendium (Reclam).

Der Wohnungstausch im Sommer 1937 war nicht schlecht, und ich hatte oft Gelegenheit, die weise Fügung Gottes zu bewundern, die dem Meister als letzte Station seines Erdenweges die wunderschöne, auf halber Höhe gelegene Wohnung Schöneckstraße 6 (Haus Faist) bescherte. Das Haus sieht beinahe wie ein Rundbau aus, jedenfalls fängt es nach allen Seiten die schönsten Aussichten und Fernsichten auf. Von der Straße aus geht man über ein winziges Brückchen zu ebener Erde in die Wohnung, die aus wenigen, sehr großen Räumen besteht. Eine breite, durchgehende Terrasse, die sich um alle drei Seiten des Hauses zieht, verbindet die Räume miteinander. Von hier aus genießt man eine unbeschreibliche Aussicht über die ganze Stadt bis zum Kaiserstuhl und den Vogesen, ja, man ahnt den Lauf des Rheins zwischen den Gebirgen.

Während Frau Husserl den Umzug bewerkstelligte, ging ihr Mann für etwa zwei Wochen nach Breitnau bei Hinterzarten (Schwarzwald). Er liebte den 1000 m hoch gelegenen Ort sehr wegen seiner Einsamkeit und seines Charakters. Die Wirtin vom Gasthaus zum Kreuz, die dem Ehepaar Husserl seit vielen Jahren sehr zugetan war, scheute sich auch im Jahr 1937 nicht, ihn wieder aufzunehmen. Allerdings mußte es heimlich geschehen, und Husserl aß allein in einem Nebenzimmer. Ich besuchte ihn an einem wunderschönen Sommertag. In stiller Freude holte er mich am Autobus ab, und wir verbrachten den ganzen Tag bis zum Abend zusammen. Meist waren wir draußen. Der Blick über die blühenden Wiesen und reifenden Felder erfüllte ihn mit wehmütiger Freude. Die Zeit und alles, was in Deutschland vorging, bedrückte ihn sehr. Um so stärker klammerte er sich an die Treue und Liebe der wenigen alten Freunde, die ihm geblieben waren. Begreiflicherweise hatte er Scheu vor fremden Menschen. Um die Mittagszeit besuchten wir die Breitnauer Kirche, die inmitten des Friedhofs von einer niedrigen, weißen Mauer umschlossen steht. Wir gingen zwischen den Gräberreihen auf und ab und blieben öfter stehen. Versonnen schaute Husserl in die Ferne, seine Seele war von Trauer überschattet.

Ruhig, aber schmerzlich berührt erzählte er, daß er von Frankreich eingeladen sei, beim Descartes-Kongreß den Vorsitz zu führen, daß aber Kultusminister Rust ihm die Ausreise verweigert habe mit der Begründung, Husserl sei nicht fähig, die deutsche Philosophie im Ausland zu vertreten. Deswegen habe Rust Professor Krieck aus Heidelberg für diese Aufgabe vorgeschlagen. Krieck hatte übrigens gerade einen traurigen, ja jämmerlichen Artikel über Husserl für den neuen Brockhaus geschrieben, den wir alle als ungeheuer kränkend, wenn nicht gemein, empfanden. Wir versuchten zwar, Husserl dies zu verheimlichen, aber schließlich erfuhr er die Tatsache eines Tages doch von anderer Seite. Es kränkte ihn tief, wie Deutschland, für das er seine ganze Lebenskraft und Arbeit eingesetzt hatte, ihn jetzt behandelte. Auch die Tatsache, daß der Posten des Vorsitzenden beim Descartes-Kongreß unbesetzt blieb, weil Frankreich Professor Krieck selbstverständlich ablehnte, konnte seine trübe Stimmung nicht beseitigen. »Sehen Sie, Schwester Adelgundis, nicht einmal meine Asche wird würdig sein, in deutscher Erde zu ruhen.« Und mit einem Blick auf die Gräber, der nicht ganz frei von Bitterkeit war (das erste und einzige Mal): »Nicht einmal hier darf ich Frieden finden. Sehen Sie, wie weit Deutschland schon gekommen ist! Vielleicht würden Fanatiker auch hier, auf diesem Dorffriedhof, mein Grab schänden, wenn sie es fänden.« Nachmittags war Husserl sehr müde, und wir aßen im Garten des kleinen Bauernhauses, wo er wohnte. An diesem Tag gelang es mir nicht, ihn aufzuheitern. Wir sprachen über Stifter, seinen Landsmann, den er sehr liebte, und mit dessen vornehmer, stiller Würde er so viel gemeinsam hat. In seinem letzten Lebensjahr las er gern wieder Stifter und pflegte auch über das Gelesene zu sprechen. Übrigens ist »Witiko« das letzte Buch, das Husserl las.

Nicht lange sollte sich Husserl der günstigen Arbeitsbedingungen in seiner neuen Wohnung erfreuen. Am 10. August 1937 feierte das Ehepaar Husserl ganz still den Tag seiner fünfzigjährigen Eheschließung. Es war ihr ausgesprochener Wille, daß niemand auch aus dem Freundeskreis Kenntnis davon bekam. In der Frühe dieses Tages beim Ankleiden im Badezimmer glitt Husserl aus und verletzte sich anscheinend innerlich. Die Ärzte nehmen an, daß er sich durch diesen Sturz den Keim zu seiner Todeskrankheit geholt hat. Es entstand eine exsudative Rippenfellentzündung, die mit kurzen Unterbrechungen der Besserung bei schwankendem Befinden ihn immer mehr verzehrte. Es wurde ein ungewöhnlich langes, schmerzliches, peinvolles, acht Monate dauerndes Leiden.

Der alte Hausarzt, Dr. Otto, der ihn behandelte, erklärte, daß ihm in seiner vieljährigen Praxis nicht ein einziger ähnlicher Fall begegnet sei. Medizinisch gesprochen hätte der Patient nicht bis April 1938 leben, d.h. existieren können. Die Nahrungsaufnahme wurde immer geringer. Das Fieber schwankte und zehrte unablässig an den Kräften und der Substanz des Körpers. Zweimal entstanden schwere Exsudate, die punktiert werden mußten. Da ich auf Wunsch und Bitte von Husserl manchmal Pflegedienste ihm erwies, assistierte ich auch bei einer Punktion: das stumme Leiden des Patienten hatte etwas Erschütterndes. Auch sonst klagte Husserl ganz selten und war mit allem zufrieden, abgesehen davon, daß er fast nicht mehr zum Essen zu bewegen war, und alles Zureden ihn aufregte. Sein Leib schwand dahin, aber der Geist lebte unangefochten sein strenges Eigenleben. Manchmal hatte man den Eindruck, als ob nur noch der Geist da sei. Sein Leben war den Ärzten wirklich ein Rätsel. Es spottete jedenfalls jeder medizinischen Erfahrung. Unablässig war der Geist tätig und verströmte seinen Reichtum.

16. September 1937. Als ich zum Besuch kam, war Husserl außer Bett. Wir aßen in seinem Studierzimmer nebeneinander. Er ergriff meine Hand und hielt sie während des Gesprächs. Draußen ging ein selten schöner Frühherbsttag zu Ende. Es war ganz still. Langsam versank die Sonne hinter den Vogesen. Herrlich, feierlich erhob sich die Silhouette des Münsters im goldenen Abendschein über dem Jahrhunderte alten, grauen Dächergewirr der Stadt, die er so liebte. In seinen Augen stand das Abendlicht. Sie waren ganz versunken in das Bild der am Horizont sanft erglühenden Gebirgskette und der Stadt zu seinen Füßen. Da unterbrach er das tiefe Schweigen, das lange zwischen uns geherrscht hatte. Leise und eindringlich sagte er, ohne den Blick vom Münster abzuwenden: »Ich habe nicht gewußt, daß das Sterben so schwer ist. Nun habe ich mich doch so bemüht, ein ganzes Leben lang, alle Eitelkeit abzutun, und gerade jetzt – wo ich meinen eigentlichen Weg gegangen bin – so ganz im Bewußtsein der Verantwortung der Aufgabe und nun zuletzt in den Vorträgen in Wien und Prag und dann in der letzten Schrift ›Die Krisis der europäischen Wissenschaften und die transzendentale Phänomenologie‹ (Belgrad 1936) zum ersten Mal aus mir herausgegangen bin, ganz spontan, und einen kleinen Anfang gemacht habe, da nun muß ich abbrechen und meine Aufgabe unvollendet lassen. Gerade jetzt, wo ich fertig bin, weiß ich, daß ich von vorne anfange, denn fertig sein heißt, von vorne anfangen.

Und ich habe mir das so schön gedacht, wenn ich einmal meine Aufgabe, meine Weltaufgabe erfüllt und durch die Phänomenologie den Menschen eine neue Seinsweise ihrer Verantwortung gezeigt habe, um sie von ihren Eitelkeiten und ihrem Ich zu lösen. O Gott, von Jugend auf habe ich doch gegen Eitelkeiten gekämpft, und jetzt hätte ich sie fast abgetan, auch die Berufseitelkeit, ohne die ein junger Mensch nicht arbeiten kann: die Verehrung und Bewunderung meiner Schüler. Ja, jetzt hätte ich mich fast, Minuten vor dem Sterben, auch ganz dem Neuen Testament zugewandt und nur das eine Buch gelesen. Was wäre das für ein schöner Lebensabend geworden! Nun endlich nach Erfüllung meiner Pflichtaufgabe würde ich das Gefühl haben: Jetzt darf ich das tun, wodurch ich mich selbst kennenlerne. Niemand kann sich ja selber kennenlernen, ohne die Bibel zu lesen.

Ihre Aufgabe, mein liebes Kind, sehe ich vor allem darin – o, daß sie Ihnen erhalten bliebe! –, junge Menschenseelen in Liebe für die Liebe zu gewinnen und sie zu bewahren vor den größten Gefahren der Kirche: vor steriler Eitelkeit und starrem Formalismus. Versprechen Sie mir, nicht etwas zu sagen, bloß weil andere es gesagt haben. Die großen, heiligen Gebete der Kirche sind ständig in Gefahr, entleert zu werden, weil man sie nicht mehr mit persönlichem Leben durchdringt. Die Kirche wird mein Werk ablehnen – vielleicht nicht die Jugend in der Kirche, Ihre Freunde –, denn sie sieht in mir den größten Feind der Scholastik, wenigstens der Neuscholastik.« Und mit leisem, ironischem Lächeln fügte er hinzu: »Ja, Thomas, den verehre ich – aber der war auch kein Neuscholastiker.«

Während der Wintermonate schwand er sichtlich dahin. Im März war der Zustand so ernst geworden, daß ich öfter die Nächte an seinem Bett wachte. Er schlief viel und lag im Halbschlummer, ohne daß man je von einem totalen Schwinden des Bewußtseins hätte sprechen können. Oft schien er wie in Selbstgesprächen oder so, als rede er mit einem unsichtbaren Gesprächspartner. Sehr oft, wenn ich am frühen Abend kam, lag er im Halbschlummer, und ich saß schweigend und ganz still neben seinem Bett, bis er erwachte. Dann spiegelte sich jedes Mal eine ganz große Freude auf seinen Zügen, die täglich verklärter und vergeistigter wurden. Immer formten seine Lippen Worte des Dankes, der Freundschaft. Es verlangte ihn, dem auch nach außen hin jetzt Ausdruck zu geben, während er dies in gesunden Tagen nur ganz selten und nur bei besonders ausgezeichneten Anlässen getan hatte.

Ich erinnere mich, daß er in jenen Tagen, da er mir manchmal aus seiner Jugend erzählte, den Spruch am Frankeschen Waisenhaus zu Halle gesagt hat. Es geschah dies wohl in bezug auf die ersten schweren Jahre seiner wissenschaftlichen Laufbahn, da jener Spruch, an dem er so oft vorbeiging, ihm so viel bedeutet hatte: »Junge Männer brechen zusammen, aber die auf den Herrn vertrauen, schöpfen neue Kraft. Schwingen wachsen ihnen wie Adlern, sie laufen und werden nicht müde, sie gehen und werden nicht matt« (Jes 40,30f.).

16./17. März 1938. Während der Nachtwache ergab sich folgendes Gespräch, das ich sofort noch nachts aufzeichnete. Es erschien mir, als gehorchte er Gesetzen, die schon in einer anderen Welt gültig sind. Ohne Einleitung und Bezugnahme begann er plötzlich: »Vor allem Anfang steht immer das Ich, das ist und denkt und Beziehungen sucht in Vergangenheit, Gegenwart und Zukunft. Aber das ist eben das schwierige Problem. Was war vor dem Anfang?«

Diese letzten Gespräche waren nicht mehr die des Phänomenologen, der sich berufen fühlt, eine Weltaufgabe zu erfüllen, sondern des geliebten, scheidenden Lehrers und Freundes, der bald vor das Antlitz Gottes treten würde. Wie sehr wünschte ich, seine Seele von aller Unruhe befreit zu wissen und abgelenkt von jeder bloß äußeren Zufälligkeit. So entgegnete ich auf seine Worte: »Vor dem Anfang steht Gott — wie sagte Johannes: ›Im Anfang war das Wort, und das Wort war bei Gott, und Gott war das Wort‹.« Husserl: »Ja, das ist eben das Problem, das wir erst nach und nach lösen können.«

Nach einer Weile fährt er sinnend weiter: »Für das Studium der Philosophie sind die Vorsokratiker unendlich wichtig. Sorgen Sie doch dafür, daß man sie liest. Aristoteles sagt: Der Anfang ist das Seiende; die Scheidung der Episteme und der Doxa ist die schöpferische Erfindung des Seienden. — Philosophie ist der leidenschaftliche Wille nach der Erkenntnis des Seienden. Es ist sehr schwer, was ich in meinem Buch geschrieben habe. Alle Philosophie ist Philosophie des Anfangs, Philosophie des Lebens und des Todes. Immer wieder fangen wir von vorne an, immer mehr tun wir das. Das Bemühen meiner Philosophie ging immer vom Subjektiven weg zum Seienden.« Eine Stunde später etwa sagte er wie in tiefem Sinnen: »Wenn wir nachdenken über all das, ist es immer das Ich, das wir setzen, nicht ein Ding, ein Baum oder ein Haus.«

Dann schlummerte er wieder ein. Während ich über seine Worte nachsann, fiel mir folgendes ein: In einem unserer letzten Gespräche hatten wir über seine philosophischen Vorlesungen gesprochen. Ich hatte ihm die Frage gestellt, die mich als Studentin so oft bewegte: »Warum haben Sie nie über Gott mit uns gesprochen? Wissen Sie, ich hatte ihn damals verloren, und ich suchte ihn in der Philosophie. Von Vorlesung zu Vorlesung wartete ich darauf, ihn durch Ihre Philosophie zu finden.« Er hatte mir darauf folgende Antwort gegeben: »Armes Kind, wie habe ich Sie enttäuscht, und was habe ich an Verantwortung auf mich geladen, daß ich euch nicht das geben konnte, was ihr suchtet. Nie habe ich etwas Fertiges in den Vorlesungen hingestellt, immer nur habe ich philosophiert über das, was mich bewegt hat. Jetzt wäre ich endlich so weit, um Vorlesungen halten zu können, die jungen Menschen wirklich etwas geben könnten, und jetzt ist es zu spät.«

Gründonnerstag, 14. April 1938. In den letzten zwei Wochen mußte eine dauernd anwesende Krankenschwester zugezogen werden. Kläre Immisch, eine Rote-Kreuz-Schwester, berichtete mir folgendes Gespräch, das im Anschluß an einen von Husserls Tochter Elly Rosenberg aus Amerika eingetroffenen Brief stattfand. Nachmittags um 14.30 Uhr sagte er: »Papa ist in sein hundertstes Arbeitssemester eingetreten (was in etwa tatsächlich Husserls akademischer Lehrtätigkeit entspricht), und es sind ihm neue Fortschritte vergönnt. Es beginnt eine neue Periode produktiver Arbeit, die noch für zwei Jahre wesentlich neue Erkenntnisse verspricht. Allerdings hört dann die produktive Arbeit allmählich auf. Daß sich die letzten Jahre in mir kein nutzloses Geschehen abgespielt hat, werden alle, die sie mit mir im Geiste der Kontinuität gelebt haben, wissen. Es wird und ist geworden: Leben und Tod, das letzte Streben meiner Philosophie. Ich habe als Philosoph gelebt und will als Philosoph zu sterben versuchen. Es steht bei Gott, was mir zu schaffen vergönnt war und noch sein mag.«

Dies alles wurde wie ein Monolog nach dem Erwachen gesprochen, und so, als ob er das im Schlaf Geschaute und Gedachte nun laut und für einen Hörerkreis hörbar fortsetzen wollte. Es war entschieden Logik in diesen Sätzen, wenn auch eine ganz andere, als Edmund Husserl sie sonst so meisterhaft und scharf zu handhaben wußte. Er schwieg dann eine Weile und seine Seele schien noch einmal von drüben in den Körper zurückgekehrt zu sein. Als er die Schwester neben seinem Bett bemerkte, fragte er sie in bezug auf seinen Tod, den er wohl herannahen fühlte: »Kann man auch gut einschlafen?« Die Schwester: »Ja, ganz in Frieden.« Husserl: »Wie ist das möglich?« Die Schwester: »In Gott.« Husserl: »Sie müssen nicht denken, daß ich Angst vor den Schmerzen habe, aber sie trennen mich von Gott.«

Wie mag er gelitten haben unter dem peinvollen Gedanken, seine Sendung nicht zu Ende führen zu können, in sich das kommende, neue philosophische Werk zu tragen, es zu sehen als Idee und doch jetzt nicht mehr die Kraft zu besitzen, es zu gestalten. Bis zu diesem Augenblick hatte sein Leben, sein Leiden und sein Sich-zum-Sterben-Bereiten das Siegel würdevoller antiker Lebenshaltung getragen. Ja, man durfte wohl von ihm sagen, daß er dem Tod wie Sokrates furchtlos und allein entgegenging, daß er nur schwer bedrückt war von dem, was seinem Vaterland geschah. Nun aber bog seine Lebensbahn unmerklich sanft, zuerst noch zögernd, dann aber immer sicherer und klarer werdend in das Reich christlichen

Denkens und Glaubens ein. Die Schwester, die außerordentlich feinfühlend sich in diese große Seele hineintastete, betete ihm auswendig den 23. Psalm vor: »Der Herr ist mein Hirte«, in der Übersetzung von Luther. Als Schwester Kläre an die Worte kam: »Und ob ich schon wanderte im finstern Tal, fürchte ich kein Unglück, denn Du bist bei mir«, sagte Husserl: »Ja, so meine ich's, das war's, was ich meine. Er soll bei mir sein, aber ich fühle ihn nicht.« Danach sagte ihm die Schwester das Lied: »So nimm denn meine Hände und führe mich... Du führst mich doch zum Ziele, auch durch die Nacht.« Husserl: »Ja, so ist es, was könnte ich wohl noch wollen und fühlen? Sie müssen nun für mich beten.«

Gründonnerstag abends um 21 Uhr sagte er zu seiner Frau: »Gott hat mich in Gnaden aufgenommen. Er hat mir nun erlaubt zu sterben.« Bezeichnenderweise hatte er dieses aus einer echten, ehelichen Liebe kommende Wort an seine treue Lebensgefährtin während fünfzig Jahren gerichtet. Sie hatte mir einmal in einem langen, guten Gespräch, als sie an meinem Arm über die lange Terrasse vor dem Krankenzimmer ging, anvertraut: »Ich habe ja nur Pflasterstein sein wollen in unserer Ehe, auf den er tritt.« So hatte diese kluge, temperamentvolle Frau ihre Lebensaufgabe an der Seite dieses großen Mannes zusammengefaßt.

Vom Gründonnerstagabend an sprach Husserl mit keinem einzigen Wort mehr von seiner philosophischen Arbeit, die ihn doch all die letzten Monate in Gedanken beschäftigt hatte. Wie sehr sein ganzes Leben in der Sendung eines Höheren gestanden war, offenbarte sich erst im Sterben. Nun fühlte er sich endgültig entlassen und von seiner Aufgabe entbunden.

Fortan war sein Blick in der kurzen Zeit, die ihm noch zu seiner letzten Vollendung gegeben war, ausschließlich auf Gott und den Himmel gerichtet. Nun trat zutage, wie sehr er alle Zeit in der Gnade gestanden, wie innig verbunden seine Seele doch zutiefst mit Christus gelebt hatte, wenn er auch das Religiöse in seinem Leben verdeckt und überdeckt hatte.

Karfreitag, 15. April 1938. Das letzte Gespräch, der Abschied. Morgens beim Erwachen sagte ihm seine Frau: »Heute ist Karfreitag.« Husserl: »Welch großer Tag, Karfreitag! Ja, Christus hat uns alles vergeben.« Den Tag über schlummerte er meist leicht in jenem seltsamen Halbschlummer, der Sterbenden zu eigen ist, da die Seele zwischen zwei Welten hin- und herwandert.

Ich komme gegen Abend. Als ich mit Frau Husserl an seinem Bett stehe, hebt er den Arm. Ein Lächeln des Erkennens gleitet über seine Züge. Jede Bewegung macht ihm sichtlich Schmerzen. Aber trotzdem ergreift er meine Hand, küßt sie mit der ihm immer eigentümlich gewesenen Ritterlichkeit und behält sie in der seinen.

Als wir allein sind, bittet er in furchtbarer Atemnot aufgerichtet zu werden, und bleibt dann, von meinen Armen gestützt, sitzen. Es herrscht tiefes Schweigen, bis er leise und wie klagend spricht: »Wir haben Gott innig gebeten, daß er uns gestatten möge zu sterben. Nun hat er die Erlaubnis hierzu gegeben. Aber es ist eine große Enttäuschung, daß wir noch leben.« Ich versuche, ihn mit der starken Hoffnung des Christen zu erfüllen und sage: »Wie Christus am Kreuz, so müssen Sie auch noch heute leiden bis zum Ende.« Er mit tiefer Überzeugung und mit großem Ernst − es klang wie Amen −: »Ja.« Da er voller innerer Unruhe und Angst ist, ohne sprechen zu können, sage ich ihm: »Gott ist gut, Gott ist doch so gut.« Husserl: »Gott ist gut, ja, Gott ist gut, aber sehr unverständlich. Es ist eine große Prüfung jetzt für uns.«

Danach scheint er etwas zu suchen. Noch ehe er weiter-

spricht, bewegen sich seine Hände, während der Ausdruck seines Gesichts in tiefer Sammlung war, so, als bete er wortlos unablässig. Schließlich sagt er, die Bewegung seiner einander suchenden Hände deutend: »Es sind zwei Bewegungen, die sich ständig suchen und begegnen und wieder suchen.« Ich versuche, seine Worte in die Welt des Übernatürlichen zu heben und ihnen einen christlichen Sinn zu geben: »Ja, Himmel und Erde begegnen sich in Jesus. Gott hat sich in Christus dem Menschen genähert.« Husserl (lebhaft): »Ja, das ist es. Er ist die Analogie zwischen...« Da er nach Worten sucht, und es ihn sichtlich quält, daß er sie nicht finden kann, versuche ich wiederum, seinen begonnenen Gedankengang zu Ende zu denken: »Ja, Jesus ist die Analogie geworden zwischen Gott und uns Menschen. Das ist Karfreitag, Erlösung und Ostern zugleich.« Husserl (wie erleichtert und befreit mit tiefer Überzeugung und einem ganz unirdischen, mich tief ergreifenden Blick inneren Verstehens): »Ja, so ist es.«
Nach einiger Zeit – er liegt längst wieder in den Kissen – bewegt er abermals die Hände und zeichnet Linien in die Luft, macht dabei abwehrende Bewegungen, als ob er etwas sähe, was ihn beängstigt. Auf meine Frage, was es denn sei, das er sähe, antwortet er wie in traumhaft tiefem Sinnen mit einer mir völlig unbekannten Stimme, die aus dem Drüben zu kommen scheint: »Licht und Dunkel, ja, viel Dunkel und wieder Licht...«

Dies war Husserls letztes Gespräch, wie mir seine Frau später sagte. Von da an lag er nur noch schweigend und schlummerte viel. An einem der allerletzten Tage, nachmittags, als er geschlafen hatte, sagte er beim Erwachen mit einem strahlenden Blick und mit tiefem Leuchten der Augen: »O, ich habe etwas so Wunderbares gesehen, schreiben Sie schnell!« Bis die Schwester den Block holte, war er vor Schwäche zur Seite gesunken. Das Geheimnis dieser Schau nahm er mit sich in die Ewigkeit, wo sich ihm, dem unermüdlichen Wahrheitssucher, die ewige Wahrheit bald nahen sollte.

Er starb am 26. April 1938.

Textnachweis

I. Meditation und Reflexion

Das Weihnachtsgeheimnis, Vortrag am 31. Januar 1931 in Ludwigshafen
Das Gebet der Kirche: Ich lebe und ihr lebet,
Verlag der Bonifatius-Druckerei GmbH, Paderborn, 1936.
Wege zur inneren Stille, Vortrag 1931, in: Monatsbrief der
Societas Religiosa, Februar 1932, und: Edith Stein, eine große Frau
unseres Jahrhunderts, Schwester Teresia Benedicta a Cruce,
Philosophin und Karmelitin, ein Lebensbild, gewonnen aus Erinnerungen
und Briefen durch Schw. Teresia Renata de Spiritu Sancto,
Herder, Freiburg, Taschenbuch Nr. 3, 9. Aufl. 1963, S. 84 ff., vergriffen.
Sancta Discretio, verfaßt 15. Oktober 1938, in: Erbe und Auftrag,
38. Jg. 1962, Heft 3, Mai.
Der Intellekt und die Intellektuellen, Das Heilige Feuer,
18. Jg. Mai 1931, Juli/August 1931.

II. Heiliges Leben

Teresa von Avila, Canisius-Verlag, 4. Aufl. 1965.
Elisabeth von Thüringen, Das Neue Reich, 13. Jg., Nr. 37, 13. Juni
und 20. Juni 1931, Vortrag am 30. Mai 1931 in Wien.
Geschichte und Geist des Karmels, Zu neuen Ufern,
Sonntagsbeilage der Augsburger Postzeitung, 31. März 1935.

III. Gespräche mit Edmund Husserl 1931−1936

Das Lebensbild Edith Steins erschien zuerst unter dem Titel:
Adelgundis Jaegerschmid OSB, *Edith Stein. Ein Lebensbild,*
in: Intern. Kathol. Zeitschrift Communio 10, 1981, S. 465−478.
Die Gespräche mit Husserl erschienen in zwei Folgen unter den Titeln:
Adelgundis Jaegerschmid OSB, *Gespräche mit Edmund
Husserl 1931−1936,* in: Stimmen der Zeit 199, 1981, S. 48−58.
− *Die letzten Jahre Edmund Husserls 1936−1938,*
in: Stimmen der Zeit 199, 1981, S. 129−138.

Wir danken den Herausgebern für die Abdruckerlaubnis.

Bildnachweis

Umschlagbild:	Jü Killmann, Tübingen
Seite 6:	Edith-Stein-Archiv, Karmel Köln
Seite 24:	Edith-Stein-Karmel, Tübingen
Seite 118:	Edith-Stein-Archiv, Karmel Köln
Seite 204:	Susanne Fink

Wir danken für die Abdruckerlaubnis.

Besonderen Dank schulden wir Frau Susanne Fink, Freiburg/Bg.,
die uns das Foto von Edmund Husserl überließ,
ebenso Frau Ursula Wülfing-Koch, Ratzeburg, für das Edith-Stein-Relief
(Foto: Killmann, Tübingen).
Die Elias-Ikone befindet sich im Kölner Karmel.